NEIMENGGU GAOTAN
CHANYE DITANHUA
Fazhan Lujing Yanjiu

内蒙古高碳产业
低碳化发展路径研究

郑燕　杨光　王晓磊 /著

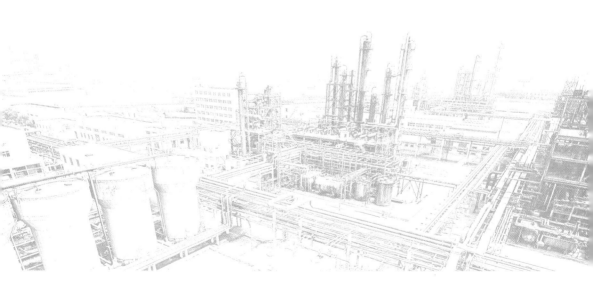

经济科学出版社
Economic Science Press

图书在版编目（CIP）数据

内蒙古高碳产业低碳化发展路径研究/郑燕，杨光，
王晓磊著 . —北京：经济科学出版社，2016.4

ISBN 978 - 7 - 5141 - 6921 - 8

Ⅰ.①内⋯　Ⅱ.①郑⋯②杨⋯③王⋯　Ⅲ.①电力工业 -
工业发展 - 研究 - 内蒙古　Ⅳ.①F426.61

中国版本图书馆 CIP 数据核字（2016）第 099572 号

责任编辑：刘　莎
责任校对：刘　昕
责任印制：邱　天

内蒙古高碳产业低碳化发展路径研究

郑　燕　杨　光　王晓磊　著

经济科学出版社出版、发行　新华书店经销

社址：北京市海淀区阜成路甲 28 号　邮编：100142

总编部电话：010 - 88191217　发行部电话：010 - 88191522

网址：www. esp. com. cn

电子邮件：esp@ esp. com. cn

天猫网店：经济科学出版社旗舰店

网址：http://jjkxcbs. tmall. com

北京汉德鼎印刷有限公司印刷

三河市华玉装订厂装订

710 × 1000　16 开　16.5 印张　240000 字

2016 年 6 月第 1 版　2016 年 6 月第 1 次印刷

ISBN 978 - 7 - 5141 - 6921 - 8　定价：56.00 元

（图书出现印装问题，本社负责调换。电话：010 - 88191502）

（版权所有　侵权必究　举报电话：010 - 88191586

电子邮箱：dbts@ esp. com. cn）

本书得到以下基金项目的支持：

国家社会科学基金（11XJY009）

国家自然科学基金（71262022）

内蒙古科技厅领军人才基金与教育厅重点基地提升计划基金

内蒙古教育厅创新团队与教育厅重大项目基金（NMGIRT

1404，NJSG201203）

序言　高碳产业低碳化发展

——内蒙古经济可持续发展的必由之路

　　《内蒙古高碳产业低碳化发展路径研究》一书是以国家社会科学基课题"内蒙古低碳能源发展实现路径研究"（项目批准号：11XJY009，结题证书号：20150922）的调查和实证研究为依托经过理论凝练后形成的专著。该课题依托内蒙古管理现代化研究中心（以下简称"研究中心"），由杨光研究员主持完成，主要完成人员有内蒙古管理现代化研究中心研究员、内蒙古财经大学郑燕教授和内蒙古管理现代化研究中心助理研究员、内蒙古工业大学管理学院王晓磊博士。研究中心是内蒙古高等学校人文社会科学重点研究基地，是一个以研究项目为依托的矩阵型组织。研究中心向海内外学者开放，致力于研究内蒙古的能源经济和能源产业政策，努力的方向是将本中心打造成为内蒙古地区有影响的专业、独立、特色智库。2013年研究中心在此项目基础上又承担了国家自然科学基金项目《大型复杂现代煤化工项目投资价值的战略评价研究》（项目批准号：71262022），我是项目主持人，郑燕教授、杨光研究员、段玮博士研究生、李一鸣博士研究生和张培博士研究生（中—法联合培养博士）是主要研究人员。在这篇序言中我想分两部分来谈与本书主题相关的问题，第一部分简单介绍一下《内蒙古高碳产业低碳化发展路径研究》一书的主要内容，详细的技术性分析内容请读者阅读本书；第二部分是结合两个课题的研究谈一下我们研究团队关于"内蒙古高碳产业低碳化发展路径研究"的一些观点。

　　《内蒙古高碳产业低碳化发展路径研究》专著主要包括九个章节，

立足低碳电力和煤化工两方面，研究了内蒙古低碳能源的发展路径。其中，低碳电力方面，主要进行了三方面的重点研究：（1）分析内蒙古低碳能源发展的基础环境及影响因素，从政策、资源、产业、技术四个角度，全方位地分析了内蒙古发展低碳能源时可能存在的优劣势，为内蒙古低碳发展规划提供参考。（2）采用国际通用算法，预测2015～2020年间，内蒙古电力行业应承担的国家碳指标分解额度，有利于内蒙古低碳能源布局的决策。（3）基于经济系统、低碳电力发展科技及区域的资源环境禀赋、社会需求等因素，构建内蒙古低碳电力发展水平的评估体系。在国家碳指标分解额度的背景下，评价内蒙古低碳电力情况，为内蒙古发展低碳电力的决策提供参考。煤化工方面，同样进行了三方面的研究，具体包括：（1）内蒙古煤化工产业的优势、劣势、机会和挑战的分析，即 SWOT 分析。立足内蒙古煤化工产业发展现状，采用 SWOT 方法，较为全面地分析了该地区煤化工产业的状况，为准确制定煤化工低碳发展策略提供了依据。（2）内蒙古煤化工产业的碳排放分析。运用系统动力学（SD—system dynamics）的方法，构建了内蒙古地区煤化工碳排放的动态计量模型，并预测了至2020年内蒙古煤化工产业的年排碳量。同时，应用国际上著名的 LEAP 能源情境分析模型（集成软件）分析了不同发展情景下的煤化工产品需求量变动情况。（3）在低碳发展大背景下，综合考虑内蒙古地区低碳电力和煤化工产业的发展趋势，从技术和经济两方面，提出了内蒙古地区的低碳能源发展路径图。具体包括：①区域低碳发展模式分析。以低碳发展为目标，结合当前技术条件，提出能够实现低碳电力和煤化工协调发展的策略。②基于低碳经济发展模式与中国面临巨大碳减排压力的背景，运用系统动力学、灰色关联度综合评价法等相关学科的基本理论和方法，针对当前内蒙古能源产业的碳排放量现状，以低碳电力和煤化工产业低碳化两条线为主体，对内蒙古低碳能源发展的实现路径进行了分析，并提出了促进低碳能源发展的若干政策建议。

下面我将结合我们研究团队承担的国家社会科学基金和国家自然科

学基金相关课题的研究积累谈一下对"内蒙古高碳产业低碳化发展路径"的研究体会。内蒙古高碳产业主要可以分为两类：一类是燃煤发电产业，一类是煤化工产业。内蒙古高碳产业低碳化发展路径就是要在这两条产业路径中进行选择。我们建议选择走"清洁高效燃煤发电之路"。理由分析如下——

我国煤炭资源相对丰富，"缺油、少气、富煤"① 是我国的基本国情，煤炭资源是我国中长期发展中可以依靠的重要能源资源。我国现在平均每年消费煤炭约38亿吨，当下在我国电源结构中，燃煤发电、水电、核电、新能源各占电力行业的比例是：火电占72.4%、水电占24.5%、核电占2.4%、新能源占0.7%。而内蒙古更具有煤炭资源优势，例如2012年，内蒙古全区煤炭产量10.6亿吨，占全国跨省区煤炭交易量的40%，成为全国第一大煤炭生产和输出省区；发电量3 341.44亿千瓦时，外送电量1 337亿千瓦时，均位居全国第一位。内蒙古形成了以500千伏为主干网架的电网结构，蒙西电网与华北电网相连，蒙东电网与东北电网相连，500千伏外送电通道11条。2014年内蒙古陆续开始建设4条超高压输电线路：锡林郭勒盟1 000千伏特高压变电站工程，准格尔旗的蒙西1 000千伏特高压交流变电站，正在进行设备安装和调试工作。目前锡林郭勒盟到山东和蒙西到天津南，这两个特高压交流输电工程的建设进度都已过半。锡林郭勒盟到江苏泰州的正负800千伏特高压直流工程，和上海庙到山东正负800千伏特高压直流工程，计划2017年建成投运。这是中国的能源国情和内蒙古的能源区情，我们的分析要紧密结合这个基本情境。再看未来，中国《能源发展战略行动计划（2014~2020年）》指出："到2020年，一次能源消费总量控制在48亿吨标准煤左右，煤炭消费总量控制在42亿吨左右。"又指出："到

① 2014年底，中国煤炭探明储量为1 145亿吨，占世界探明储量的12.8%，储采比为30年；中国石油探明储量为25亿吨（185亿桶），占世界探明储量的1.1%，储采比为11.9年。资料来源：2015《BP世界能源统计年鉴》中国数据汇总。

2020 年，非化石能源占一次能源消费比重达到 15%，天然气比重达到 10% 以上，煤炭消费比重控制在 62% 以内。"因此，煤在过去是我国的主力能源，过去 50 年的经济发展都是靠煤撑起来的，未来在相当长的一个时间内，煤仍然是我国的主力能源。未来制约煤炭产业发展的主要因素是燃煤的污染问题和环保标准的提高，应对这一挑战，对内蒙古来说"非去煤化"，而是要走煤炭的清洁高效利用之路。

我们的观点是近期的有效路径是针对大部分散煤进行整治，以电能来替代散煤燃烧。中国电力企业联合会的统计是"全国约有 70 万台工业小锅炉，还有各种窑炉，加上农村普遍的炊事和采暖用煤，散煤利用量约 50%，而这 50% 所引起的污染，要比煤电所产生的污染多得多。"中国电力企业联合会的统计是："大电厂烧煤发电所引起的污染占煤利用产生污染的 2%"。煤炭的清洁利用近期就是针对大部分散煤进行整治，以电能来替代散煤燃烧，终极之道是"大力发展清洁煤发电。内蒙古散煤治理的难点是民用煤治理，近期的可行方案是，重点是燃煤锅炉的清洁化改造，城市炊用散煤用电能来替代，在条件不容许的农村，要使用高效低排的炉具，并配套使用优质煤，政府给予适当的精准补贴。远期尽量用煤电来替代散煤。煤电属于集中使用煤炭，污染控制近几年取得不小的进展，我国燃煤发电效率在 2006 年就已超过美国。当前中国发电平均每度电消耗 318 克标准煤，而美国的数据是 375 克标准煤。但是我国煤的消费是 50% 用于发电，而德国、美国这方面的比例比我们高得多，德国大约 80%，美国约 90%，它们的煤主要是用来发电，再把电高效利用到生活中，有效控制污染。我们将来要将煤高效低污染转化成电的比例提高，使电在各方面替代其他能源。电能占终端能源消费的比重代表电力替代煤炭、石油、天然气等其他能源的程度，是衡量一个国家终端能源消费结构和电气化程度的重要指标。电目前在全国终端能源消费中的利用比例只有 22%，至少应该增加到 30% 或 50%。如果中国能够达到世界平均水平（78% 左右），煤炭的污染问题就能完全有效解决。因此，加强煤炭高效清洁利用，提高电煤比重，是解决煤炭污染的关键。

我们预测到 2050 年虽然煤炭消费占我国能源结构的比例将下降，但绝对量还是要上升的，因为新能源科技进步的平均速度要慢于中国经济增长的平均速度，而国际能源署（IEA）的统计，发达国家人均 GDP 与人均电力消费量是正相关的。因此未来煤炭消费绝对量的增加主要贡献者是燃煤发电用煤的增量。这一判断对内蒙古煤炭产业来讲，既是机会同时也是挑战。机会好理解，是由内蒙古地区的禀赋资源优势决定的，关键是如何理解"挑战"？挑战主要来自环保方面！未来能够挑战燃煤发电的能源只有天然气。从原子经济性视角审视，天然气比清洁煤更环保是毋庸置疑的。从分子结构看，天然气是 4 个 H 原子，一个 C 原子；煤是 1 个 H 原子，2 个 C 原子。煤的 C 原子多，根据能量守恒定律，燃烧后 CO_2 排放一定是煤比天然气多。但问题是我国煤炭资源比天然气丰富，而煤制天然气从全产业链来看排放的 CO_2 比燃煤发电更多。那么燃煤发电能否克服环境污染这个瓶颈呢？2015 年国家发改委、环保部、国家能源局三部委制定了《煤电节能减排升级与改造行动计划（2014~2020 年）》，该计划的核心是指火电厂燃煤锅炉大气污染物排放浓度基本达到燃气轮机组排放限值，相比此前的火电厂排放标准要求更加严格，被称为燃煤发电机组水平的"新标杆"，也被称为"超低排放"。未来"超低排放"将逐步推向全国的燃煤电厂。目前实践的情况如何呢？截至 2016 年 4 月底，神华 59 台机组实现"超低排放"，总容量 3 091.4 万千瓦，占神华煤电装机容量的 43.7%。神华集团援引地方环保部门出具的检测报告称，这些燃煤电厂所排放的烟尘、二氧化硫、氮氧化物指标均小于燃气发电机组大气污染物排放标准限值（烟尘 5 毫克/标立方米、二氧化硫 35 毫克/标立方米、氮氧化物 50 毫克/标立方米）。人们很关心的是减排升级的成本问题，神化集团详细披露了其成本测算，按照设备寿命周期剩余 15 年、项目资本金率 20%、贷款年利率 6.55%、年检修成本为总投资的 2.5%、年发电利用小时 4 000 小时、资本金收益率 10% 来测算，机组"超低排放"改造的投资及运营成本增加 1 分/千瓦时左右。神华集团机组超低排放工程单位投资增加 110 ~ 400 元/千瓦，投资及运营成本增加 1 分/千瓦时左右。总体来看，在相当长的一段时间内，燃煤发电都仍将保持较高的经济性（2016 年 5 月 10 日神华集团新闻发布会，发言人：神华集团副总裁王树民）。华北电力大学煤电经济性研究课题组 2016 年 4 月完成的研究报告《中国燃煤发电的经济研究》指出：内蒙古在目前燃煤发电利用小时数持续走低的情况下，按照发电企业平准成本和标杆上网电价进行测算，内蒙古的发电企业仍有每度电 2 ~ 3 分人民币的净利润。① 燃煤发电要克服对环境造成污染的瓶颈关键是要让企业在未来对环境排放的标准有一个长期、稳定的预期，而要形成这样一个稳定的预期仅靠政府相机抉择的产业政策和行动计划是不行的。因为在企业和政府的博弈过程中，企业知道这些政策和现代计划是一种不可置信的威胁，因为当经济下行严重时政府一定会放松要求。可行的做法是要将产业政策变成产业立法，产业立法是一种可置信的承诺。2015 年 5 ~ 8 月和 10 ~ 12 月，项目组成员李一鸣博士生两次赴美国能源部和各大能源政策研究机构进行调查研究，得到的一个非常重要的信息是，在涉及环境治理的规制上，美国常常使用产业立法而不是我国常常使用的产业政策。例如，美国国会 2007 年通过的《能源独立与安全法》第 526 条款——生产和订购替代燃料条款规定："任何一个联邦机构除非用于研究和测试，不得投资任何一种合成燃料或者其他替代燃料用于军事用途，除非生产和燃烧这种燃料的温室气体排放量等于或小于石化工厂生产和燃烧等量石油产品的排放量。"为了

---

① 平准化发电成本（LCOE）：是指发电项目在建造运营周期内每千瓦时的发电成本，衡量的是发电项目从初建到运营的总成本费用支出的折现值与其在寿命周期内能量产出的经济时间价值的比值，即其平准化贴现成本，可用于计算经营期电价。其计算原理是在综合考虑电力项目经济寿命周期内各年度成本和还贷需要的变化情况的基础上，通过计算电力项目每年的现金流量，按照使项目在经济寿命周期内各年度的净现金流量能够满足按项目注册资本金计算的财务内部收益率为条件测算电价的一种方法。标杆上网电价：是为推进电价市场化改革，国家在经营期电价的基础上，对新建发电项目实行按区域或省平均成本统一定价的电价政策。2004 年，我国首次公布了各地的燃煤机组发电统一的上网电价水平，并在以后年度根据发电企业燃煤成本的变化进行调整。

使转述内容准确，我将该条款拷贝如下：

"SEC. 526. PROCUREMENT AND ACQUSTION OF ALTERNATIVE FUELS.

NO Federal agency shall enter into a contract for procurement of an alternative or synthetic fuel, including a fuel produced from nonconventional petroleum sources, for any mobility-related use, other than for research or testing, unless the contract specifies that the lifecycle greenhouse gas emissions associated with the production and combustion of the fuel supplied under the contract must, on an ongoing basis, be less than or equal to such emissions from the equivalent conventional fuel produced from conventional petroleum sources."

这就是为什么即使在石油价格高涨时期，美国对现代煤化工也没有出现"投资潮涌"现象的根本原因。我国是否可以考虑燃煤发电方面的立法，核心是："电厂燃煤锅炉大气污染物排放浓度必须达到燃气轮机组排放限值，否则不得投资建设。"我认为这样就可以解释《中国燃煤发电的经济研究》报告中所说的悖论"目前煤电供大于求但是企业争先恐后地进行投资"的"投资潮涌"现象。

综上所述，目前内蒙古电力产能虽然过剩，但我们要未雨绸缪，未来随着中国经济的复苏、用电产业需求侧的发展，例如高铁、动车和电动汽车等用电产业的发展和居民用电替代煤炭、天然气的需求侧的发展，内蒙古必将走上具有内蒙古特色的高碳产业低碳发展之路——煤炭主要用于清洁高效发电。那么另外一条煤炭利用之路——煤化工之路，为什么行不通呢？我下面回答这个问题。

煤化工是以煤气化为龙头，以碳一化工技术（制取分子中只含一个碳原子的化合物的技术）为基础，合成、制取各种化工产品和燃料油的煤炭洁净利用的产业。煤气化技术是煤化工的公共技术、龙头技术、关键技术。世界煤制油（气）的技术最早起源于德国。早在20世纪30年代，德国就开发了鲁奇煤炭气化工艺。由于德国缺乏油气资源，希特勒为了发动侵略战争，不惜代价全力支持大规模生产煤制油，以满足纳粹德国机械化部队的燃料需求。经过几十年的开发和应用，国际上形成了以 Lurgi（德国鲁奇公司）、Texaco（美国德士古公司）、Shell（壳牌）、HTW（德国高温温克勒气化技术）等为代表的工业化煤气化技术。我国"十一五"以来大力发展现代煤化工，特别是在"十二五"期间，我国现代煤化工技术和产业化都取得了突破性进展，煤制油、煤制烯烃、煤制芳烃、煤制天然气、煤制乙二醇、煤制二甲醚等工艺技术的突破和示范工程均有重大进展。特别是煤制烯烃堪称中国现代煤化工的典型代表，这不仅因为中国成功开发了代表当代先进水平的甲醇制烯烃技术，而且因为中国最早实现了甲醇制烯烃技术的工业化应用，于 2010 年 5 月 28 日建成投产了全球首套煤经甲醇制烯烃工业化示范装置——神华包头 180 万吨/年煤制甲醇、60 万吨/年甲醇制烯烃项目，并实现了商业化运营。但是，我们一定要认识到"煤制油（气）"的各种技术还处于一个技术成熟度有待评价的过程。国内一些专家视煤制油（气）为一项很成熟的技术，其实是把技术成熟度与技术发展历史长短相混淆。美国杜克大学的杨启仁教授认为技术的成熟度应以其使用的普及度来定，"煤制天然气的技术，除了美国大平原厂，其他国家（除了近年中国之外）完全没有规模化运用的经验。中国的大唐克旗煤制天然气厂在运转一个月后就发生严重故障而不得不停工两个月检修。"目前大唐煤化工板块正在进行战略性退出。我们认为一项技术在普及之前，成熟不成熟应该作技术成熟度评价（美国国防部将技术成熟度分为 9 级，Technology Readiness Level 1 –9，TRL1 –9）和产业发展的战略价值评价。蒸汽机从瓦特在 1769 年改良之后，80 年之后才普及开来（1769 年蒸汽机的产值只占 GNP 的 0.1%，1849 年占 GNP 的 1.2%）。煤制油（气）技术在全世界范围内都是一种使用经验少、技术成熟度有待评价的技术，在实际应用过程中会对环境造成重大影响，比如水资源消耗、二氧化碳排放、三废污染和煤炭上游开采的生态破坏和国际能源价格博弈及替代技术发展的不确定性等，都要求对煤制油（气）产业的发展进行战略价值评价。我们进行的战略价值评价的初步结论是：

（1）内蒙古煤制油（气）项目投资价值评价应增加产业战略价值评价。传统评价主要从企业财务和国民经济评价两个视角进行经济评价。建议增加产业战略价值评价，包括：经济价值＋不确定性价值＋竞争性价值＋包容性价值。我们的产业战略价值评价的初步结论：煤制油（气）项目投资的等待的价值巨大！目前不宜大规模投资，为了获得期权可以进行工艺试验性投资。

（2）煤制油项目不宜作为和平时期替代石油的生产经济产品的项目来定位，应作为应对未来能源安全的技术储备来定位。因此，建议国家要明确将其定位为"技术性工业试验项目"，其目的是掌握煤制油的关键技术，到关键时刻（如战争）可以执行实物期权。而不是作为常规的石油替代产业发展的示范项目，取消示范项目的概念。要产业立法，克服政府相机抉择现象，不要因为能源价格变化而变化产业政策。示范项目按照国际惯例一定要公开投资、运营、环境、公众反应各种信息。而技术储备项目可以不必公开信息。

（3）新产业经济史研究得出的初步结论。考察世界煤制油的发展历程，截至目前，除了中国外，全球煤制油规模化量产的案例只有两个，即纳粹时德国的煤制油、种族歧视时南非的煤制油，其背后都有其特殊的历史因素。纳粹时德国的煤制油是应德国战事需求而生。南非的煤制油发生在国家遭受贸易制裁的背景下，"成功"因素包括了政府的大力支持、非经济的因素为主的投资发展策略，以及较低的环保要求。而煤制气，除了中国外，全球煤制气规模化量产的案例只有一个，即美国大平原煤制气项目，虽然技术上取得了成功，但由于环保投入大导致财务失败而破产，重组后由于不承担投资成本并且靠多产品经营而维持微利运行。历史上，日本、新西兰、澳大利亚、英国、加拿大等国都曾尝试过煤制油气的研发，但都不实施规模化量产。究其原因，对煤制油而言由于能源转换效率太低、技术不确定性和能源价格的不确定性太高，对环境的污染也特别大，因此等待的价值特别大；而对煤制气而言，技术成熟度、能源转换率和抗风险能力相对来说都高，但未来环保标准一旦大幅度提高，其自生能力也将受到威胁。

（4）大型煤制油（气）项目投资巨大，蕴含着沉没成本与技术锁定的忧患。美国大平原项目破产而不停产，中国大唐煤化工板块的战略重组，大而不倒的历史对内蒙古的能源发展路径有着重要的启示意义。煤制油（气）这类资本密集型产业，建厂资金为沉没成本，破产后决定工厂去留时，沉没成本一般不考虑在内，因而经常会出现破产重组后，破产而不停产的现象。然而，煤制油（气）除了资本密集外，也具有高耗水、高碳排放、高污染的特质，因此有破产后继续污染的特殊现象。内蒙古目前规划的煤制油（气）项目一旦全部建成投产，在未来数十年中将持续生产高碳能源，将内蒙古的能源路径锁定在高碳发展上，即使这些项目全部破产，内蒙古也难以重新回到低碳发展之路。

最后总结一下，内蒙古经济可持续发展的必由之路是高碳产业低碳化发展之路，而内蒙古高碳产业低碳化发展的正确之路是"清洁高效燃煤发电之路"。这是我对郑燕、杨光、王晓磊三位作者的这本专著的实证分析的理解，可能有误读之嫌，敬请作者和读者指正。

内蒙古管理现代化研究中心主任
内蒙古管理学会副会长
内蒙古工业大学学术委员会主任
博士研究生导师　**李长青教授**
2016 年 5 月 29 日

目　　录

第 1 章

低碳经济发展概述

1.1 低碳经济发展背景

近二百年来人类社会的发展，近四十年来中国经济的发展，近十五年来内蒙古工业经济的发展，可谓突飞猛进，但这是以高碳排放为代价的。1972 年一本名为《增长的极限》的书首次发行，在这本书中，作者预言我们的文明将在 21 世纪的某一时刻崩溃。这种观点自从这本书面世以来便遭到各方批判，并被视作是"末日悲观理论"的典型代表。2013 年澳大利亚墨尔本大学开展的一项研究显示这本书中所做的预测在过去的 40 年间被证明是相当精准的。图 1 - 1 为《增长的极限》一书中对环境污染的预测与此后的实际发生的情况对比。按照"放任自流"（一般情境）模式下世界未来的发展预测：环境部分（包括资源消耗和环境污染）。虚线为该书中预测趋势，实线为此后的实际情况。

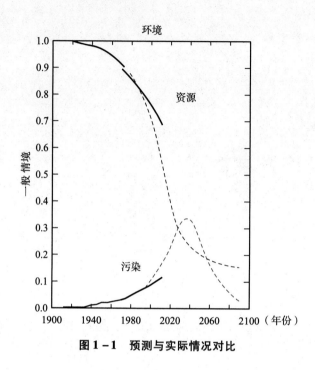

图 1 - 1　预测与实际情况对比

联合国政府间气候变化专门委员会（IPCC）于 2014 年 3 月 31 日公布了最新全球变暖现状报告。《2014 年 IPCC 全球变暖现状报告》指出：全球变暖仍在持续当中，1880 ~ 2012 年世界的平均气温上升了 0.85 摄氏度。虽然各国确定的目标是将工业革命以来气温的升高控制在 2 摄氏度以内，但目前已接近一半。气候变化的主要原因是人类活动，作出这一判断有 "95% 以上" 的把握。如不及时采取有效措施，任凭二氧化碳浓度上升，那么到 21 世纪末，世界的平均气温最多可升高 4.8 摄氏度，海平面会上升 82 厘米。一旦气温升高 4.8 摄氏度，因河流泛滥而受灾的人口将相当于目前的三倍。如不采取相应措施，将有数亿人或遭受洪灾或因海平面上升而被迫转移。《2014 年 IPCC 全球变暖现状报告》还预测，如果气温比工业革命之前升高 2.5 摄氏度，全世界遭受的经济损失将相当于全球 GDP 的 0.2% ~ 2%。

为此，减少温室气体排放，控制气候变化问题已经成为世界最为关注的环境问题之一，世界各国为应对全球气候变化不断做出努力。中美两国 2014 年 12 月 12 日共同发表《中美气候变化联合声明》，宣布了各自 2020 年后的行动目标，以及加强清洁能源、环保领域合作。美国计划于 2025 年实现在 2005 年基础上减排 26% ~28% 的全经济范围减排目标，并将努力减排 28%。中国计划 2030 年左右二氧化碳排放达到峰值，且将努力早日达峰，并计划到 2030 年，非化石能源占一次能源消费比重提高到 20% 左右。

国际社会应对全球气候问题的第一个国际协议《联合国气候变化框架公约》于 1992 年在巴西里约热内卢召开的联合国环境与发展会议上发布，全球 183 个国家代表团、70 个国际组织参加了此次会议。此次公约明确了发达国家对气候变化负有历史和现实责任，应该承担更多义务，而发展中国家的首要任务是发展经济，消除贫困。此外，1997 年，联合国气候变化框架公约第三次缔约方会议在日本京都举行，会议通过了《京都协议书》，该协议书主要规定了工业发达国家温室气体排放约束，并提出了三种市场机制用于实现减排，即排放贸易机制、联合履约机制和清洁发展机制。这一时期是低碳经济的萌芽期，全球已经意识到碳减排的重要性。同时这一时期可持续发展理念的兴起，循环经济、绿色经济、生态经济的提出和发展也为低碳经济的孕育提供了理论基础。

最早提出低碳经济概念的是 2003 年英国政府公布的题为《我们未来的能源——创建低碳经济》的能源白皮书中。它从英国国情出发，着眼于降低对化石能源的依赖和控制温室气体排放，指出了低碳经济是英国能源战略的首要目标。自此，世界各国积极响应，掀起了一股低碳发展浪潮。"低碳经济"、"低碳发展"、"低碳技术"、"低碳社会"、"低碳城市"和"低碳能源"等新名词不断涌现。此外，2007 年 12 月联合国气候变化大会，2009 年 7 月 G8 峰会以及 2009 年 12 月在哥本哈根召开的世界气候变化大会等全球性气候变化大会的召开都明确了包括中国在内世界大部分国家的碳减排目标。为此，各国政府必须出台一系列碳减排政策，从而实现节能减排目标。这在一定程度上推动了低碳经济的发展。

在面临资源紧缺、环境污染、气候变化等问题凸显，但又不得不发展经济的时代，发展低碳经济是世界各国面对气候变化、保持经济可持续发展和抢占经济发展制高点的必然选择。低碳经济发展已成为一种新的发展理念、新的发展模式以及经济发展新规则。目前，世界各国都在走低碳经济发展的道路，谁能够掌握低碳经济规则的制定权，谁就拥有未来经济发展的核心竞争力。对于中国来说，面对人口压力、环境保护和经济发展等问题，走低碳经济发展之路也是必然选择。

1.2　国外低碳经济发展经验与模式

随着低碳经济理念的提出，世界各国纷纷将低碳经济、低碳技术作为新的战略增长点，并基于国情，制定相应的低碳政策，大力推进"低碳经济"发展。各国的低碳经济发展道路不同，其中不乏具有可借鉴的低碳政策，因此有必要就各国低碳发展的模式展开分析，从而为中国尤其是能源大省内蒙古制定低碳发展政策提供参考依据。鉴于主要发达国家低碳经济发展实践时间长，可借鉴性更高，因此，采用文献分析法，本书重点分析了英国、美国、德国、法国和日本五国具有代表性的低碳经济发展模式。

1. 英国

作为低碳经济的提出者以及先行者，英国是世界上对气候变化研究最全面和系统的国家之一；是最早提出低碳发展目标的国家；是第一个将二氧化碳减排纳入国家立法的国家；是第一个在国内实施排放市场交易的国家。

自《京都协议书》后，英国开始将低碳经济作为经济转型的国家战略。2003 年，英国发表了《我们未来的能源——创建低碳经济》的白皮书，首次提出低碳经济概念，也提出了相应的碳减排目标，从而建立低碳经济社会，从根本上把英国打造成一个低碳经济的国家。近几年来，英国又出台了一系列法律文件，如新的《能源白皮书》、《气候变化法案》的草案、《英国气候变化战略框架》、《英国低碳转型计划》以及配套的《英国可再生能源战略》、《英国低碳工业战略》和《低碳交通战略》等文件，从而更加明确了其低碳经济战略思想。

此外，英国还建立了一套包括气候变化税、碳基金、碳交易市场、补贴政策在内的政策体系，并立法实施"碳预算"。这些具体的举措以及低碳技术的发展、应用和输出，使得英国低碳经济的发展取得了明显成效，达到了《京都议定书》规定的减排目标。

英国低碳经济发展不仅确立了发展低碳经济的战略思路，而且基本上形成了低碳经济的政策体系，将低碳经济发展从国家战略转向具体实施。初步形成了政府政策为主导，市场运作为基础，企业、公共部门和家庭为主体的低碳经济发展体系，突破了低碳经济发展的瓶颈，实现了经济增长与环境效益的双赢。

2. 美国

虽然在 2001 年，布什政府宣布退出《京都议定书》，但基于国家利益和经济长远发展需要，美国也十分重视节能减排，不断推出低碳经济发展方面的措施。

2005 年，美国推出了《能源政策法》，主要从节能和开源两个方面来确保美国未来能源供应，降低能源消耗和提高能源使用效率，从而减少温室气体的排放。2006 年 9 月，美国公布了新的气候变化技术规划，大力推进新一代清洁能源技术的研发和创新，鼓励可再生能源、核能和先进电池技术的研发和应用，试图通过减少对石油的依赖来确保国家的能源和经济安全，同时减少温室气体的排放，以应对碳减排的国际压力。2007 年 7 月，美国参议院提出了《低碳经济法案》，将低碳产业作为重振经济的战略选择。2009 年 3 月 31 日，美国众议院能源委员会向国会提出了《2009 年美国绿色能源与安全保障法案》，初步构建了美国向低碳经济转型的法律框架。2009 年 6 月的《美国清洁能源法案》完善了向低碳经济转型的法律框架。

美国的低碳经济发展主要着力点是能源行业和节能减排，以立法为主要手段，以新能源产业为重点，以低碳技术创新、研发和应用为核心，从而抢占低碳技术的制高点，抢抓低碳产业发展的主导权。

3. 德国

作为世界上最工业化的国家之一，不论是从新能源开发领域还是环境保护方面，德国都处于世界的领先地位。为了应对全球气候变暖，德国主要从提高能源效率、大力开发可再生能源以及实现高新技术战略等方面推动低碳经济发展。

为促进低碳经济发展，德国构建了比较完善的法律体系。1971 年《环境规划方案》的颁布之后，德国不断完善整体环境规划法案。随着1972 年《废弃物处理法》的正式实施之后，近几年不断出台一系列法案，将减少化石能源和废弃物处理提高到发展新型经济的思想高度。为开发新能源，德国于 2000 年颁布了《可再生能源法》。2009 年，德国环境部公布了发展低碳经济的战略文件，强调低碳经济为经济现代化的指导方针。同时，德国运用经济手段刺激低碳经济发展，如征收生态税、对有利于低碳经济发展的生产者或经济行为给予补贴以及鼓励企业实行现代化能源管理等。此外，德国还不断开发利用低碳经济技术，如实施气候保护高技术战略计划，推广"热电联产"技术、实行建筑节能改造等提高能源使用效率，促进节能减排。

德国的低碳经济发展以政府为主导，形成以低碳技术为核心，以可再生能源发展为重点产业的低碳发展模式，并通过完善的法律体系以及经济手段促进低碳经济发展。

4. 法国

法国的能源结构以核电和水电为主，因此，温室气体的排放量比较少，人均温室气体排放量比欧洲平均水平要低21% 左右。但法国仍然认为还有很大的减排空间，在应对气候变化上做出了积极努力。

2000 年 1 月，法国开始实施"预防气候变化全国行动计划"。2001年法国政府又通过了节能规范标准，即根据不同地理位置的光照、温度和湿度等自然条件，评估不同建筑材料的能源利用效能。2008 年 4 月，法国政府公布一系列新的环保法律草案，涉及建筑业、交通、农业和能源等多个方面。此外，基于能源资源相对稀缺的国情，法国坚持以发展核能为重点，大力开发可再生能源，扶持清洁能源汽车和"低碳汽车"产业发展以及倡导征收碳税。

法国低碳经济发展以政府为主导，形成以新能源为核心打造低碳产业，尤其是可再生能源的发展模式。

5. 日本

日本是一个岛国，其传统能源非常稀缺，因此长期以来，日本非常重视新能源的开发。目前，日本的太阳能发电量位居世界第一，在海洋能、燃料电能、风能、地热和垃圾发电等新能源领域，技术水平和产能也都处于世界领先水平。因此，日本在发展低碳产业上具有强大的技术优势。

为了实现经济与环境可持续发展，日本率先建成最先进的低碳社会。在低碳社会发展理念下，日本不断采取立法和战略规划、财政政策、倡导"低碳"生活方式、开展低碳外交和对外合作等方式来推动低碳经济发展。在立法和战略规划方面，2006 年 5 月，日本经济产业省编制并发布了以保障日本能源安全为核心的《新国家能源战略》。2008 年 7 月 26 日，日本政府公布了《低碳社会行动计划》。2009 年 4 月，日本政府公布的《绿色经济与社会变革》政策草案，力图通过环境投资，把日本打造成为"绿色经济社会"。在财政政策方面，除了加大财政投入、税收减免和优惠政策之外，日本还在积极探讨碳税方案及开征"地球温暖化对策税"。在倡导"低碳"生活方式方面，日本政府和各种民间团体通过电视、网络、广播、讲座等多种形式向国民宣传和普及节能减排知识、方法和重要性，使得节能减排意识和低碳社会理念深入人心，全民都参与到低碳社会的构建中来。

日本的低碳经济发展，形成了"一体两翼"模式操作运行体系，其中，"一体"是指内阁，负责总揽各方建议和意见并加以整合；"两翼"是指经济产业省和环境省，两者分别从"技术创新和产业发展"和"生活行为"两个方面制定发展规划。

1.3 内蒙古低碳经济发展

为解决能源紧缺与环境问题，我国已有计划分步骤地将经济发展向低碳转型，将低碳经济作为面向未来的重大战略。为了适应这一战略，内蒙古自治区也已着手制定了低碳经济发展规划以及一些低碳政策。虽然内蒙古具有新能源开发、科技创新、生产成本较低等优势，但内蒙古具有高碳特征的能源产业仍占主导地位。在未来的一段时期内，由于工业化的发展，这种高碳排放还将存续下去。因此，碳排放和经济发展之间的矛盾将成为阻碍内蒙古未来发展低碳经济的主要因素。此外，针对低碳经济发展问题，内蒙古尚未形成完善且明确的发展路径以及配套政策制度。因此，有必要具体分析内蒙古低碳经济发展的现状与特点，以及内蒙古低碳经济发展中存在的问题，并总结原因。

1.3.1 内蒙古低碳经济发展的基本情况与特点

1. 经济运行状态良好，在 CO_2 减排方面取得了一些成绩

目前，内蒙古经济已经进入发展的快车道，质量、效益同步。根据《内蒙古统计年鉴》的数据整理显示，2002～2009 年，其生产总值，财政收入增速明显，8 年列居全国首位；经济综合竞争据西部各省首位。到了 2012 年，全区生产总值达到 15 988.34 亿元，同比增长 11.7%，超出全国平均增速 3.7 个百分点。全区地方财政总收入完成 2 497.28 亿元，比上年增长 10.4%，其中，公共财政预算收入完成 1 552.75 亿元，比上年增长 14.5%。人均生产总值达到 64 319 元，增长 11.3%。可见，内蒙古地区经济发展状况良好，经济建设取得了可喜的进步。

改革开放以来，内蒙古的产业结构逐步向合理化方向发展。产业

结构方面，2012 年，第一、二、三产业的增加值分别达到 1 447.43
亿元、9 032.47 亿元和 5 508.44 亿元；增长率分别为：5.8%、14%
和 9.4%。贡献率方面，第一产业对经济增长贡献率为 4.3%，第二、
三产业对经济增长的贡献率分别为 67%、28.7%。从工业产品产量
看，全区原煤产量达 10.62 亿吨，同比增长 12.3%；钢材产量为
1 661.82 万吨，同比增长 15.5%；发电量达到 3 116.88 亿千瓦时，
同比增长 6.1%；其中，风力发电量 286.48 亿千瓦时，同比增长
4.2%；全年规模以上工业品出口交货值达 245.25 亿元，同比增长
26.1%。与之形成明显对比的是，受低碳理念的影响，内蒙古电力
CO_2 排放强度呈持续下降趋势，2006～2011 年下降了 9.98%，
1997～2010 年更是下降了 19.55%。

2. **具有高耗能特征的能源产业仍占据主导地位**

大力推进新型工业化，是带动内蒙古经济高速发展的主要动因。根
据内蒙古的客观条件、战略要求及国内外市场环境，自治区确定了以能
源、冶金、化工、重型装备制造、农畜产品加工、高新技术产业等六大
特色优势产业为主体，发展新型工业化的方针。资料显示，2012 年，六
大优势特色产业增加值占规模以上工业的 90% 以上，非煤产业增加值增
速为 14.4%，非煤产业增加值占规模以上工业的 60.7%；体现出低碳
发展的趋势。但是，在六大特色优势产业中，能源、冶金、化工、重型
装备制造依然属于高耗能行业，需要消耗大量的电能，煤化工也属于用
煤大户，这些产业规模越大，对于节能减排的影响就越大，如何提高资
源利用效率，进行有效节能减排，使得经济持续健康发展，成为内蒙古
需要解决的问题之一。

3. **经济发展高度依赖能源工业**

尽管内蒙古经济增速明显，但也面临着调整结构的问题。研究表
明，投资对内蒙古的经济增长贡献率大于 70%，说明该地区属于典型的
投资拉动型经济增长模式。产业结构中，2012 年全区第三产业增加值所
占比重为 34.45%，低于平均水平 6 个百分点；与沿海发达省的差距达

到了 10 个百分点。工业结构中，2012 年，全年工业增加值 7 966.61 亿元，增长 14.2%。其中，规模以上工业企业增长 14.8%。在规模以上工业企业中，轻工业增加值增长 14.4%；重工业增加值增长 14.9%。高新技术产业增加值同比增长 35.9%；装备制造业同比增长 14.5%，仍低于全国水平。特色的稀土产业得到了较快发展，稀土行业增加值同比增长 11.5%。工业利润中，全区采矿业贡献率超过 60%，仅煤炭开采和洗选业贡献率已经达到 49%。产品结构中，内蒙古依然发挥资源优势，牛羊奶、肉、绒、原煤、发电量等特色产品的产量，名列前茅。2013 年，全区生产总值预计增长到 12%，同步增长城镇居民人均可支配收入和农牧民人均纯收入 12%。不难发现，近年来内蒙古经济快速增长主要依靠的是能源工业，而能源工业又主要依靠的是煤炭产业。内蒙古经济发展主要依赖能源产业，具有煤炭资源丰富，能源结构单一的特点，仅仅通过调整能源结构，发展低碳电力，难以有效实现低碳发展目标。

4. 内蒙古能源经济政策环境

为了大力推动可再生能源的发展，进而对低碳能源的发展起到积极作用，须采取相应的经济政策予以支持，内蒙古的资源禀赋决定了其以资源为主的经济发展模式和发展战略。低碳的发展要求经济、社会、生态、环境的协调可持续发展，更离不开当地的财政政策支持。内蒙古为了推动低碳经济发展，构建了相关财税体系。

（1）构建了绿色税收体系，促进资源合理开放、利用。基于低碳经济发展的外部性效应，构建绿色税收体系，通过建立税价联动机制，从生产、消费。交换以及分配各个方面构建低碳经济发展的外部性转化机制，从根本上促进内蒙古地区的低碳发展。

（2）完善了对低碳企业的税收政策优惠，激励企业技术创新。通过减免税、费用扣除、加速折旧、投资抵免和提取投资风险基金等方式对新能源企业、循环经济的企业、环保绿化的企业，可比照国家自助创新的政策优惠，实施以增值税、企业所得税为主的税收优惠政策，同时实施以营业税为主的地方税的优惠政策。

（3）完善了低碳经济发展的政府采购制度。通过政府采购政策，可以对低碳产品和低碳技术实行首购制度，支持低碳中小企业和低碳耗能企业发展，实现内蒙古的低碳发展道路。

（4）增加了自治区对低碳发展的财政支出。通过增加财政支出影响低碳经济主要体现在以下三个方面：首先，自治区财政增加了对低碳发展的基础研究、关键技术研究及企业研发等创新支持；其次，通过财政补贴性支出影响企业和个人的预期收益与成本，引导和调节生产及消费行为，促进低碳产业发展；最后，明确低碳经济发展的财政投入重点，重视投入新能源产业技术、生态环保技术等，促进当地新能源产业和绿色环保产业的发展，为推进低碳社会发展，实行示范性财政投入试点，增加对低碳示范家庭、社区、企业、城市的财政支出，通过以点带面促进低碳经济的全面展开。

总体来说，目前内蒙古地方政策对于促进内蒙古地区低碳经济的发展来说效果是比较显著的。

5. 在煤化工方面做出了很大的努力

我国富煤的资源特点以及低碳经济的大背景，决定煤化工广阔的发展前途。加强煤的清洁高效综合利用技术开发，推进传统能源清洁高效利用也是国家能源战略方向之一。煤化工是煤炭能源清洁高效利用技术开发的重要学科支撑，趋势是向单元技术的新型化、生产技术的绿色化、工艺过程的集约化及联产集成优化方向发展，以实现循环经济型煤炭能源化工发展。

依托资源优势，良好的投资环境，内蒙古大型煤化工已经成为最具有发展潜力的产业之一。根据资源禀赋、城市依托等条件，自 2004 年以来，内蒙古在全区先后规划了鄂尔多斯、锡林浩特、霍林河、呼伦贝尔四大化工基地。在基地内，依托重点园区（经济开发区），率先开工建设两条煤制油（直接液化、间接液化）、两条烯烃（MTO、MTP）、三条二甲醚示范生产线。

根据《内蒙古统计年鉴》统计，2012 年，内蒙古全区甲醇产量达到 552.5 万吨，同比增长 27.2%，居全国首位；电石产量 495.1 万吨，同比增长 11.4%，居全国首位；焦炭产量 2 569 万吨，同比增长 34%，居全国第 5 位；合成氨产量 135.7 万吨，同比增长 108.1%，居全国第 14 位。煤制油产量 103.7 万吨，同比增长 11.2%；煤制烯烃产量 54.5 万吨，同比增长 8.8%；煤制乙二醇产量 9.9 万吨，同比增长 52.3%。

在良好的资源环境和投资环境的吸引下，国内外大企业纷纷来内蒙古投资煤化工项目，内蒙古煤化工发展布局不断完善，重点项目进展顺利，已经初步形成了"东中西"三大煤化工基地。据统计，截至 2012 年，内蒙古化学工业累计完成固定资产投资 1 116.3 亿元，同比增长 57.7%，占全区工业固定资产投资的比重为 17.41%。

情况表明，内蒙古目前已走在了发展煤化工项目的前沿。不仅在产煤数量上居于全国前列，煤化工产业也在稳步优化升级。

总体而言，内蒙古地区的煤化工发展布局不断完善，重点项目进展顺利，正在从传统煤化工向现代煤化工跨越式的发展，逐步形成"基地化、大型化、一体化"的产业特色。

6. 在发展低碳经济方面具有的优势

发展低碳能源的优势有：（1）较好的经济发展基础，经济总量和财政收入较大；（2）有一些经济政策的鼓励支持；（3）丰富的矿产资源禀赋，具有丰富的铁矿石、磷矿、铜矿等矿产资源，稀土氧化物保有基础储量和资源量占全世界总保有储量的 70% 以上，稀土资源位居全国第一；（4）较为丰富的水资源条件，东部地区可以通过实施"引哈济锡"、"引绰济辽"等工程，解决结构性缺水问题，西部地区可以通过节约灌溉、提高水资源利用率等措施增加工业用水量，能够满足能源相关产业发展的需要；（5）较低的生产成本优势，在能源、原材料、土地价格等方面具有明显的比较优势，是发展重化工业的相对竞争优势；（6）良好的区位和运输条件，内蒙古东部地区紧邻东北三省，现已正式纳入振兴老东北工业基地范围，为东部地区与东三省进行产业合作奠定了坚实基础，交通基础设施建设取得了长足发展；（7）较强的技术支撑能力，内蒙古通过承接国际以及东部沿海地区的产业转移，为能源相关产业发展获得良好的技术支撑。同时，内蒙古靠近京津和老东北工业基地，可以充分吸引这两个地区的人才和科技力量，为发展能源相关产业服务。

1.3.2　内蒙古低碳经济发展存在的问题与原因

1. 产业结构不合理，第二产业比重偏高，第三产业发展缓慢

资料显示，2012 年，全区生产总值中的第一、二、三次产业比例为 9.1∶56.5∶34.4。与 2000 年 22.8∶37.9∶39.3 的结构相比，第一产业比重迅速降低，2000～2012 年下降了 13.7%；第二产业比重较大，2000～2012 年持续上升，幅度达到了 18.6%；第三产业呈先升后降趋势，2012 年较 2000 年降低了 4.9%。由此可见，在三次产业结构中，内蒙古经济增长主要得益于第二产业；第二产业内部结构中，重工业产值占比重较大，超过了工业总产值 60%。可以推断，内蒙古地区经济发展面临严重的排放压力，要实现低碳能源发展，还需继续寻找合理模式。

2. 虽然经济发展情况良好，但高耗能行业仍然占主导地位

虽然内蒙古经济发展情况良好，但是对于经济发展来说，并不是量越大越好，还要看经济发展的质量，对内蒙古对经济增长贡献率很高的能源产业属于高耗能行业，导致碳排放量居高不下，而且在进一步增加，在工业化的过程中，高耗能行业势必还会继续向前发展。内蒙古六大特色优势产业中，能源、冶金、化工、重型装备制造也都属于高耗能行业，需要消耗大量的电能，煤化工也属于用煤大户，这些产业规模越大，对于节能减排的影响就越大，如何提高资源利用效率，处理好工业化发展与低碳发展的关系，进行有效节能减排，使得经济持续健康发展，这是迫切需要我们解决的问题。

3. 能源结构不合理

内蒙古的能源结构一直以煤炭为主，原煤占能源生产和消费的比重

长期保持在90%左右，而石油、天然气、水能、风能、太阳能、核能和生物质能等清洁能源的比重很低。一次性能源比重高，再生能源比重低发展慢，能源结构性矛盾突出，这给内蒙古实现低碳能源发展造成了很大压力。资料显示，2010年，全区能源生产总量为49 740.18万吨标准煤，其中，原煤占能源生产总量的比重为92.35%、原油占0.53%、天然气占5.42%、水电占0.12%；能源消费总量为18 882.66万吨标准煤，其中，原煤占能源消费总量的比重为94.16%、原油占1.06%、天然气占3.02%、水电占0.11%。与全国能源消费结构相比，内蒙古原煤占能源消费总量的比重高出全国26.16%，而其他清洁能源消费比重都低于全国平均水平。在科学技术相对落后的情况下，这种以煤为主的低质能源结构其结果是生态环境破坏严重、运输压力大、能源利用效率低。

从内蒙古的电力结构看，火电机组所占比例过高，风能发电、太阳能发电和生物质能发电等占比较低。火力发电比例过高，排放的废气废水多，对生态环境保护造成很大的压力。2002~2012年，内蒙古发电量由500多亿千瓦时增至3 116.88亿千瓦时，年均增长31.17%，发电量连续8年在西部12省区居首。其中，2012年该区火力发电量达到2 793.30亿千瓦时，占到总发电量的89.62%。

4. 科技水平低，科技创新能力不足

内蒙古大部分能源相关产业技术与装备和生产工艺比较落后。科技自主创新能力和研发能力不足，在新产品、新技术、新工艺上的研究投入比较小。创新体系不健全，产品更新换代周期长、质量提高速度慢，大部分产品的生产技术和装备长期落后于国内发达省市。据对内蒙古70家化工企业的调查，技术密集型企业仅占18.6%。初级、低科技含量、低附加值的产品多，高科技含量、高附加值的精深加工产品少，产业链条短。不加强科技投入，采用新技术提高能源使用效率、降低碳排放，将对低碳能源发展产生很大阻力。

5. 低碳能源发展面临的其他问题

内蒙古在发展低碳能源方面还存在着很多其他问题，主要有：（1）龙头企业少，行业集中度低，缺乏规模效益和竞争能力；（2）集群效益差，严重影响了企业竞争力、社会资源配置效率和环境的集中治理，阻碍了企业技术进步和制度创新；（3）产业布局分散，过于分散的布局势必带来规模效益差，产业和企业竞争力不足，最终影响重化工业整体效益；（4）生态环境保护和修复滞后于能源发展，由于特殊的地理位置和自然条件，内蒙古生态环境系统整体上比较脆弱，再加上一些企业的短期利益行为加重了环境的恶化；（5）基础设施建设滞后，内蒙古能源及相关产业的发展将受到铁路和公路运输能力及水资源等方面的巨大制约；（6）资金来源不足、渠道狭窄，资金来源主要是银行贷款。其他融资渠道和融资工具的比例非常低。

1.4　研究的基础理论及技术方法

1.4.1　研究的基础理论

1. 可持续发展理论

所谓可持续发展战略，是指实现可持续发展的行动计划和纲领，是国家在多个领域实现可持续发展的总称。它要使各方面的发展目标，尤其是社会经济与生态环境的目标相协调。

可持续发展的核心思想是，经济发展，保护资源和保护生态环境协调一致，让子孙后代能够享受充分的资源和良好的生态环境。同时包括：健康的经济发展应建立在生态可持续能力、社会公正和人民积极参与自身发展决策的基础上；它所追求的目标是：既要使人类的各种需要得到满足，个人得到充分发展；又要保护资源和生态环境，不对后代人的生存和发展构成威胁；它特别关注的是各种经济活动的生态合理性，强调对资源、环境有利的经济活动应给予鼓励，反之则应予以摈弃。

2. 低碳发展理论

低碳经济，即以低能耗、低污染、低排放为基础的发展模式，有别于过去高消耗、高增长、追求规模的 GDP 中心论。

可持续发展是科学发展的内在要求，发展低碳经济有利于"资源节约型，环境友好型"的两型社会建设，实现人与自然和谐相处。低碳经济对中国意义深远。近两年来，关于低碳，气候变化的话题已经妇孺皆知，尤其在哥本哈根大会之后，低碳已然是全球最大的共同话题。发展低碳经济是全球经济继工业革命和信息革命之后的又一次系统变革，也被视为推动全球经济复苏的新动力源泉。

1.4.2　研究技术方法

1. 灰色关联度分析法

灰色综合评价法是一种定性分析和定量分析相结合的综合评价方法，这种方法可以较好地解决评价指标难以准确量化和统计的问题，排除了人为因素带来的影响，使评价结果更加客观准确。整个计算过程简单，通俗易懂，易于为人们所掌握；数据不必归一化处理，可用原始的数据进行直接计算，可靠性强。缺点是要求样本具有时间序列特性。当然，该方法只是对评价对象的优劣做出鉴别，并不反应绝对水平。而且，基于灰色关联系数的综合评价具有"相对评价"的全部缺点；另外，灰色关联系数的计算还需要确定分辨率，而它的选择并没有一个合理的标准。

本书使用灰色关联度法计算出指标层权重，以此来得出综合评价得分，得出内蒙古地区相关方面的数据。

2. 层次分析法

层次分析法具有实用性、系统性、简洁性等优点，将人们的思维过程数学化、模型化、系统化、规范化，便于人们接受。但是层次分析法并不能提供一种新的方法，并且在确定权重时计算较复杂。

本书主要运用了 ANP（层次分析法）依次确定了目标层、准则层和指标层。同时对基础数据进行统一化处理及使用灰色关联度法计算出指标层权重，以此来得出综合评价得分，通过数据看出内蒙古自治区的低碳电力发展还有很长的路要走，低碳电力发展亟须政府方面的相关政策以及正确引导。

3. SWOT 分析

SWOT 分析代表分析企业优势（strength）、劣势（weakness）、机会（opportunity）和威胁（threats）。因此，SWOT 分析实际上是将对企业内外部条件各方面内容进行综合和概括，进而分析组织的优劣势、面临的机会和威胁的一种方法。

通过 SWOT 分析，可以帮助企业把资源和行动聚集在自己的强项和有更多机会的地方；并让企业战略变得更加明朗。

对内蒙古煤化工产业进行了 SWOT 分析，得出：内蒙古正在从传统煤化工向现代煤化工跨越式的发展，逐步形成"基地化、大型化、一体化"的产业特色；但设备及技术仍然落后于发达国家，环境容量的限制及水资源缺乏等问题影响着内蒙古煤化工产业的可持续发展；内蒙古地区需要升级煤化工产业，最大限度地发挥资源价值，利用好作为西部大开放的重点区域的机遇，加大对优势特色产业的政策支持；内蒙古还需处理好煤化工产业发展过程中的资金运转、技术升级问题。再结合内蒙古煤化工产业的发展趋势，最终得出：内蒙古煤化工产业具备了良好的发展基础，该地区的煤化工产业正处于迅速发展的机遇期，也将面临一些转型的挑战。因此，在未来低碳及能源结构调整的背景下，内蒙古需要结合当前实际，以产业融合和煤炭清洁利用做支撑，加快向新型煤化工升级。

4. 系统动力分析法

该理论统一了历史方法、结构方法和功能方法，依据"定性—定量—定性"的步骤，分析和解决问题，有效实现了对复杂巨系统的科学研究。基于 SD 理论，可以构建各种复杂系统的框架模型；借助计算机模拟，可以定性、定量地分析对象中的各种问题。在该方法中，因果关系图（causal loop diagrams）和栈—流图（stock-and-flow diagrams）描述相互关联的系统，仿真语言 Dynamo 定量仿真系统的动态变化特性。具体而言，因果关系图可以定性地描述系统，栈—流图可以定量的描述系统。其中，栈表示系统在不同时间点的变量状态；流表示系统变量的活动，如库存减少、用电量增加等。

特点：①模型中能容纳大量的变量，一般可达数千个以上；②它是一种结构模型，可以充分认识系统结构，并以此来把握系统的行为，而不只是依赖数据来研究系统行为；③它是实际系统的实验室，通过人和计算机的配合，既能充分发挥人（系统分析人员、决策者等）的理解、分析、推理、评价、创造等能力的优势，又能利用计算机高速计算和跟踪能力，以此来实验和剖析系统，从而获得丰富的信息，为选择最优的或次优的系统方案提供有力工具；④模型主要是通过仿真实验进行分析计算，主要计算结果都是未来一定时期内各种变量随时间而变化的曲线。也就是说，模型能处理高阶次、非线性、多重反馈的复杂时变系统（如社会经济系统）的有关问题。

5. STELLA/ithink 分析

STELLA/ithink 是由美国 HPS（High Performance Systems）公司与麻省理工 Sloan 管理学院开发的一种基于系统动力学的管理决策建模仿真软件，首次允许图形模式输入，帮助人们以整体的、系统的观点来思考问题；友好的人机界面和灵活的输入输出形式等特点，特别适合企业系统的建模仿真。

6. 排碳因子相关理论

碳源的化学构成主要为碳（如煤炭等）或碳氢化合物（如石油天然气

等），其消费过程排放 CO_2 的原理为：$C + O_2 \rightarrow CO_2$；$CnHm + O_2 \rightarrow CO_2 + H_2O$；在消费过程中涉及煤气回收利用的转化公式为：$CO + O_2 \rightarrow CO_2$。

由于能源含碳量不同，CO_2 的排放系数也不相同。关于 CO_2 的排放系数，许多国家都有测算，以相当于单位煤当量的（29302KJ/Kg）的化石燃料燃烧，煤炭、石油、天然气的 CO_2 排放系数（以碳计）分别为 0. 651 ~ 0. 755，0. 5 ~ 0. 585，0. 395 ~ 0. 447。我国国家计委能源所测定的煤炭、石油、天然气的 CO_2 排放系数（以碳计）分别为 0. 651、0. 543、0. 404（高树婷等，1994）。目前，大部分学者在进行我国能源排碳计算时，采用国家能源所测定的数值或其近似数值来计算。在本书中，综合分析后决定，研究中均采用 IPCC 测算的 CO_2 排放系数为标准，计算相关排碳量。

7. LEAP 模型

LEAP 模型（Long-range Energy Alternatives Planning System），是一个基于情景分析的能源—环境分析工具；由瑞典斯德哥尔摩环境研究所及美国波士顿 Telles 研究所共同研究开发的一套计量经济模型。

LEAP 是专门为能源规划，特别是长期能源规划所设计的。它的数据输入透明，而且比较灵活。LEAP 要求收益各种技术统计数据、财务统计数据和相应的环境排放统计数据，经过模型计算可得到不同开放情景下的总成本，以及对应的环境收益。LEAP 模型有较为详细的环境数据库，统计了各个国家不同技术种类的排放指标并形成了数据库，从而方便了环境影响评价。

8. SMART 准则

SMART 准则包含以下 5 个方面的内容：

（1）特定的评价对象（Specific）：评价指标体系应当结合评价对象的本质、特征及相关要素而建立，应当具有一定的针对性。

（2）可测量的指标（Measurable）：这条准则体现了评价指标的标准性，对于已提出的指标，应当建立详细的评价标准，指标概念需明确、含义需清晰，应尽量避免和减少主观因素。

（3）可得当的指标（Attainable）：指标体系在设计之时，应当考虑到相应数据的获得性。在什么情况下能够获得，有多少指标可以获得真实、有效数据，均需要考虑在内。

（4）关联的指标（Relevant）：评价指标体系是一个有着密切联系的逻辑体系，而非一堆指标的无序堆积。

（5）可跟踪的指标（Trackable）：评价指标体系的设立主要是为了对项目进行评判和监督，对相应阶段的评价应当便于跟踪和再评价。

9. 三角模糊层次分析法

1983 年，荷兰学者范·拉霍温（Van Laarhoven）提出了用三角模糊数表示模糊比较判断的方法，并运用三角模糊数的运算和对数最小二乘法，求得元素的排序，用一个区间来代替原来一般的层次分析法的一个判断值；后又有学者提出了利用模糊数比较大小的方法来进行排序。

本书建立了一个采用主观赋权法中的三角模糊层次分析法对指标体系中各指标进行赋权，并融入资产全寿命周期管理理念的发展潜力评价方法，对内蒙古煤化工产业低碳发展潜力进行了实证分析。

1.5 国内外研究现状

具体而言，在碳排放模型方面：参考文献［1］运用大气环流模型（GCM）对爱沙尼亚气候条件进行了控制仿真，比较和观测了月平均温度和降水，质量较好的 GCM 输出被选作进一步的分析；参考文献［11］在科学合理的基础上建立了一个新的仿真模型——德国可再生能源模型，该模型平衡了电力和热能的需求；参考文献［18］提出了蛛网膜下腔出血（SAH）模型，用来检测碳捕获和封存（CCS）的作用，以减少印尼电力部门的 CO_2 排放；参考文献［24］、［25］开发了一种改进的灰色预测模型，并结合遗传编程的符号估计残差修正；参考文献［26］考虑向一个"低碳社会依赖经济可持续发展的国际社区"（LCS）能源系统方法的情况下的能量模型的应用。该模型考虑了垃圾发电的能源，清洁煤技术的普及，发展中国家农村地区的生物能源的利用；参考文献 [38] 利用 STIRPAT 模型，定量地分析了世界上高收入水平国家、较高的中等收入水平国家、较低的中等收入水平国家和低收入水平国家的人口、经济、技术因素对二氧化碳排放的影响；参考文献 [45] 通过建立减排成本评估的投入产出—计量优化组合模型，研究了我国减排成本曲线的动态变化，在国际比较的基础上，得到发展中国家减排的宏观经济损失更大的结论，提出了实现我国碳强度减排目标的非等量递增减排路径。

在因素分析方面，参考文献 [20]、[31]、[32]、[33]、[50] 均运用了对数平均权重 Divisia 分解法（Logarithmicmean weight Divisia method，LMD）；参考文献 [28] 简述了温室气体估测方法；参考文献 [29] 借助 LMDI 分解方法，分析了我国 1992～2005 年工业燃烧能源导致的碳排放量的影响因素；参考文献 [38] 利用 CLA（Consumer Lifestyle Approach）方法分析了中国城镇居民和农村居民的生活行为对能源消费及二氧化碳排放的直接影响和间接影响；参考文献 [51] 对中国近 9 年来的能源生产结构进行了灰色关联度分析。

在低碳理论方面，参考文献 [2] 研究表明，低碳目标与英国发电的长远性相辅相成；参考文献 [33] 提出了能源效率对抑制中国碳排放的作用在减弱，以煤为主的能源结构未发生根本性变化，能源效率和能源结构的抑制作用难以抵销由经济发展拉动的中国碳排放量增长的理论；参考文献 [50] 提出了低碳发展的起点是统计碳源和碳足迹，二氧化碳有三个重要的来源，其中最主要的碳源是火电排放；参考文献 [64] 提出以煤气化为核心的多联产能源系统是解决我国未来可持续发展的方向，详细论述了可能实施的多联产耦合实例、效益分析以及需要解决的关键技术和科学问题。

在区域发展理论部分，参考文献 [6]、[7] 基于图形优化的概念，分析和预测了爱尔兰发电部门，提出了两种适应性和扩展性的预测；参考文献［8］对一个地区的风能任务和电力系统运行做了一个详细的报告；参考文献［11］提出了可再生能源在德国未来的能源供应体系中发挥主导作用的理论；参考文献［42］阐述了内蒙古经济增长的方式，提出了要淘汰落后生产能力、加快接续产业发展、推动资源型产业发展高端和集成产品、促进节能减排技术的研发和应用、发展循环经济以及建立配套的政策、法规体系，力促内蒙古工业实现节能减排目标，走出一条资源节约与环境友好的新型发展道路；参考文献［43］内蒙古地区要通过结构调整实现节能减排目标；参考文献［52］、［53］明确提出内蒙古电力在低碳经济时代应充分发挥地区资源优势，大力发展风电，实现火电、风电与水电协调运行的发展模式。

在减排方法方面，参考文献［17］提出了碳捕获和封存技术（CCS）应认真考虑如何应对气候变化，以及能源效率和无碳能源；参考文献［21］提出了碳捕捉和封存技术对于 CO_2 减排的长期解决方案十分重要；参考文献［2］认为为了满足 CO_2 减排的要求，将清洁燃烧、热效率高与未来相结合，是十分重要的；参考文献［37］提出了面对日益紧迫的全球减排温室气体形势，中国需要对外努力争取合理的碳排放空间，对内则应积极应对，大力推进能源领域的技术创新，尽快形成核能、风能、生物质能发电和纤维素乙醇等低碳能源技术的大规模产业化的体系，为全球减缓温室气体排放做出积极贡献；参考文献［44］认为在政府宏观调控的同时，按照市场规律的要求，充分发挥出企业自身的能动作用，建立起一套既能反映企业内部成本，又能够反映环境损失、资源消耗及稀缺程度等外部成本的产品和要素价格体系，从而形成"政府—市场—企业"的联动机制，是实现节能减排目标的重要理论和现实依据；参考文献［48］提出了推进电力产业的节能减排，应坚持低碳电力开发与火电结构调整并重的原则。

在煤化工技术方面，参考文献［56］提出了强化新型煤化工的合理布局，坚持引进吸收与自主开发相结合，实现新型煤化工产业化的跨越式、可持续发展。参考文献［63］提出了由于煤炭属低效、高污染能源，所以今后我国将加速优化能源结构，发展低碳经济，增加清洁能源的比重的理念；参考文献［64］提出以煤气化为核心的多联产能源系统是解决我国未来可持续发展的方向，文献详细论述了可能实施的多联产耦合实例的效益分析以及需要解决的关键技术和科学问题；对我国实施多联产战略的起步、分层次步骤、政府支持以及相关政策提出了建议；参考文献［66］认识到煤化工产业的发展必须同时考虑产业系统因素和资源、环境及技术、信息等支持系统因素，从而实现可持续发展。

1.6　研究思路与研究内容

1.6.1　研究思路

对于内蒙古的高碳行业的低碳化转型和发展，我们选择了电力和煤化工两个行业进行分析与研究。选择这两个企业的理由：一是虽然内蒙古是能源大省，但它的能源主要是煤炭，结构非常单一，再加上生产的粗放化，形成了现有以煤炭为能源的高碳行业；二是电力和煤化工这两个行业是消耗煤炭能源的大户。因此它们的低碳化转型和发展对内蒙古经济的绿色发展有着举足轻重的影响，也有着示范效果。

对于低碳电力方面：（1）采用国际通用的碳排放量的估算与预测方法，预测2015～2020年内蒙古电力行业应承担的国家碳指标分解额度，可以应用于自治区进行低碳经济发展和未来能源发展空间决策；（2）基于电源布局、区域发展规划、低碳电力发展空间，以及布局区域的资源禀赋、减排技术等因素，构建内蒙古低碳电力发展水平的评估体系；进行国家碳指标分解额度条件下的低碳电力发展情形分析，作为自治区决策层对低碳电力"区别发展"决策工具。

煤化工方面，主要着眼于煤化工产业本身，具体包括：煤化工产业的 SWOT 分析、煤化工产业对碳减排的贡献度、煤化工区域发展模式分析。我们以系统动力学、系统综合动态分析学为理论基础，综合已有估算方法的优点，采用 STELLA 仿真软件及 IPCC2012 的碳排放系数为实现条件，并利用排碳因子相关理论，结合我国煤化工发展现状，通过自上而下和自下而上两种方式对煤化工产业排碳量进行测算：首先，从宏观的角度，分析影响煤化工发展的因素，建立宏观的煤化工产业碳源排碳的仿真模型；其次，从相对微观的角度，即按各个子行业划分，根据其排碳特点，建立通用的仿真模型，然后将其碳源排碳汇总得到全行业的碳排放预测模型。进一步，运用 LEAP 模型对其碳指标分解额度进行了情景研究。

以节能减排为目标，综合低碳电力发展途径和煤化工产业发展规划，为内蒙古低碳能源发展提供科学的决策依据。

1.6.2 内容安排

本书共分为 9 章，从低碳电力和煤化工两个方面切入，主要研究内蒙古电力行业碳排放问题。

本书的第 2 章至第 4 章，主要研究了内蒙古低碳电力发展的具体问题；第 5 章到第 7 章，重点研究内蒙古煤化工产业的相关问题；在第 8 章中，根据前两部分的研究结果，宏观分析，综合对比，基于区域发展规划模型，提出了较为可行的低碳能源发展规划。

研究内容实现的技术手段：

1. 建立内蒙古电力和煤化工行业的碳排放量动态估算模型

采用 IPCC（Intergovernmental Panel on Climate Change）方法，构建相关模型，具体内容分为：

（1）整理资料，建立碳强度约束与能源结构约束下（双约束）内蒙古的 2015～2020 年电力碳排放量动态估算模型；结合煤炭资源和政策约束情况（双约束），构建内蒙古的 2015～2020 年的煤化工产业碳排放量动态估算模型。

（2）根据"双约束"下的电力碳排放估算模型和煤化工产业碳排放动态模型，预测内蒙古电力行业和煤化工产业在未来 5 年（2015～2020）以及更长时间的碳排放量。

（3）绘制以 2005 年为基年的内蒙古电力和煤化工碳强度与减排成本曲线。降低 CO_2 排放强度主要有两种途径：使用低碳能源和提高低碳技术。结合历史数据和模型计算结果，分别绘制 2005～2020 年的电力行业及煤化工产业的碳强度及减排成本曲线，进行对比分析两者的减排效果。

2. 2011～2020 年内蒙古应承担的国家碳指标分解额度情景分析

根据内蒙古电力和煤化工的碳排放曲线，采用三种方法分解该地区应当承担的碳指标分解额度：①按照历史排放比例分配；②按照 2005 年装机量分解；③按照区域的碳排放自然承载量分配。综合对比三种结果后，择优选择分解方案。

3. 构建基于内蒙古资源禀赋与环境承载力的低碳电力发展评估体系

由于内蒙古的水资源不容乐观，生态环境较脆弱。风力发电在设备制造阶段的材料消耗（碳钢消耗等）产生一定量的碳排放，光伏发电中，硅晶片生产是高碳排放的过程；风场选址对植被等有一定的影响；光伏发电占地面积巨大，发电量受光照时间限制。而在发展超临界机组、IGCC 机组等先进煤电机组时，更要考虑煤电在本区域耗煤量对本区域的环境影响。

计划从全寿期周期的角度考虑，应用基于三角模糊数的层次分析法，结合相关数据，建立综合的内蒙古低碳电力发展的评估体系，为自治区决策层在选择低碳电力投资方向提供量化性指标体系。

4. 内蒙古低碳发展情景分析

将利用 LEAP 软件，从电力行业和煤化工产业两方面，对内蒙古低碳发展规划（区域布局）进行情景分析。根据不同发电技术和典型区域，煤化工产业特点，结合前两项研究的结果，收集、调研各种发电及煤化工技术的技术经济指标后，对设定的各种政策目标情景做成本效益分析、碳排放量分析。综合比较各种情景的经济性、环境承载力，不断调整各种政策发展目标，形成内蒙古低碳发展的若干情景方案。并根据研究内容一，计算在不同情景下内蒙古碳减排量及对国家实现碳减排目标的贡献度。

5. 建立内蒙古自治区多维度动态可调整的低碳发展技术路线模型

基于区域发展规划模型（SD），该技术路线模型的建立需要从技术角度、经济角度、政策角度等方面，综合比较。例如，煤化工及电力技术升级；低碳电价与常规电价比较、政府补贴、碳税；有关政策支持等。构建模型的逻辑框架，选择适合电力和煤化工发展的相关方法，最后形成发展规划模型。

1.6.3　研究的特色

我们的研究注重解决问题的科学性和可操作性，因此本书应用国际通用的碳计算方法，以低碳发展为目标，结合内蒙古电力及煤化工行业的实际发展状况与国家未来碳指标分解到行业的趋势，对内蒙古的电力及煤化工行业进行碳盘查，在实践中一种有意义的尝试，在研究内容和方法上具有规范性和先进性。

由碳盘查和碳指标分解估计而建立的内蒙古低碳电力发展的评估体系，并基于此评估体系形成的低碳电力发展预测方法，属于前瞻性研究，对于系统研究低碳电力的发展规划具有现实意义。

本书在不同的研究阶段，引入合适的研究方法，采取层层递进的逻辑思路，结合国情和企业现状进行分析和预测，所采用的研究思路和预测方法都具有很强的实践性和可操作性，对于企业在低碳电力及煤化工方面的投资也具有很重要的借鉴意义。

第 2 章

内蒙古低碳能源发展的因素分析

2.1 政 策 因 素

为了有效保障低碳能源的长远发展，国家和地方都出台了一些经济政策。国家层面上，国家出台了一些财政政策和金融政策支持低碳能源发展，地方层面上，内蒙古出台了很多制度和政策、在低碳发展领域增加了财政支出以适应国家低碳发展的形势，引导、支持本地低碳能源的发展。

2.1.1 国家层面经济政策

1. 财政政策

自 2006 年以来，国家财政部对发展新能源建设、能源技术改造、节能降耗等方面陆续给予了资金支持，逐步形成了以奖代罚的财政税收鼓励机制。中央财政部从 2006 年开始至今，颁布了诸如《可再生能源发展专项资金管理暂行办法》、《节能技术改造财政奖励资金管理暂行办法》、《淘汰落后产能中央财政奖励资金管理暂行办法》、《风力发电设备产业化专项资金管理暂行办法》、《工业企业能源管理中心建设示范项目财政补助资金管理暂行办法》、《关于印发合同能源管理项目财政奖励资金管理暂行办法的通知》等管理办法。财政补贴是国家推进能源产业发展的重要途径，表现出国家对能源产业走低碳化道路的政策意图，对企业起到了激励作用。

税收政策作为辅助手段配套财政政策来执行。财政部、国家税务总司于 2009 年 3 月联合发布了《关于中国清洁发展极致基金及清洁发展机制项目实施企业有关企业所得税政策问题的通知》，鼓励包含能源产业在内的企业清洁生产。对我国完善促进能源产业低碳化改造的财税政策以及国内能源产业走清洁生产道路起到了激励作用。

2. 金融政策

国家的相关金融政策主要体现在鼓励利用金融手段，为能源产业转型融通所需资金。具体措施有：

（1）我国逐步加强国际合作，积极推进建立国际范围内的碳金融体系，为能源产业的低碳化发展提供合理的外资平台。

（2）我国运用《京都议定书》中确定的 CDM 机制中的资金支持以及其他绿色投融资渠道的结合。

中央政府进一步加强对国内金融体系的建设和完善，以提高能源产业转型以及其他产业发展过程中资金融通的渠道的保障程度。此外，从能源自身特有的属性来看，其在国际金融市场的地位日趋凸显"准金融"属性。国家通过货币政策和能源政策的绑定，以形成能源金融体系，为实现我国能源产业低碳化奠定了坚实基础。

2.1.2　地方层面经济政策

低碳的发展要求经济、社会、生态、环境的协调可持续发展，更离不开当地的财政政策支持，内蒙古在支持与保障其低碳经济发展方面出台的政策和制度有：

（1）为了对低碳发展进行合理引导制定了一些政策法规。2002 年，内蒙古自治区第九届人民代表大会常务委员会第二十八次会议通过《内蒙古自治区实施〈中华人民共和国节约能源法〉办法》；2008 年，内蒙古自治区人民政府发布了《关于印发自治区固定资产投资项目节能评估和审查管理办法的通知》（内政发〔2008〕16 号），同一年，内蒙古自治区人民政府办公厅印发了《2008 年自治区各有关部门和单位节能减排目标责任分解表的通知》，出台了《2008 年自治区各有关部门和单位节能减排目标责任分解表》；2009 年，内蒙古自治区发展和改革委员会发布了《内蒙古 2009～2015 年绿色能源发展规划（能源聚焦）》。

（2）为了促进资源合理开放、利用，基于低碳经济发展的外部性效应，内蒙古构建了绿色税收体系，并为了激励企业技术创新完善了对低碳企业的税收政策优惠。构建的绿色税收体系如表 2－1 所示，通过建立税价联动机制，从生产、消费、交换以及分配各个方面构建了低碳经济发展的外部性转化机制。

表 2－1　　　　　　　　　　　　绿色税收体系

税种	环境税	消费税	资源税
税目	废气税、水污染税、噪音税、固体废弃物税、垃圾税、碳税等	烟、成品油、酒和酒精、鞭炮焰火、小汽车、摩托车等	石油、天然气、煤炭等

在税收优惠方面，比照国家自助创新的政策优惠，内蒙古通过减免税、费用扣除、加速折旧、投资抵免和提取投资风险基金等方式对新能源企业、循环经济的企业、环保绿化的企业实施以增值税、企业所得税为主的税收优惠政策，同时实施以营业税为主的地方税的优惠政策。

（3）为了支持低碳能源的发展，完善了低碳经济发展的政府采购制度。通过政府采购政策，可以对低碳产品和低碳技术实行首购制度，支持低碳中小企业和低碳耗能企业发展，实现内蒙古的低碳发展道路。

（4）通过增加对低碳发展的财政支出支持与促进低碳发展。增加对低碳发展的基础研究、关键技术研究及企业研发等创新的支持，通过财政补贴性支出影响企业和个人的预期收益与成本，引导和调节生产及消费行为，促进低碳产业发展。明确低碳经济发展的财政投入重点：一是重点投入新能源产业技术、生态环保技术等新能源产业和绿色环保产业；二是为推进低碳社会发展，实行示范性财政投入试点，增加对低碳示范家庭、社区、企业、城市的财政支出，通过以点带面促进低碳经济的全面展开。

2.1.3　低碳发展政策制定需要注意的问题

这里需要注意的问题有两个：第一，政府在制定低碳发展政策时，应充分考虑了技术创新、新能源发展以及各方的利益协调问题，我国现有的体制存在很多问题，电力行业的垄断，不利于智能电网技术的创新、不合理的新能源刺激机制引起的光伏发电装机过剩等问题，这说明我国在低碳经济方面还缺乏整体的战略规划，科学合理的战略规划对于低碳发展是非常重要的；第二，制定的低碳发展政策，不仅要考虑到落实到具体的事情上，还要能形成一种文化、一种理念，才能发挥出更好的效果。

2.2　资源因素

2.2.1　内蒙古具有的低碳发展资源优势

首先，内蒙古具有丰富的发展能源相关产业的矿产资源，根据《内蒙古矿产资源统计年鉴》截止到 2010 年底的数据显示，内蒙古铁矿石保有储量 37.05 亿吨，磷矿保有储量 2.70 亿吨，铜矿保有储量 632.87 万吨，铅矿保有储量 983.04 万吨，锌矿保有储量 2 047.17 万吨。最为独特的是稀土氧化物 2010 年保有储量为 15 998 万吨，保有储量占全世界总保有储的 70% 以上，是内蒙古最有优势的矿产资源之一。稀土资源位居全国第一，铜、铁、铅、锌、磷等资源位居全国各省区前列（内蒙古统计局，2010 年数据）。依靠这些矿产资源，结合内蒙古煤炭、石油、天然气等能源资源，可以发展与能源相关的矿产品开采、冶炼和加工等原材料工业产业链。

其次，内蒙古拥有较为丰富的水资源条件，根据《内蒙古水资源利用研究报告》的统计，2010 年内蒙古全区水资源总量为 388.54 亿立方米，其中，地表水 253.38 亿立方米，地下水 227.65 亿立方米。从自治区地表水资源分布及构成情况看，主要由三大部分组成，包括外流水系及流域，总流域面积约为 61.4 万平方公里，年径流总量为 382.3 亿立方米；内陆河流域总集水面积为 11.4 万平方公里，为全区总面积的 9.8%，年径流量约为 14.4 亿立方米；区内湖泊在 200 平方公里以上的有达赉湖、贝尔湖、达里诺尔及乌梁素海四处，其中达赉湖蓄水量约 130 亿立方米。内蒙古多年平均径流量为 371 亿立方米，50% 保证率径流量 349 亿立方米，75% 保证率径流量 278 亿立方米。多年平均每平方公里产水量 3.2 万立方米，人均占有地表水量 1 703.82 立方米/人。在地下水资源方面，内蒙古山丘区和平原区总补给量为 300.2 亿立方米/人。其中，山丘区总泄量（地下水资源量）112.9 亿立方米/年；平原区总补给量（地下水资源量）187.3 亿立方米/年。山丘区与平原区之间的重复计算量为 268.8 亿立方米/年。从内蒙古水资源分布、流量及所采取的措施看，能够满足能源相关产业发展的需要。

再次，内蒙古在能源、原材料、土地价格等方面具有明显的比较优势，是发展重化工业的相对竞争优势。根据我们的调查，区内上网电价平均为 0.22 元/度，比全国平均低 0.12 元/度。生产煤制甲醇的成本 1 200 元/吨，考虑甲醇 200 元~300 元/吨的运输费，仍具有较强的竞争力。电石法生产聚氯乙烯与中东部地区相比价格优势也十分明显，综合考虑电石用电、氯碱用电、聚合用电、动力用煤及运距、销售成本等因素，仍比我国中东部地区成本低近 2 000 元。

此外，内蒙古具有良好的区位和运输条件，内蒙古处于我国北部边疆，又东北向西南斜伸，呈狭长形，东西直线距离 2 400 公里，南北跨度 1 700 公里，横跨东北、华北、西北三大区。土地总面积 118.3 万平方公里，占全国总面积的 12.3%，在全国各省、市、自治区中名列第三位。东南区与 8 省区毗邻；北与蒙古国、俄罗斯接壤，国境线长 4 200 公里，有满洲里、二连浩特等 18 个对外开放口岸；中西部面向环渤海，是环渤海经济圈的重要组成部分。东部地区紧邻东北三省，现已正式纳入振兴老东北工业基地范围，为内蒙古东部地区与东三省进行产业合作奠定了坚实基础。交通基础设施建设取得了长足发展。这些都为能源相关产业的产品输出提供良好条件。

近十年来，内蒙古地区生产总值逐年增长；GDP 增长率呈波动性增长态势，受国际金融危机影响，在 2008 年达到峰值后大幅下降，但 2009 ~ 2011 年间，增长率有所反弹，从 14.64% 上升为 22.05%，如图 2 - 1 所示。由此看来，内蒙古充分发挥地区的资源优势，经济建设取得了可喜的进步。

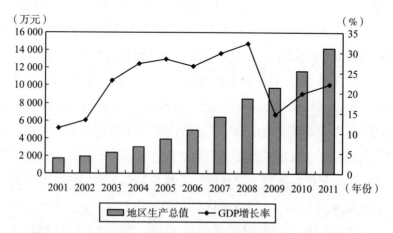

图 2 - 1 2001 ~ 2011 年内蒙古地区生产总值及增长率发展趋势

资料来源：根据历年《内蒙古统计年鉴》整理、计算、绘制。

2.2.2　内蒙古资源中存在的问题及其对低碳发展的影响

内蒙古的资源存在的问题首先体现在不合理能源结构，能源产业以煤炭生产和消费为主，而清洁能源的比重很低，能源结构性矛盾突出，这给内蒙古实现低碳能源发展造成了很大压力。2010 年，全区能源生产总量为 49 740.18 万吨标准煤，其中，原煤占能源生产总量的比重为 92.35%、原油占 0.53%、天然气占 5.42%、水电占 0.12%；能源消费总量为 18 882.66 万吨标准煤，其中，原煤占能源消费总量的比重为 94.16%、原油占 1.06%、天然气占 3.02%、水电占 0.11%。与全国能源消费结构相比，内蒙古原煤占能源消费总量的比重高出全国 26.16%，而其他清洁能源消费比重都低于全国平均水平。在科学技术相对落后的情况下，这种以煤为主的低质能源结构其结果是生态环境破坏严重、运输压力大、能源利用效率低。

内蒙古的资源存在的问题其次体现在电力结构上，火电机组所占比例过高，风能发电、太阳能发电和生物质能发电等占比较低。火力发电比例过高，排放的废气废水多，对生态环境保护造成很大的压力。2010 年内蒙古的电力生产量 2 489 亿千瓦时，其中，火电生产量占电力生产总量的比重超过 90%，超出全国平均水平近 30 个百分点。

内蒙古的资源存在的问题还体现在能源综合利用水平不高，与全国平均水平相比仍有很大差距，经济增长对能源的依赖程度依然较强。从能源的最终产品看低端产品占比较高，特别是煤炭和天然气的转化率并不高，产业链条短。作为我国的产煤大省，内蒙古煤炭开采和煤系地层中的共生伴生矿产资源的回收率比较低，煤矿废弃物循环利用程度不高，与国内产煤的先进省份与国外主要产煤国家相比在煤炭资源综合利用水平方面差距还很大，这对发展低碳经济提出了挑战。

2.3　产　业　因　素

2.3.1　内蒙古产业因素在促进低碳发展中的优势

2000 年以来，内蒙古地区生产总值及三次产业占全国相应指标的比重整体呈现出缓慢上升的趋势。从表 2-2 中可以看出，内蒙古地区生产总值占全国国内生产总值的比重由 2000 年的 1.57% 上升为 2011 年的 3.02%；三次产业占全国的比重由 2000 年的 2.35%、1.28%、1.56% 上升为 2011 年的 2.73%、3.67%、2.39%。其中，第二产业占全国第二产业的比重上升速度明显快于第一、三产业。

表 2-2　　　　2000~2011 年内蒙古 GDP 及三次产业产值
占全国相应指标的比重　　　　单位：%

年份	2000	2001	2002	2003	2004	2005	2006	2007	2008	2009	2010	2011
地区生产总值	1.57	1.59	1.63	1.77	1.91	2.13	2.29	2.41	2.69	2.85	2.89	3.02
第一产业产值	2.35	2.27	2.27	2.42	2.44	2.63	2.64	2.66	2.69	2.64	2.70	2.73
第二产业产值	1.28	1.32	1.40	1.55	1.69	2.02	2.29	2.54	2.94	3.24	3.39	3.67
第三产业产值	1.56	1.58	1.63	1.79	1.97	2.06	2.18	2.22	2.45	2.48	2.43	2.39

资料来源：根据《中国统计年鉴》和《内蒙古统计年鉴》计算整理。

2011 年，内蒙古地区生产总值达到 14 246.11 亿元。其中，第一产业增加值 1 304.91 亿元，增长 5.8%；第二产业增加值 8 092.07 亿元，增长 17.8%；第三产业增加值 4 849.13 亿元，增长 11%。第一产业对经济增长的贡献率为3.8%，第二产业对经济增长的贡献率为68.3%，第三产业对经济增长的贡献率为27.9%。

近些年来，内蒙古在农牧业、能源工业、农畜产品加工业、稀土工业、生物高技术产业、草原文化旅游等行业逐步形成了自己的特色，并成为经济发展的重要支撑。同时，改变了以农牧业和畜牧业为主的单一产业结构，逐步形成了纺织、食品为主的农产品加工业，以煤炭、电力为主的能源工业，以钢铁、有色金属为主的冶金工业，以重型汽车为主的机械工业，以水泥、玻璃为主的建材工业，以盐碱硝为主的化学工业，以森林采伐、加工为主的森林工业等具有内蒙古特色的经济体系，产业结构的转变是内蒙古经济近些年快速增长的关键。内蒙古的产业结构逐步向合理化方向发展。

图2-2显示了三次产业在地区生产总值中所占比重的变动趋势，第一、二、三次产业产值比重分别由2000年的22.8:37.9:39.0变化为2011年的9.2:56.8:34.0。第一产业比重较小，且下降趋势明显，2000～2011年下降了13.63%；第二产业比重较大，2000～2011年保持持续上升态势，上升了18.95%；第三产业比重呈先升后降的趋势，2011年的比重较2000年降低了5.32%。由此可见，在三次产业结构中，第一产业发展严重滞后，第三产业发展相对缓慢，第二产业发展速度较快，内蒙古经济发展的主导因素来源于第二产业的迅猛扩张。第二产业是支撑全区国民经济增长的主要力量，特别是工业的发展，不仅是拉动经济增长的支撑点，同时也是财政收入的主要来源，决定着经济效益和运行质量。

从工业内部结构来看，内蒙古重工业产值占工业总产值的比重较大，超过了工业总产值的60%。从图2-3中可以看出，2004年是内蒙古经济发展的转折点，在这一年中内蒙古重工业发展迅速，重工业比重显著增加。2004年以后，内蒙古重工业化的步伐相对保持平稳。

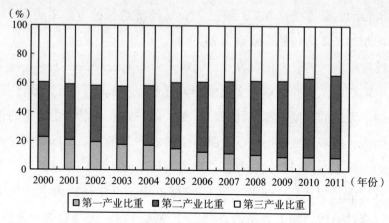

图 2 - 2　2000～2011 年内蒙古三次产业占地区生产总值比重的变动趋势

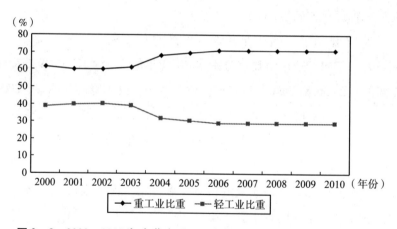

图 2 - 3　2000～2010 年内蒙古重工业与轻工业产值占工业总产值比重

　　大力推进新型工业化，是带动内蒙古经济高速发展的主要动因。2001 年，自治区党委根据内蒙古的客观条件及其特点、国家的战略要求和国内外市场趋势，确定了能源、冶金、化工、重型装备制造、农畜产品加工、高新技术产业等六大特色优势产业，作为推进新型工业化的主体。2011 年，六大特色优势产业增加值占规模以上工业增加值的89.1%；2001～2011 年，六大特色优势产业对全区工业增长的贡献率达到90% 以上，成为拉动工业快速增长的主要动力。

内蒙古经济发展主要依赖能源产业，具有煤炭资源丰富，可以从提高煤炭利用率，深化煤产品开发等方面入手，大力发展通过一次、二次及深度化学加工使煤转化为成品油、甲醇、二甲醚等洁净能源的新型煤化工产业。基于煤化工产业的清洁性和替代性，该产业在降低碳排放和石油依赖方面将扮演重要角色。

2.3.2　内蒙古产业因素存在的问题及其对低碳发展的影响

首先，由于宏观调控不足，各地都在搞自成体系的本地工业化，造成地区产业结构趋同，不利于资源的合理配置和高效利用。同时，由于重化工业产品需求量大，能够刺激经济发展，每个地方都把本地产业结构调整方向锁定在工业重型化上，容易出现靠投资、拼资源、损环境的粗放增长方式。这就可能导致政府在制定低碳能源发展政策的时候很难协调好利益相关方的关系，难以制定一个统筹各方的科学合理的低碳发展战略规划。

其次，内蒙古六大特色优势产业中，能源、冶金、化工、重型装备制造虽然都属于内蒙古特色优势产业，但也都属于高耗能行业，具有高排放特征，而且内蒙古也面临着结构性问题，第二产业比例太大，第三产业发展缓慢。要想实现良好的低碳发展，必须处理好经济增长和环境的关系。

此外，内蒙古能源相关产业集中度低，集群内企业之间展业机构雷同，众多企业都自觉、不自觉地围绕一个产品进行生产，不注重在产业链条的延伸上下功夫；另一方面产业链缺乏整体设计，常常只是把同类企业兼并重组进行低成本扩张，对他们之间的竞争与合作不作深层次的考虑。企业之间彼此内在联系较少，缺乏应有的专业化分工协作，严重影响了社会资源配置效率、企业技术进步和制度创新，不利于低碳能源发展。

2.4 技 术 因 素

2.4.1 内蒙古技术因素在促进低碳发展中的优势

发展低碳经济，离不开新能源的发展和核心技术的创新。改革开放以来，东部沿海地区依托良好的基础设施条件和进入国际市场的交通便利，优先参与国际分工获得较强的技术，但消耗了很多资源，在西部大开发中，向西部地区输送了很多资金、技术和人才。内蒙古通过承接国际以及东部沿海地区的产业转移，为能源相关产业发展获得了良好的技术支撑。此外，内蒙古靠近京津和老东北工业基地，可以充分吸引这两个地区的人才和科技力量，为发展能源相关产业服务。

在发展新能源技术，增加技术创新投入方面，根据我们的调查，2012 年，国家批复内蒙古自治区金太阳示范项目 12 个，中央财政下达金太阳示范工程财政补助资金 27 454 万元，装机容量 132 兆瓦；2011 年，内蒙古共争取国家 6 个秸秆能源化利用项目资金 2 453 万元，综合利用废弃秸秆 17.52 万吨，可形成秸秆成型燃料 15.37 万吨。在财政部已公布的前三批可再生能源电价附加资金补助目录中，自治区 135 个可再生能源发电项目及 83 个可再生能源发电项目接网工程项目列入其中，发电项目总装机容量 722 万千瓦时，全年累计上网电量将达 151.33 亿千瓦时，内蒙古财政分两批积极争取到了中央可再生能源电价附加补助资金 55.85 亿元；为改善能源结构，保障能源安全，保护生态环境，实现经济社会可持续发展，2012 年，内蒙古财政预算安排了 5 000 万元可再生能源专项资金，支持新能源产业化应用和新技术成果转化项目 10 个、风光互补路灯项目 11 个，补助 6 730 套风光互补路灯建设；此外，内蒙古倾力进行节能与新能源汽车示范推广。示范推广工作实施以来，中央财政累计下达新能源汽车示范推广补助资金 3 864 万元，自治区财政配套安排节能与新能源城市公交车辆购置补助资金 4 000 万元。丰厚的资金支持及较多新能源项目能够促进技术创新、降低一次能源消耗、减少废物排放，进而促进低碳能源发展。

2.4.2　内蒙古技术因素存在的问题及其对低碳发展的影响

虽然内蒙古增加了资金与技术投入，但大部分能源相关产业技术与装备和生产工艺仍然比较落后，缺乏核心的低碳技术，在新产品、新技术、新工艺上的研究投入仍然不足。其创新体系不健全，产品更新换代周期长、质量提高速度慢，大部分产品的生产技术和装备长期落后于国内发达省市。据对内蒙古 70 家化工企业的调查，技术密集型企业仅占 18.6%。初级、低科技含量、低附加值的产品多，高科技含量、高附加值的精深加工产品少，产业链条短。不加强科技投入，采用新技术提高能源使用效率、降低碳排放，将对低碳能源发展产生很大阻力。

而且，除了技术和资金，内蒙古还缺乏一大批低碳发展领域专业人才。内蒙古在风电行业迅速发展的同时，风电行业人才严重匮乏，特别是风电机组研发专业人员、风电场运行和维护人员以及高级管理人员。内蒙古风电产业发展很快，国内高校、研究院所等对风电产业人才的培养不能够满足市场的发展需要，特别是重要的关键零部件的设计制造人才缺乏，导致目前我国风电装备制造业仍需从国外进口。

综合来说，核心技术缺位以及与核心技术应用相关的知识产权问题，严重制约了内蒙古低碳能源的跨越式发展，一些地方政府和企业由于对新能源产业不甚了解但却盲目上项目，导致出现照搬照抄国外技术生产线的低水平重复建设现象。低碳技术的实现主要有自主研发和国际技术转让两种途径，而目前国内低碳技术尚处于起步阶段，发达国家在该领域起步远远早于我国。因此，低碳技术的实现以国际技术转让为主，目前，我国低碳领域技术获得的途径主要是通过国际合作项目，从而实现低碳技术的国际转让。内蒙古在低碳技术转让过程中也面临着诸如国家战略利益考量、跨国公司自身利益考量等障碍，而且发展中国家自身不足影响对发达国家先进技术的吸收和应用，这些不足是系统性的，从我国来看，主要体现在：一是资金不足；二是人力资源储备不足；三是观念落后，信息不畅；四是制度不完善，缺乏适宜的经济激励制度；五是在清洁发展机制合作过程中，企业重引进资金，轻引进技术，而发达国家则重资金支持，轻技术支持。

要想实现低碳经济的长远发展，必须要重视低碳核心技术的投入与研发，并建立完善的相关配套机制，引导好企业发展低碳技术，重视技术的作用，这样才能为内蒙古低碳能源发展提供长久的动力。

2.5 本章小结

本章从政策因素、资源因素、产业因素及技术因素四个方面入手，首先分析了这四个因素在内蒙古低碳发展中的现状，并根据现状分析了这些因素在内蒙古低碳能源发展中的作用，并分别从这四个方面入手分析了内蒙古低碳发展的优势与劣势。

第 3 章

内蒙古低碳电力贡献度的分析

3.1　电力碳排放估算模型的建立

当前，正处在工业化阶段的内蒙古将面临巨大的减排压力。自 1998 年以来，其快速增长的经济使得能源消耗急剧增加，碳排放量一路攀升，从 1998 年的 2 318.9 万吨增加至 2008 年的 11 804.03 万吨，在短短的 11 年时间增加了 9 485.13 万吨，年增长率 15.9%。在世界和国家的低碳经济增长的潮流中，分析内蒙古地区碳排放量的影响因素，进而从源头减少碳排量。

电力 CO_2 总排放量可以燃料法和终端用电量法等若干不同的角度计算。采用终端用电量法比较不同年份排放量差异时，可以具体分析出哪些差值是由于结构调整（化石能源和非化石能源的比例）因素导致的，哪些差值是由于能效变化（如发电煤耗、厂用电率、线损电率的变动）导致，有利于电力行业和发电企业减碳管理措施的实施。另外，也可以采用燃料法计算，即发电耗用燃料折合成标煤后乘以相应的碳排放系数计算。但由于各类燃料的含碳量差异较大，计算误差较大；且只是绝对数值的比较，无法探究不同年份产生差异的原因；故本部分模型研究主要针对终端用电量法。

电力 CO_2 总排放量 T_c 的计算公式如下：

$$T_c = E_{ter} \times \phi \qquad (3-1)$$

其中 ϕ 为终端用电 CO_2 排放系数：

$$\phi = \frac{b_f \times p \times \beta}{1 - \delta - \varepsilon + \delta \times \varepsilon} \qquad (3-2)$$

其推导过程如下：

电力 CO_2 总排放量 T_c 的定义式：

$$T_c = I_c \times E \qquad (3-3)$$

其中：

计算电力 CO_2 排放强度 I_c 的公式通常为：

$$I_c = C_{pwr} \times \beta / E$$
$$= C_{pwr} / E \times \beta$$
$$= (C_{pwr} / E_f) \times (E_f / E) \times \beta \qquad (3-4)$$

即

$$I_c = b_f \times \gamma \times \beta \qquad (3-5)$$

式（3-5）说明了电力 CO_2 排放强度取决于两个方面因素，一是结构调整因素，如化石能源发电比例下降；二是能效提高因素，如发电煤耗下降等，而这两个因素对发电侧来说，是可控因素，发电侧可以通过优化结构、提高能效来降低 CO_2 排放强度。

这里，化石能源发电比例 γ 为：

$$\gamma = 1 - \alpha \qquad (3-6)$$

非化石能源发电比例 α 计算公式如下：

$$\alpha = \frac{P_{nf\text{-}pwr}}{P_{pwv}} = \frac{P_{nf}}{P} \times \frac{P_{nf\text{-}pwr}}{P_{nf}} \times \frac{P}{P_{pwr}} = S_{nf} \times S_{nf\text{-}pwr} / P_{pwr} \qquad (3-7)$$

总电量 E 满足：

$$E = E_{fac} + E_{line} + E_{ter} \qquad (3-8)$$

其中，厂用电量 E_{fac} 为：

$$E_{fac} = E \times \delta \qquad (3-9)$$

线损电量 E_{line} 为：

$$E_{line} = (E - E_{fac}) \times \varepsilon \qquad (3-10)$$

由式（3-8）、式（3-9）和式（3-10）可以推出，总电量 E 满足：

$$E = E \times (\delta + \varepsilon - \delta \times \varepsilon) + E_{ter} \qquad (3-11)$$

即：

$$E = E_{ter} / (1 - \delta - \varepsilon + \delta \times \varepsilon) \qquad (3-12)$$

结合式（3-3）和式（3-12）可以得到：

$$T_C = I_c \times E = \frac{b_f \times \gamma \times \beta}{1 - \delta - \varepsilon + \delta \times \varepsilon} \times E_{ter} \qquad (3-13)$$

综上所述可以得到公式（3-1）：

$$T_c = E_{ter} \times \phi$$

此公式从终端用电的角度表达了电力 CO_2 总排放量，T_c 取值是由终端用电量（Eter）和终端用电的 CO_2 排放系数（ϕ）决定的，其中 E_{ter} 是社会需求因素，由于电力具有不能存储、发、供、用瞬间完成和依赖电网传输的特性，因此 E_{ter} 是无法控制的因素；与 Eter 不同的是，而终端用电 CO_2 排放系数 ϕ 却可以通过各种改进手段控制，如影响 ϕ 值的有前述的结构调整因素（化石能源和非化石能源的比例）、能效提高因素（如发电煤耗、厂用电率、线损电率的变动），另外结构调整本身也能够引起能效的提高（例如化石能源发电比例下降引起的厂用电率下降）。因此，本研究将电力 CO_2 总排放量 T_c 分解为两个部分，即可控部分与不可控部分，其中可控的部分可以用"电力 CO_2 可控减排量"来表示，即：$T = T_{ctrl} + T_{non-ctrl}$

其中

$$T_{ctrl} = E_{non考核年份} \times (\phi_{考核年份} - \phi_{基准年份}) \qquad (3-14)$$

模型中参数的含义见表 3-1。

表 3 – 1　　　　　　　　　　　模型中参数的含义

符号	含义及单位
T_c	电力 CO_2 排放量（T）
T_{ctrl}	电力 CO_2 排放量中的可控部分（T）
$T_{non-ctrl}$	电力 CO_2 排放量中的不可控部分（T）
E_{ter}	终端用电量（kWh）
Ω	终端用电率（%）
ϕ	终端用电 CO_2 排放系数（g/kWh）
b_f	发电标准煤耗（g/kWh）
b_{pwr}	供电标准煤耗（g/kWh）
γ	化石能源发电比例（%）
β	CO_2 排放系数（＝2.78）
δ	厂用电率（%）
ε	线损率（%）
I_c	电力 CO_2 排放强度（g/kWh）
E	发电量（kWh）
E_f	化石能源发电量（kWh）
E_{nf}	非化石能源发电量（kWh）
C_{pwr}	发电耗用标煤（T）
α	非化石能源发电比例（%）
P_{nf-pwr}	非化石发电能源（T）
P_{pwr}	总发电能源（T）
P_{nf}	总非化石能源（T）
P	总一次能源（T）
S_{nf}	非化石能源占一次能源消费比重（%）
S_{nf-pwr}	非化石能源用于发电的比重（%）
S_{pwr}	电力消费能源占一次能源中的比重（%）
E_{fac}	厂用电量（kWh）
E_{line}	线损电量（kWh）
T_{ctrl}	电力 CO_2 可控减排量（g）

3.2　电力碳排放强度与效益分析

3.2.1　电力 CO_2 排放率及强度

电力污染物排放率是指燃烧单位量的燃料（1 吨煤或 106 立方米天然气）所排放的污染物的质量。本节首先计算燃煤和天然气发电的污染物排放率，再根据单位电能（千瓦时）用煤质量和天然气体积，得到单位电能污染物排放量。

1. 煤电污染物排放率

（1） SO_2

SO_2 是常规煤电的首要污染物。影响燃煤 SO_2 排放量的主要因素是煤中的含硫量，其次是燃烧过程中烟气硫的转化率。煤电厂 SO_2 排放量的计算如式。

$$G_{SO_2} = B \times S^y \times K_{SO_2} \times \lambda_{SO_2} \times (1 - \eta)$$

式中： G_{SO_2} 为 SO_2 排放量；B 为耗煤量；S^y 为燃煤应用基含硫率；K_{SO_2} 为燃煤硫向烟气硫的转化率；λ_{SO_2} 为 SO_2 与 S 的摩尔质量比，约为 2；η 为脱硫效率。

环保要求发电用煤含硫率不超过 1%，取 $S^y = 1\%$，燃煤电厂平均烟气硫转化率 $K_{SO_2} = 0.9$，$\lambda_{SO_2} = 2$，因而常规燃煤电厂 SO_2 的排放率为 $18kg(SO_2)/t(Coal)$。

（2） CO_2

对于 CO_2（二氧化碳）的碳（C）排放系数（t/tce）（吨/吨标煤），国家发改委能源研究所推荐值为 0.67 [1]，而 CO_2 与 C 的摩尔质量比，约为 3.67，据此可以计算出 CO_2 排放率 $G_{CO_2} = 0.67 \times 3.67 = 2.459t$。

（3）NO_x

NO_x 是常规煤电的第二大污染物，主要包括 NO、N_2O、N_2O_3、NO_2、N_2O_4、N_2O_5 等。在火电厂排放的 NO_x 中，NO 约占 90%，加之 NO_x 包含多种气体，计算其排放率相当复杂，故本节仅用 NO 的排放率来间接测算 NO_x 的排放率。对于 NO 的排放率，通过多变量回归的方法得出燃烧1吨煤 NO_x 排放量公式如下。

$$CR = -0.407 - 0.128N + 10^{-4}[3.34V^2(\lambda-1) + 5.5T_{max} + 35R_{O_2}]$$

相关研究资料显示，CR 值为8，所以取 NO_x 排放率为 $8kg/t$。综上，可得表 $3-2$。

表 $3-2$　　　　　　　燃煤污染物排放率　　　　　单位：kg/t

污染物	SO_2	CO_2	NO_x
排放率	18	2 459	8

2012年全国 $6\ 000$ 千瓦及以上火电机组平均供电标准煤耗达到326克/千瓦时。因此每千瓦时产生 SO_2 为 $18 \times 326 \times 10-6 = 0.005868kg$，$CO_2$ 为 $2\ 459 \times 326 \times 10-6 = 0.801634kg$，$NO_x$ 为 $8 \times 326 \times 10-6 = 0.002608kg$。

2. 天然气发电污染物排放率

天然气发电的污染物排放率是根据国内外大量实测数据统计得出的。燃烧106立方米天然气排放的污染物量见表 $3-3$。

表 $3-3$　　　　　　　燃天然气污染物排放率　　　　单位：$kg/106m^3$

污染物	SO_2	CO_2	NO_x
排放率	11.6	6.2×10^3	2.01×10^3

1立方米天然气热值按31.4MJ计算，1度电为3.6MJ，而我国天然气联合循环发电效率按 50% 计算，可得天然气发电气耗率为0.229立方米天然

气/千瓦时。因此，根据表 3 - 3，可计算得出每千瓦时产生 SO_2 为 11.6 ×
0.229 × 10 - 6 = 0.0000026564kg，CO_2 为 6.2 × 103 × 0.229 × 10 - 6 =
0.0014198kg，NO_X 为 2.01 × 103 × 0.229 × 10 - 6 = 0.00046029kg。燃煤和燃
气发电污染物排放量对比情况如表 3 - 4 所示。

表 3 - 4	燃煤和燃气发电污染物排放系数		单位：kg/kWh
	SO_2	CO_2	NO_X
燃煤	0.005868	0.801634	0.002608
燃天然气	0.0000026564	0.0014198	0.0004603
相差倍数（燃煤/燃气）	2 209.00	564.61	5.67

注：在 2012 年的发电技术水平下。

根据燃煤和燃气污染物排放率，将燃煤与燃气机组对环境的影响作
如下对比（见表 3 - 5）。设百万千瓦燃煤机组的年利用小时数为 6 000
小时（2012 年全国统调公用常规燃煤机组 100 万千瓦等级利用小时数为
5 961 小时，此处取近似数 6 000 小时），则年发电量为 60 亿 kWh。取
煤炭热值为 21.2MJ/kg，电厂效率38%，厂用电率6%，则年耗煤量约
285.2 万吨[6]；1 立方米天然气热值按 31.4MJ 计算，热效率取 50%，
则年耗气量约为 13.8 亿立方米[7]。在计算不同机组的污染物排放量时，
由于机组效率不同，应当按照原料消耗量计算排污水平。

表 3 - 5		燃煤和燃气机组污染物排放对比			
污染物排放量	百万 kW 燃煤机组		百万 kW 燃气机组		相差倍数（燃煤/燃气）
	$10^4 t/a$	g/(kWh)	$10^4 t/a$	g/(kWh)	$10^4 t/a$	g/(kWh)
SO_2	5.13360	8.55600	0.00160	0.00267	3 206.90	3 206.90
CO_2	701.30680	1 168.84467	0.85560	1.42600	819.67	819.67
NO_X	2.28160	3.80267	0.27738	0.46230	8.23	8.23

注：考虑机组发电技术。

对比结果说明，单位电能燃气和燃煤发电对环境的影响相差甚远，同等电量下天然气发电可大大减少煤电所产生的污染物。

此外，若不考虑百万千瓦燃气和燃煤机组的技术工艺差别，仅仅考虑其年发电量（60 亿千瓦时）。依照燃煤和燃气发电污染物排放系数计算时，可得污染物排放量如表 3 - 6 所示。

表 3 - 6 　　　年发电量为 60 亿 kWh 的百万千瓦燃气和

燃煤机组排污量对比　　　　　单位：10^4 吨

	SO_2	CO_2	NO_X
燃煤	3.5208	480.9804	1.5648
燃天然气	0.00159384	0.85188	0.2761740
相差倍数（燃煤/燃气）	2 209.00	564.61	5.67

注：未考虑机组发电技术。

从表 3 - 6 可以看出，不考虑机组效率和发电水平的情况下，同样的原料，排污水平并不相同，如表 3 - 7 所示。

表 3 - 7 　　　　　　　不同估值方法的对比

污染物排放量	百万 kW 燃煤机组		百万 kW 燃气机组		相差倍数	
	依技术	依系数	依技术	依系数	燃煤（技术/系数）	燃气（技术/系数）
SO_2	5.13360	3.52080	0.00160	0.00159	1.46	1.0044
CO_2	701.30680	480.98040	0.85560	0.85188	1.46	1.0044
NO_X	2.28160	1.56480	0.27738	0.27617	1.46	1.0044

由表 3 - 7 可知，考虑技术效率的排放水平略高于排放系数，说明在应用排放系数估算污染物排放值时，容易出现被低估的情况。相比之下，仅依靠原料消耗水平进行排污估算，容易忽视不同技术产生的差异。因此，应当充分考虑技术因素，估值更为准确。同时，研究结果表

明，不论哪种估算方法，天然气发电的排污水平远低于煤电。

同时，具体到 CO_2 排放水平，结合计算电力 CO_2 排放强度 I_c 的公式如下：

$$I_c = C_{pwr} \times \beta/E$$
$$= C_{pwr}/E \times \beta$$
$$= (C_{pwr}/E_f) \times (E_f/E) \times \beta$$

即：$I_c = b_f \times \gamma \times \beta$，可得表 3 - 8。

表 3 - 8　　　　　　1997 ~ 2010 年内蒙古电力 CO_2 排放强度　　　　单位：g/kWh

年份	1998	1999	2000	2001	2002	2003	2004	2005	2006	2007	2008	2009	2010	2011
bf	373	369	363	357	356	355	349	343	342	332	322	317	317	317
γ	92.1	92.5	92	92.17	92.74	92	91.22	90.44	89.67	88.79	88.09	86.36	86.6	87.08
I_c	953.9	943.7	928.4	914.8	917.8	907.9	885	862.4	852.5	819.5	788.5	761	763.2	767.4

资料来源：内蒙古统计年鉴。

近年来，内蒙古电力 CO_2 排放强度呈持续下降趋势，2006 ~ 2011 年下降了 9.98%，从 1997 ~ 2010 年更是下降了 19.55%。以 2006 年为基年，由于发电煤耗降低 25 克，导致 CO_2 强度降低了 7.58%，因此，从这里可以大致看出，发电煤耗的持续下降是电力 CO_2 排放强度持续下降的主要驱动因素。

根据公式 3 - 2，得出 2015 年、2020 年我国电力 CO_2 排放强度预测值 φ 如表 3 - 9 所示。

表 3 - 9　　　　　　2015 年、2020 年我国电力 CO_2 排放强度预测　　　　单位：g/kWh

	2005 年	2015 年		2020 年	
		指标	对比 2005 年	指标	对比 2005 年
化石能源发电比例 γ	90.44	79.3	下降 12.3%	73.9	下降 18.3%
发电煤耗 b_f	343	310	下降 9.62%	300	下降 12.54%
厂用电 δ	5.87	5.25	下降 10.56%	4.86	下降 17.21%

	2005 年	2015 年		2020 年	
		指标	对比 2005 年	指标	对比 2005 年
线损率 ε	7.21	6.2	下降 14.01%	6.0	下降 16.78%
终端用电 CO_2 排放系数 ϕ	893.351	768.949	下降 13.93%	689.159	下降 22.86%
电力 CO_2 排放强度 I_c	862.4	683.407	下降 20.76%	616.326	下降 28.53%

根据前述的测算，2015 年、2020 年我国电力 CO_2 排放强度还将继续降低，2015 年下降到 683.4g/kWh 左右，2020 年下降到 616.3g/kWh 左右，分别比 2005 年下降 20.76% 与 28.53% 左右。以 2005 年为基年，由于化石能源发电比例的降低，导致 2015 年电力 CO_2 排放强度降低 12.3%，同期，由于发电煤耗的降低，导致 2015 年电力 CO_2 排放强度降低了 9.62%。可以看出，在内蒙古电力 CO_2 排放强度降低的两种主要因素——发电煤耗降低和结构改进中，化石能源发电比例是主要因素，所以要大力发展风力发电，太阳能发电等可再生能源，切实做到结构改进（化石能源发电比例下降）。

3.2.2　碳减排成本曲线

1. 方法

（1）边际减排成本

二氧化碳边际减排成本是指额外减少一单位二氧化碳排放量所引起的经济总量（GDP）的减少，也可以视为二氧化碳减排的机会成本。由于影子价格与边际成本均反映了资源或产品的机会成本，因此本节以影子价格刻画边际减排成本，利用线性规划对偶问题研究二氧化碳减排的边际成本。通过建立和求解资源优化配置的线性规划模型，来推求总体最优情况下的减排量约束对应的拉格朗日乘子，即影子价格，拟合出边际减排成本曲线[1]。

（2）基于技术进步的动态减排成本曲线

基于静态减排成本曲线的估计，建立技术进步型边际减排成本函数，实现对减排成本曲线趋势的预测估计。本节利用柯布道格拉斯生产函数，建立国民生产总值、劳动力、资本投入与技术进步参数的关系。根据国家统计局经验值，一般选择劳动力替代弹性 a = 0.35，资本替代弹性 = 0.65。采用 1989～2008 年共 20 年的数据，每年的资本存量选取工业企业流动资产年平均余额与固定资产净值年平均余额之和，劳动力选择年末从业人员人数，可以得到每年的技术进步参数 A。

对技术进步参数做单位根 ADF 检验，说明原序列平稳，可以建立自相关函数。进一步拟合技术进步率的自相关函数，经过相关性检验，得到滞后一期和二期的偏自相关系数都明显不为 0。同时对残差进行 LM 检验，接受原假设（原假设不存在相关性），回归方程直到 2 阶滞后不存在序列相关。对 ARMA 模型的残差序列进行白噪声检验（随机性检验），滞后期 >1，残差序列的样本自相关系数近似为 0。因此建立 AR-MA 模型，得到技术进步率的自回归模型如下：

$$\dot{A}(t) = -0.502722\dot{A}(t-1) - 0.423859\dot{A}(t-2) + 0.917580\varepsilon(t-1) + \varepsilon(t)$$

其中 $\dot{A}(t) = \dot{A}(t)/\dot{A}(t-1)$，表示第 t 期的技术进步率，$\dot{A}(t-1)$ 和 $\dot{A}(t-2)$ 分别表示滞后一期和二期的技术进步率，ε 表示白噪声。

（3）趋势照常情境下的二氧化碳排放预测

基准期（BAU）下二氧化碳排放率的预测，是在无减排政策的趋势照常情景下，根据经济增长必然产生的二氧化碳排放。本节利用协整-误差修正模型（ECM）来建立 BAU 情景下排放率的测算模型，测度 GDP 增长率 x(t) 与二氧化碳排放增长率 y(t) 之间的稳定关系。

分别对内蒙古 1978～2009 年二氧化碳排放增长率和 GDP 增长率进行 ADF 单位根检验，得到这两个原序列均为非稳定序列，但二阶差分为平稳序列，判定都具有 2 阶单整的性质。利用 EG 两步法进行检验，对两变量滞后一期的数值 y(-1) 和 x(-1) 进行最小二乘回归，并对残差序列做单位根检验，ADF 检验认为估计残差序列为平稳序列，表明二氧化碳排放增长率和 GDP 增长率具有协整关系。

GDP 增长率与二氧化碳排放增长率之间的误差修正模型表示如下：

$$\Delta y(t) = -0.0000803 + 0.440810\Delta x(t) - 0.948003ECM(t-1) + \mu(t)$$

其中，Δy 表示二阶差分后的二氧化碳排放增长率；Δx 表示二阶差分后的 GDP 增长率；ECM 为误差修正项，即反映了 GDP 增长率、排放增长率的短期波动偏离他们长期均衡关系的程度；$\mu(t)$ 为白噪声。同时得到基准期的 GDP 增长率对应的二氧化碳排放增长率，见表 3 – 10。结果表明，经济增长率越大，能源需求越大，因此二氧化碳排放增长率也越大；而随着技术进步和产业结构的优化，能源利用效率不断提高，排放的增长速度 y 低于经济的增长速度 x（即 $0 < y < x < 1$），二者之间长期维持一种稳定的正相关关系。

表 3 – 10　　　基准情景下内蒙古二氧化碳排放率与 GDP 增长率的关系

GDP 增长率	15.55%	14.5%	14.3%
二氧化碳排放增长率	13.04%	12.58%	12.16%

2. 减排策略成本优化模型

为了实现 2020 年底碳强度减排目标，以更少的经济损失实现减排目标，需要基于动态减排成本曲线的预测，建立减排策略的成本优化模型。减排成本是指技术进步型边际减排成本曲线对减排量的积分。本节以减排成本最小为目标，构建减排策略成本优化模型，提出非等量递增减排策略，该策略使得 2010 ~ 2020 年各年减排成本之和较小。模型建立目标函数为减排成本最小：

$$\text{MIN } K_t = \int_{\mu_t^1}^{\mu_t^2} MC(R_t) dD(\mu_t) \qquad (3-15)$$

$$h_t = (1+y_t)/(1+x_t) - 1 \quad 0 < y_t < x_t < 1 \qquad (3-16)$$

$$(1+h_t) = (1+\xi)^{t-1}(1+h_0) - 1 < h_t < 1 \qquad (3-17)$$

$$D_T = \{[(1 + h_0)(1 + x)]^t (1 + \xi)^{t-1} - (1 + y)^t\}$$
$$\times \mu_0 D, \ u > 0 \ \xi > 0 \quad\quad (3 - 18)$$

目标函数说明如下：

减排后二氧化碳排放量 μ^1，趋势照常情境下二氧化碳排放量 μ^2，二氧化碳减排量 $Dt(Dt = \mu_t^2 - \mu_t^1)$，对应的减排率为 $Rt(Rt = Dt/\mu t * 100)$。K_t 表示第 t 年减排成本，边际减排成本函数 $MC(R_t)$ 是减排率 R 的函数。约束条件说明如下：

（1）根据 BAU 情境的研究结果，碳强度减排目标与 GDP 增长率和碳排放增长率之间存在如下的转换关系：

$$h_t = (1 + y_t)/(1 + x_t) - 1 \quad 0 < y_t < x_t < 1 \quad\quad (3 - 19)$$

其中，h_t 表示第 t 年碳强度减排目标，y_t 表示第 t 年 GDP 增长率。

（2）从减排目标来看，假定各年强度减排目标之间存在稳定的增长关系：

$$(1 + h_t) = (1 + \xi)^{t-1}(1 + h_0) \quad -1 < h_t < 1 \quad\quad (3 - 20)$$

h_0 表示 2010 年为初始年的减排目标，h_t 表示 2011～2020 年强度减排目标，ξ 表示减排后各年实际排放量的平均增长率。

那么，在给定的最终目标 $\bar{h}$ 下，h_0 可表示为：

$$(1 + h_0) = [\bar{h}/(1 + \xi)^{1 + 2 + H}]^{1/t} = [\bar{h}/(1 + \xi)^{t(t-1)/2}]^{1/t} \quad (3 - 21)$$

则对应 [40%，45%] 的碳强度目标，h_0 可表示为：

$$(1 + h_0) = [\bar{h}_{40/50}/(1 + \xi)^{55}]^{1/11} \quad\quad (3 - 22)$$

（3）令 u_0 表示 2010 年的二氧化碳排放量。在一定的 GDP 增长率下，累计减排量 D_T 可以写成：

$$D_T = \{[(1 + h_0)(1 + x)]^t,(1 + \xi)^{t-1} - (1 + y)^t\} \times U_0 \quad (3 - 23)$$

令 $M = [(1 + h_0)(1 + x)]^t$，$S = (1 + y)^t$，则减排成本可以简化为如下公式：

$$K_T(D) = MC \times D_T = \alpha^{1 + [M(1 + \xi)^{t-1} - s]}[M(1 + \xi)^{t-1} - S] \times U_0 \quad (3 - 24)$$

求解上式一阶偏导数，并令其为零。简化后求导结果表示如下：

$\dfrac{dK}{d\xi} = \ln\alpha \times M + 1 = S \times \ln\alpha = 0$，分别将 M 和 S 带入公式 D_T，可得到：

$$(1 + h_0) = \left[(1 + y)^t - \dfrac{1}{\ln\alpha} \right]^{1/t} \left(\dfrac{1}{1 + x} \right) \qquad (3 - 25)$$

从而得到令总减排成本最小的 h_0，得到令减排成本最小的 ξ，得到各年非等量的碳强度减排目标。

3. 内蒙古低碳减排成本曲线的动态演变规律

数据来源主要包括：（1）国家统计局公布的 1987～2007 年的可比价投入产出表，生产部门分为 42 个部门；（2）能源消耗量数据来源于国家统计局公布的历年中国能源统计年鉴及第二次经济普查数据；（3）二氧化碳排放系数主要根据《IPCC（2006）温室气体排放清单》和国家统计局编制的《能源统计年鉴》中公布的计算公式和相关数据。

研究结果表明（见图 3-1），等量减排下历年边际减排成本的动态演化趋势中，边际减排成本、减排量和时间存在动态相关关系。无论从绝对量还是相对量减排来看，边际减排成本曲线均呈现了逐年递减的趋势，主要体现了技术进步的效果，随着减排技术水平的提高，减排行动更加容易。减排 8 亿吨二氧化碳，1987 年的成本高达 1 449 元/吨二氧化碳，1992 年、1997 年、2002 年和 2007 年的成本逐年有所减少，依次为 1 355 元/吨二氧化碳、1 308 元/吨二氧化碳，1 218 元/吨二氧化碳和864 元/吨二氧化碳。在技术进步的趋势下，减排等量的二氧化碳，较晚减排付出的成本可以相对低一些，因此适当推迟减排行动开始的时间可以一定程度上减低付出的代价。特别是我国处于技术进步和经济发展的快速增长期，适当推迟减排行动能够获得和推广成本更低而效果更好的先进减排技术，对内蒙古当地和我国经济发展是有利的。

4. 内蒙古减排成本曲线趋势预测

考虑到生产函数与成本函数的对偶性，根据历年边际减排成本函数中参数 a 的变化率与生产函数中技术进步率的拟合发现，相关系数达到0.999，因此可以认为生产函数中的技术进步参数 A 与边际减排成本函

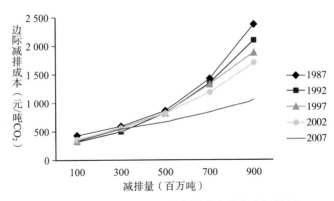

图 3 - 1　历年边际减排成本的动态演变实证结果

数中的参数 a 的变化率是一致的。因此，可以由技术进步型动态减排成本估计模型对参数 a 进行预测，得到 2014～2020 年技术进步型边际减排成本曲线的演化趋势，预测结果见图 3 - 2。

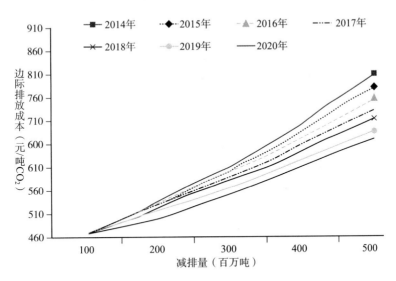

图 3 - 2　技术进步型边际减排成本预测

5. 实现 2020 年减排目标的策略分析

所谓等量减排目标，是将 2020 年的减排目标按照几何平均值换算，各年实现相等的碳强度下降目标；非等量减排目标是相对于等量减排目标而言，各年减排目标随一定的变化率而增长或降低。其中，随变化率逐年增加的减排目标称为非等量递增减排目标，反之为非等量递减减排目标。正如上面的实证研究结果，由于技术进步的作用，边际减排成本曲线呈现一定的动态特点，较晚开始减排的成本较小。因此，本节提出六种减排策略情景，见表3-11。与制定等量减排目标相比，采用非等量递增减排目标的减排成本相对较小，各年非等量减排目标见表3-12。

表3-11　　　　　　　六种减排策略情景

总减排目标	情景	年均减排目标
实现2020年比2005年碳强度降低45%	递增45	减排期内，各年减排目标递增，初始年目标1.19%
	递减45	减排期内，各年减排目标递增，初始年目标5.75%
	45	减排期内，各年减排目标相同，初始年目标3.85%
实现2020年比2005年碳强度降低40%	递增40	减排期内，各年减排目标递增，初始年目标1.13%
	递减40	减排期内，各年减排目标递增，初始年目标5.00%
	40	减排期内，各年减排目标相同，初始年目标3.09%

表3-12　　　　　各年非等量递增强度减排目标　　　　单位：%

年份	各年减排（40%减排目标）	各年减排（45%减排目标）
2014	2.83	3.44
2015	3.09	3.85
2016	3.34	4.25
2017	3.59	4.66
2018	3.84	5.06
2019	4.09	5.45
2020	4.34	5.85

从减排策略模拟下的减排量来看，图3-3表明在实现40%碳强度目标下，采用非等量递增、递减和等量策略下各年的二氧化碳排放量（见图3-3上图），以及与BAU相比各年分别实现的减排量（见图3-3下图）。二氧化碳排放量从大到小依次为：BAU、非等量递减策略、等

量策略和非等量递增策略。从各年减排量来看，非等量递增的减排策略下各年的减排量逐渐增加，递减策略下减排量逐年减少，而等量策略的减排量也逐年增加，但增速小于递增策略；从各年累计减排量来看，三种策略最后一年减排量相等，但递增策略各年的累计减排量小于等量策略和递减策略，除最后一年外的递增策略减排压为最小。

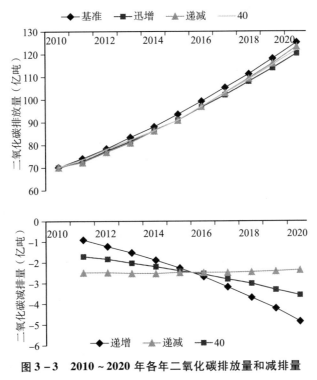

图 3 - 3　2010～2020 年各年二氧化碳排放量和减排量

注：图中"递增"指实现 40% 目标的非等量递增策略；"递减"指实现 40% 目标的非等量递减策略；"40"指等量策略；"基准"指 BAU 情景。

从六种政策情景模拟下的减排成本来看（见图 3 - 4），在 2010～2020 年制定递增的非等量强度减排目标比等量减排目标情景下的减排成本更低。相反，非等量递减策略的减排成本最大，高于非等量递增减排和等量减排；减排 40% 目标下，2020 年底三种情景累计减排成本依次占当年 GDP 的 1.78%、2.02%、45% 目标下，分别占当年 GDP 的 3.00%、3.36% 和 3.64%。因此，从经济成本的角度来看，实现 2020 年底的减排目标，应该制定各年的非等量递增减排目标策略。这主要是由于随着减排技术的逐渐成熟，越晚开始减排的边际成本和减排成本更低；而减排目标也应该遵循该规律，采用成本最小的方案，在保证宏观经济损失最小下，采取非等量递增的减排策略。

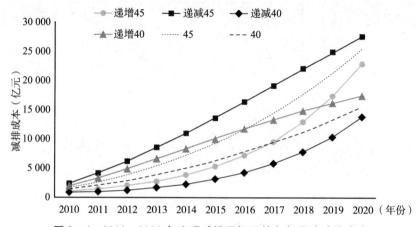

图 3 - 4　2010～2020 年实现减排目标下的各年累计减排成本

注：图中"递增 40、45"指实现 40%、45% 目标的非等量递增策略；"递减 40、45"指实现 40%、45% 目标的非等量递减策略；"40、45"指等量策略。

从我国的实证结果来看，边际减排成本曲线的动态演化体现了技术进步的成果；技术进步型成本函数能更加准确的刻画不同时期、不同减排目标下的减排成本。此外，随着技术进步，较晚开始减排，可供选择的减排技术更多，边际成本更低，企业的减排潜力也更大，减排也变得更加容易。同时，对电力碳足迹的估算和碳排放量预测可以充分挖掘内蒙古低碳减排的潜力。

3.3　电力碳足迹的估算与碳排放量预测

3.3.1　电力碳足迹的估算

碳足迹主要用来测度人类日常生活或产品生命周期中的 CO_2 等温室气体的直接或间接排放水平。目前电力碳足迹的计算普遍较简单，但易低估火电为主导的电力碳足迹，且高估其他类型的电力碳足迹。因而本部分将根据电力来源不同的碳排放强度和消费水平，分类估算 2005 ~ 2009 年的电力碳足迹[2]。

1. 火电链的碳排放相关模型

火电因其消耗的化石能源类型不同而具有来源多样性的特征，主要包括煤炭、石油和天然气三类。火电链的碳排放量由各类化石能源的消费量及对应的碳排放系数决定，计算公式为：

$$C_{tp} = \sum (E_{tp,\,t} \cdot \lambda_{tp,\,t}) = \overline{CEC_{tp}} \cdot E_{tp} \qquad (3-26)$$

式中：C_{tp} 为火电链的碳排放量；$E_{tp,\,i}$ 为第 i 类化石能源的火电消费量；$CEC_{tp,\,i}$ 为第 i 类化石能源的碳排放系数，由于化石能源在开采、加工、运输和发电环境的碳排放量与消费量的相对关系求得，相比之下废物处置和电站建设等其他环节对火电链排放的贡献率非常小，在此忽略不计；$\overline{CEC_{tp}}$ 为火电链的平均碳排放系数；E_{tp} 为火电的总消费量。

但在多数情况下，仅能得到折算为 t 标煤的用于火力发电的化石能源消费量，用各类化石能源在火电中的消费比例来代替其 kW/h，计算公式为：

$$C_{tp} = E_{tp} \cdot \sum (w_{tp,\,i} \cdot CEC_{tp,\,i}) = E_{tp} \cdot \sum \left(\frac{m_{tp,\,i}}{\sum m_{tp,\,i}} \cdot \overline{CEC_{tp,\,i}} \right) \ (3-27)$$

其中：$w_{tp,i}$ 为第 i 类化石能源的消费量占火电总消费量的比例；$m_{tp,i}$ 为第 i 类化石能源折算为标煤的火电消费量。

2. 水电、核电和风电链的碳排放量相关模型

虽然水电、核电和风电在发电环节几乎不产生碳排放，但从生命周期的角度来看，任何一类电力在其全能源链中都有不同程度的碳排放，如水电主要来自电站建设和水库生物作用；核电主要来自电站建设，核燃料提取加工和缺乏燃料后处理；风电主要来自电站建设过程。水电、核电和风电链的碳排放量由电力的消费量及对应的碳排放系数决定，计算公式为：

$$C_{hp} = \overline{CEC_{hp}} \cdot E_{hp} \tag{3-28}$$

$$C_{np} = \overline{CEC_{np}} \cdot E_{np} \tag{3-29}$$

$$C_{wp} = \overline{CEC_{wp}} \cdot E_{wp} \tag{3-30}$$

式中：C_{hp}、C_{np}、C_{wp} 分别为水电链、核电链和风电链的碳排放量；E_{hp}、E_{np}、E_{wp} 分别为水电、核电和风电的消费量；$\overline{CEC_{hp}}$、$\overline{CEC_{np}}$、$\overline{CEC_{wp}}$ 分别为水电链、核电链和风电链的平均碳排放系数。

3. 电力链的总碳排放量相关模型

电力链的碳排放总量为火电链、水电链、核电链和风电链的碳排放量之和。相应地，电力链的平均碳排放系数由碳排放总量和电力的总消费量决定，计算公式为：

$$C_{to} = C_{tp} + C_{hp} + C_{np} + C_{wp} = \overline{CEC} \cdot \sum E_{tp} + E_{hp} + E_{np} + E_{wp} \tag{3-31}$$

式中：C_{to} 为电力链的碳排放总量；$\overline{CEC}$ 为电力链的平均碳排放系数。

4. 电力碳足迹来源多样性系数

借鉴相关研究提出电力碳足迹的来源多样性系数，即以火电碳足迹为基准评价电力碳足迹来源的多样性程度。计算公式为：

$$SDF_{ep} = \sum \left(CF_{tp}/CF_{tp^2} CF_{hp}/CF_{tp^2} CF_{np}/CF_{tp^2} CF_{wp}/CF_{tp} \right) \tag{3-32}$$

式中：SDF_{ep} 为电力碳足迹来源多样性系数；CF_{tp}、CF_{hp}、CF_{np}、CF_{wp} 分别为火电、水电、核电和风电的碳足迹。

5. 不同电力链的碳排放

可以从历年《中国能源统计年鉴》中的火电、水电和核电消费量看出，2005～2009 年中国各类电力链的碳排放情况如表 3 – 13 所示。电力链的碳排放量从 27 274.11$\times 10^8$ kg 增加到 40 022.32$\times 10^8$ kg，增幅达 47%。其中，火电是最主要的电力碳源，对碳排放的贡献率达 96%；水电的贡献率接近 4%；核电的贡献率仅为 0.02%；风电在 2007 年之前几乎为 0，近 3 年的贡献率与核电基本持平，均为 0.02% 左右。在火电链中，煤炭的碳排放贡献率超过 97%；石油从 2.05% 逐年减少到 0.47%；天然气则反超石油，从 0.39% 逐年上升到 1.22%。可见，煤炭仍是我国目前支撑电力生产的主要能源投入类型。

表 3 – 13　　　　　　　　中国各电力链的碳排放量　　　　　　单位：10^8 kg

年份	火电				水电	核电	风电	总计
	煤炭	石油	天然气	小计				
2005	26 658.69	540.49	102.18	26 301.37	964.76	7.43	0.56	27 274.11
2006	29 961.03	456.15	122.37	30 539.55	1 058.97	7.68	1.17	3 1607.36
2007	34 578.3	306.86	268.26	35 153.41	1 179.18	8.7	2.46	3 634.75
2008	35 570.07	221.21	281.01	36 072.29	1 422.01	9.57	5.62	37 509.5
2009	37 852.5	182.01	470.11	38 504.62	1 496.01	9.82	11.87	40 022.32

资料来源：中国能源统计年鉴。

6. 不同电力链的碳足迹

2005～2009 年中国各电力链的碳足迹如表 3 – 14 所示。电力碳足迹从 519.45$\times 10^6$ hm^2 增加到 759.70$\times 10^6$ hm^2，增幅达 53%。其中，火电碳足迹从 500.92$\times 10^6$ hm^2 增加到 765.53$\times 10^6$ hm^2，占比超过 96%，煤炭对其贡献率高达 98%，而石油和天然气分别仅占 1% 左右；其次为水电碳足迹，从 18.37$\times 10^6$ hm^2 增加到 29.74$\times 10^6$ hm^2，占比约为 4%；核电碳足迹从 0.14$\times 10^6$ hm^2 增加到 0.20$\times 10^6$ hm^2，占比从 0.03% 下降到 0.02%；风电碳足迹从 0.01$\times 10^6$ hm^2 增加到 0.24$\times 10^6$ hm^2，占比从 0.002% 上升到

0.03%，实现了对核电的反超。从变化幅度来看，大多数电力碳足迹都有较大幅度的增长，如火电、水电和核电分别增长了 53%、62%、38%。值得注意的是，石油比例减少了 1.5 个百分点，表明石油类能源对火力发电的投入迅速降低，这很可能与近年来进口成本提高、油价不断攀升有关，因为交易价格正日益成为决定能源流向的关键因素。

表 3 - 14　　　　　2005～2009 年中国各类电力链足迹　　　单位：$10^6 hm^2$

火电				水电	核电	风电	总计
煤炭	石油	天然气	小计				
488.68	10.29	1.95	500.92	18.37	0.14	0.01	519.45
568.98	8.66	2.32	579.97	20.11	0.15	0.02	600.25
656.66	5.83	5.09	667.58	22.39	0.17	0.05	690.19
657.51	4.2	5.34	685.05	27.01	0.18	0.11	712.34
752.56	3.62	9.35	765.53	29.74	0.2	0.24	795.7

资料来源：中国能源统计年鉴。

7. 电力碳足迹变化

2005～2009 年，中国人均电力碳足迹从 0.40hm² · 人 $^{-1}$ 增加到 0.60 hm² · 人 $^{-1}$，年均增幅达 11%（见表 3 - 15）。火电、水电、风电和核电的平均占比分别约为 96%、4%、0.03%、0.01%；从历年增幅来看，最高为 2006 年的 15%，最低为 2008 年的 3%；人均电力碳足迹增速总体放缓。电力碳足迹强度（即创造单位 GDP 所产生的电力碳足迹）从 2005 年的 28.0910 $^{-6}$hm² · 元 $^{-1}$（以 2005 年可比价格计算，下同）先增加到 29.0110 $^{-6}$hm² · 元 $^{-1}$，后减少到 2009 年的 27.9310 $^{-6}$hm² · 元 $^{-1}$，这是因为 2006～2007 年电力碳足迹增幅（15%～16%）大于 GDP 的增幅（13%～14%），而 2008～2009 年则相反，一方面两者都有较大幅度的下降，另一方面电力碳足迹的增幅（3%～7%）明显小于 GDP 的增幅（9%～10%）。总的来看，电力碳足迹的年均增速低于 GDP，两者实现相对脱钩。电力碳足迹压强（即单位国土面积负载的电力碳足迹）从

0.54 增加到 0.83，表明仅电力消费所引起的直接和间接碳排放量就需要 83% 的国土面积才能完全吸收，电力产业的温室效应正迅速增大。

表 3 - 15　　2005 ~ 2009 中国电力碳足迹的人均值、强度和压强

年份	人均电力碳足迹		电力碳足迹强度		电力碳足迹压强	
	数值（hm² · 人⁻¹）	变化率/ %	数值（hm² · 元⁻¹）	变化率/ %	数值	变化率/ %
2005	0.4	—	28.09	—	0.54	—
2006	0.46	15.95	28.81	2.55	0.63	15.55
2007	0.52	14.39	29.01	0.72	0.72	14.98
2008	0.54	2.69	27.31	- 5.86	0.74	3.21
2009	0.6	11.14	27.93	2.28	0.83	11.7

资料来源：中国能源统计年鉴。

3.3.2　电力碳排放量预测

1. 全社会用电需求模型

产业部门用电量预测以及居民生活用电量预测两部分，构成了全社会用电需求量预测。居民生活用电包括对城镇居民生活用电、乡村居民生活用电进行预测，内容包括日常照明、主要高能家电的耗电量（取暖/制冷电器、洗衣机、电视等）。产业部门用电分第一产业、工业、建筑业、运输邮电业、商业与服务业等 7 个产业部门[①]。

$$TE = TS + TL = \sum TS_i + TLU + TLR \qquad (3 - 33)$$

$$TS_i = VS_i \cdot EE_i \qquad (3 - 34)$$

$$TLU = TPOPU \cdot PPUL \qquad (3 - 35)$$

$$TLR = TPOPR \cdot PPRL \qquad (3 - 36)$$

其中：TE 为全社会用电需求量；TS 为产业部门用电量；TL 为居民

---

① Stern N. The economics of climate change：The stern review ［M］. Cambridge University Press, 2007.

生活用电量；TS_i 为部门 i 的用电量；VS_i 为部门 i 产值；EE_i 为部门 i 的单位产值用电量；TLU 为城镇居民生活用电；TLR 为乡村居民生活用电；PPOPU 为城镇居民人口数；PPUL 为城镇居民人均生活用电量；TPOPR 为乡村居民人口数；PPRL 为乡村居民人均生活用电量。

2. 电力工业碳排放预测模型

目前我国的电源类型主要为煤电和少量的石油、天然气发电，而核电、水电以及其他新能源一般认为"零碳"排放电能，预测电力工业碳排放量主要考虑化石燃料发电的部分即可。当前缺乏产业部门用电的电源结构数据，故在模型中对于产业部门用电碳排放量进行估算，我们利用火电占比来表示因电源中化石燃料消耗所引起的碳排放。

对全社会需电量的碳排放估算如下：

$$TC = \sum \left(FC_j * NC_j * EFC_j \right) \tag{3-37}$$

其中：TC 为电力工业碳排放总量；FC_j 为火电厂燃料 j 的消耗量；NC_j 为燃料 j 的净热值；EFC_j 为燃料 j 的 CO_2 排放因子；j 为发电燃料类型，包括煤炭、石油、天然气。

电力行业碳排放系数，即生产单位电力所排出的 CO_2（CO_2 kg/kwh）。

$$TCI = TC/TEG \tag{3-38}$$

其中：TC 工为电力行业碳排放系数；TEG 为火力发电总量。对于其他产业部门耗电碳排放量测算，考虑到数据可利用性，仅作简化估算。估算如下：

$$C_i = TC * RC_i \tag{3-39}$$

其中：C_i 为产业部门 i 耗电碳排放量；RC_i 为部门 i 用电量占全社会用电量的比例。电力碳排放强度估算如下：

用电强度（或叫电耗系数），即实现单位国内省产总值或者单位增加值所需的电力，是用电指标的一个很重要的变量，反映了经济发展的用电效率。相应地，电力碳排放强度，定义为实现单位增加值所需电力排放的碳，是衡量国民经济或者行业发展所带来的环境效应的一个主要指标。

全社会用电强度：$EF = TE/GDP$　　　　　　　　　　（3－40）

部门 i 用电强度：$EF_i = TS_i/VS_i$　　　　　　　　　（3－41）

全社会用电排放强度：$EC = TC/GDP$　　　　　　　（3－42）

部门 i 用电碳排放强度：$EC_i = C_i/VS_i$　　　　　　（3－43）

根据模型中各指标的相互关系，利用系统动力学 VENSIM 平台开发了电力系统碳排放模块，模型的系统结构示意图如图 3－5 所示。

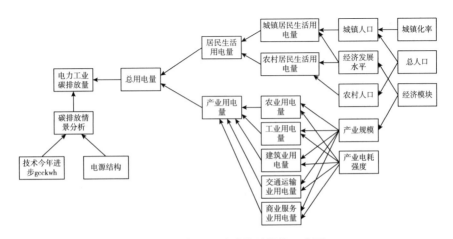

图 3－5　电力系统碳排放结构示意图

3. 模型的主要参数设置及预测结果

（1）参数设置

为了便于对比，取 2010 年作为基准年，且模型中所需指标值选自能源统计年鉴。由于人口与政策因素紧密相关，我国已经颁布了未来人口发展规划，这次我们结合最近几年的人口统计数据，对发展规划的数据进行了修正，预计到 2020 年我国人口总数达到 14.11 亿。为了尽可能预测准确，在模型中对一些主要的经济社会指标只考虑一种基准情景，除了人口指标外，还包括城镇化率、产业结构以及一些其他相关指标。

表 3 – 16　　　　　　模型中主要参数设置值和主要预测值

指标/参数	2005 年	2010 年	2015 年	2020 年
人口总量（百万）	1 307.56	1 334.5	1 376	1 411
自然增长率（‰）	5.91	5.51	5.15	5.03
城镇化率（%）	43	50	54.5	58
用电强度（千瓦时/元）	0.135	0.133	0.132	0.13
非化石能源发电比例（%）	18.1	20.8	25	27
电力碳排放系数（CO_2 千克/千瓦时）	0.99	0.89	0.85	0.81

注：GDP 按照 2005 年不变价格。

（2）预测结果

根据近 5 年我国电力工业用电强度的发展态势分析，我们假定基准情景的用电强度变化等同于这 5 年的变化，即电能效率以每年 0.23% 的速率增加。经济发展速度，即未来 2010 ~ 2020 年期间年均增长率达到8.0%。非化石能源发电占发电总量比例、电力碳排放系数均按照 2010 年值模拟。

为了便于比较，我们把 2005 年的数据也列在表 3 – 17 中。

表 3 – 17　　　　2005 ~ 2020 年电力工业用电指标及碳排放量预测

指标/参数	2005 年	2010 年	2015 年	2020 年
GDP（亿元）	184 937	314 497	457 837	630 326
增长率（%）	10.4	10.4	7.8	7.2
产业结构（%）	—	—	—	—
第一产业	12.4	8.9	7.5	6.5
第二产业	47.4	49.4	48.5	47.5
第三产业	40.5	41.8	44	46
全社会用电量（亿千瓦时）	24 940.3	41 934.5	60 360	82 166
产业用电量所占比例（%）	—	—	—	—
农业	3.11	2.33	2.2	2.1
工业	74.26	73.62	70	66
建筑业	0.91	1.15	1.1	1
交通运输业	1.73	1.75	1.7	1.8

续表

指标/参数	2005 年	2010 年	2015 年	2020 年
商业服务业	8.39	8.93	10	12.8
生活用电	11.57	12.22	15	16.3
生活用电（亿千瓦时）	2 884.8	5 124.6	9 054	13 393
电力工业碳排放（亿吨 CO_2）	20.2	29.65	42.55	57.92
产业用电碳排放（亿吨 CO_2）	—	—	—	—
农业	0.63	0.69	0.94	1.216
工业	15.01	21.76	29.78	38.225
建筑业	0.19	0.34	0.47	0.579
交通运输业	0.35	0.52	0.72	1.043
商业服务业	1.7	2.64	4.25	7.413
人均生活用电（千瓦时/人）	221	382	658	949
人均电力碳排放（吨 CO_2/人）	0.42	0.6	0.84	1.12

3.4　电力系统的碳排放结构分解与低碳目标贡献分析

自 2006 年以来，中国碳排放量已超越美国，居世界首位，发展压力显著。在保障能源供应与社会进步的基础上进行低碳发展，已成为可持续发展的必然要求。

我国已经提出了 2020 年非化石能源消费占 15% 的目标，需要电力行业的大力支持。为了量化电力行业的贡献，在对碳排放量结构分解的过程中，可提取出相关因素以建立电力行业对低碳能源发展目标贡献能力的评价方法，为实现该低碳目标的发展战略提供参考[1]。

本节内容将从电力生产与使用的角度出发，剖析电力行业碳排放的结构体系与内在影响因素，建立基于因素贡献与增量分析的电力系统碳

---

① Foxon T. J. Inducing innovation for a low-carbon future: Drivers, barriers and policies [M]. London: Carbon Trust, 2003.

排放结构分解法和能源结构低碳化贡献分析方法[①]。

3.4.1 电力系统的碳排放结构分解

1. 电力系统碳排放结构概述

电力行业的碳排放量主要来自发电侧。在既定的地区内，电力生产状况由用电需求及电源结构等因素共同决定。各种因素在电力系统碳排放结构中都具有重要的位置。本节先对电力系统碳排放进行初步的结构分解，具体如图 3-6 所示。

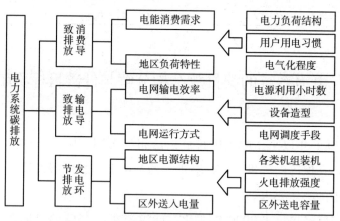

图 3-6　电力系统碳排放构成与影响因素

根据碳排放产生的具体来源，在图 3-6 中将电力碳排放分解到电力系统的 3 个主要环节，形成几类基本排放分量，对各分量进一步挖掘可将其分解为影响各排放分量的具体因素。除图 3-6 中列出的各类技术因素外，电力市场中的碳交易机制与政府制定的低碳政策等因素也会对电力系统碳排放产生影响。为简便起见，本节主要基于对电力系统碳

---

① Svante Mandell. Optimal mix of emissions taxes and cap-and trade［J］. Journal of Environmental Economics and Management，2007，12：1-10.

排放可产生直接影响的技术因素（发电环节与用电环节）进行碳排放的结构分解。

2. 电力系统碳排放主要影响因素

根据电力需求来源与生产的过程，结合图 3 - 6 可得到对电力系统碳排放可产生直接影响的因素与电力碳排放的形成过程，如图 3 - 7 所示。

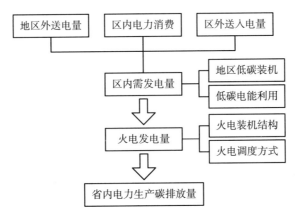

图 3 - 7　区内电力碳排放的形成

电力生产碳排放主要来自于火电机组。由图 3 - 7 可知，火电电量首先，由总需发电量和低碳电源的发电情况共同决定；其次，总需发电量由地区电力需求、区外送入电量以及向区外送出的电量共同决定。所以，电力生产排放的变化由区外送入电量、电力消费需求、向区外送出的电量、低碳电源电量和火电排放强度五大因素共同决定。因此，在分析地区内电力碳排放构成时，需要综合考虑各类因素以准确、全面地计算电力碳排放的构成，为进一步的贡献率分析打好基础。

由于非化石能源使用时不产生碳排放，所以总碳排放可表示为：

$$E_{EG} = \sum_{i \in U_T} G_i e_i \qquad (3-44)$$

式中：E_{EG} 为地区总电力生产碳排放量；U_T 为火力发电类别的集合，

包括常规燃煤机组、燃气机组、燃油机组、碳捕集机组等；G_i 和 e_i 分别为火力发电机组 i 的发电量和平均碳排放强度。

根据中国以煤电为主的实际情况，本节主要以传统的非碳捕集煤电机组为核心分析碳排放问题。火电机组中煤电机组与其余各类机组的生产相对独立，在总电力需求给定的情形下，除煤电外的火力发电机组与非化石电源的需发电量确定之后，剩余电量由煤电机组承担。由于煤电机组的利用小时数由其他类型机组的生产情况与电力需求共同决定，因此模型中将不再出现煤电机组的利用小时数，对所有煤电机组的生产情况仅采用总需发电量和发电碳排放强度描述。这样，式（3 - 44）可转化为：

$$E_{EG} = \sum_{j \epsilon (U_T - U_C)} G_j e_j + G_{CF} e_{CF} = \sum_{j \epsilon (U_T - U_C)} P_j T_j e_j + G_{CF} e_{CF} \qquad (3 - 45)$$

式中：$U_T - U_C$ 为除燃煤机组外的火力发电类别的集合；P_j 和 T_j 分别为火电机组 j 的总装机容量和参考利用小时数；G_{CF} 为煤电机组总发电量；e_{CF} 为煤电机组碳排放强度。

为简便起见，下文中对于非煤电的火力发电类型通称为"其他火电"。进一步，令 G_{D1} 为电力消费需求，令 G_{D2} 为向区外送电电量，令 G_{D3} 为区外送入电量（为负），令 G_r 为低碳电源电量，U_R 为非化石发电类别的集合，P_l 和 T_l 分别为地区内非化石电源 l 的总装机容量和参考利用小时数，则有

$$G_{CF} = \sum_{k=1}^{3} G_{Dk} - \sum_{l \epsilon U_E} P_l T_l - \sum_{j \epsilon (U_T - U_C)} P_j T_j \qquad (3 - 46)$$

由式（3 - 45）、式（3 - 46）可得，地区内电力生产碳排放可表达为：

$$E_{EG} = \sum_{j \epsilon (U_T - U_C)} P_j T_j e_j + (\sum_{k=1}^{3} G_{Dk} - \sum_{l \epsilon U_E} P_l T_l - \sum_{j \epsilon (U_T - U_C)} P_j T_j) e_{CF} \qquad (3 - 47)$$

式（3 - 47）等号右边第 1 项为其他火电的碳排放量；第 2 项为煤电机组的碳排放量，第 2 项括号中的 3 项分别表示区内电力需求与电量交换因素、非化石电源生产和其他火电的生产因素。式中包含了地区内负荷、区外送入电量、区内送出电量和电源结构等各类地区电力行业影

响因素，可完整地表达地区碳排放的形成与各因素在其中的影响机理。

从式（3－47）可看出，电力系统碳排放的各类结构分量间存在耦合，很难直接将总碳排放量分解为各类分量之和。但是，影响各类分量的因素是彼此独立的，本部分将从这些因素出发，建立各类因素对碳排放的贡献分解方法，从而得到电力碳排放的各结构分量对碳排放的贡献率。

3.4.2　排放因素贡献分解模型

在明确了影响电力系统碳排放的各种电力碳属性因素及其影响机理后，可进一步对上述各因素指标发生变化时对电力系统碳排放的影响效果进行分析。将式（3－47）稍作变形后可得：

$$E_{EG} = \sum_{j \in (U_T - U_C)} P_j T_j (e_j - e_{CF}) + \left(\sum_{k=1}^{3} G_{Dk} - \sum_{l \in U_E} P_l T_l \right) e_{CF} \quad (3-48)$$

式（3－48）中等号右侧各变量均代表影响电力系统碳排放的各种直接影响因素，这些因素变量均可通过地区内电源结构调整、运行方式调整和发电技术的改良升级使自身独立变化。在一段时间内，式（3－48）等号右侧各因素变量总是同时发生变化的，为将各个因素变量对电力碳排放变化的贡献区分开，得到更具有针对性的分析结果，本文采用基于一阶泰勒展开的增量分析法，以定量分析在一段时间内地区内电力碳属性因素对地区电力生产碳排放的影响值。

由于式（3－48）中各因素随时间变化，可视为时间 t 的函数，因此，本书假定 t_0 为分析初始状态，t_s 为分析末态。将 E_{EG} 在 $t = t_0$ 时进行一阶泰勒展开，整理后其全微分为：

$$\Delta E_{EG} = \sum_{k=1}^{3} \frac{\partial E_{EG}}{\partial E_{Dk}} \Delta E_{Dk} + \sum_{m \in U_E \cup (U_T - U_C)} \frac{\partial E_{EG}}{\partial P_m} \Delta P_m + \sum_{m \in U_E \cup (U_T - U_C)} \frac{\partial E_{EG}}{\partial T_m} \Delta T_m$$

$$+ \sum_{j \in U_C} \frac{\partial E_{EG}}{\partial e_j} \partial e_j + \rho(w) \quad (3-49)$$

式（3-49）等号右边前 4 项分别为 G_{Dk}、P_m、T_m、和 e_j 变化时对 ΔE_{EG} 的独立影响贡献；$\rho(w)$ 为泰勒展开后的高次余项，w 表示所有变量的集合，$\rho(w)$ 在式中的含义为各个变量同时变动时对 ΔE_{EG} 的交互影响，各因素贡献值与分量名称如下。

地区电力消费与电量交换因素 ΔE_{Dk} 的贡献：

$$\frac{\partial E_{EG}}{\partial G_{Dk}}\Delta G_{Dk} = e_{CF}\mid t_0 \Delta G_{Dk} \quad k=1,2,3 \qquad (3-50)$$

非化石发电机组装机容量与利用小时数的贡献：

$$\frac{\partial E_{EG}}{\partial P_I}\Delta P_I = -(T_I e_{CF})\mid t_0 \Delta P_I \qquad (3-51)$$

$$\frac{\partial E_{EG}}{\partial T_I}\Delta T_I = -(P_I e_{CF})\mid t_0 \Delta T_I \qquad (3-52)$$

其他火电机组装机容量与利用小时数的贡献：

$$\frac{\partial E_{EG}}{\partial P_j}\Delta P_j = -[T_j(e_{CF}-e_j)]\mid t_0 \Delta P_j \qquad (3-53)$$

$$\frac{\partial E_{EG}}{\partial e_j}\Delta e_j = (P_j T_j)\mid t_0 \Delta e_j \qquad (3-54)$$

煤电机组碳排放强度 e_{CF} 的贡献：

$$\frac{\partial E_{EG}}{\partial e_{CF}}\Delta e_{CF} = \Big(\sum_{k-1}^{3}G_{Dk} - \sum_{I\in U_E}P_I T_I - \sum_{j\in(U_T-U_C)}P_j T_j\Big)\mid t_0 \Delta e_{CF} \quad (3-55)$$

其他火电机组碳排放强度 $e_j(j\in U_T-U_C)$ 的贡献：

$$\frac{\partial E_{EG}}{\partial e_j}\Delta e_j = (P_j T_j)\mid t_0 \Delta e_j \qquad (3-56)$$

交互影响贡献：

$$\rho(w) = \Delta E_{EG} = \sum_{k=1}^{3}\frac{\partial E_{EG}}{\partial E_{Dk}}G_{Dk} - \sum_{j\in U_C}\frac{\partial E_{EG}}{\partial e_j}\Delta e_j - \sum_{m\in U_E \cup(U_T-U_C)}\frac{\partial E_{EG}}{\partial T_m}\Delta T_m$$

$$- \sum_{m\in U_E \cup(U_T-U_C)}\frac{\partial E_{EG}}{\partial P_m}\Delta P_m \qquad (3-57)$$

从上述分析结果可看出，当非化石电源装机容量 P_m 和利用小时数 $T_m(m\in U_R)$ 增加时，均会为电力系统碳排放带来负增长的效果。由于煤电机组的碳排放强度同时高于其他火电机组，因此提高其他火电（如燃气发电）机组的装机容量与利用小时数也可使得电力系统排放量减少。

由此可计算出各种因素对应的排放分量对电力系统碳排放的影响程度的定量表达，以便不同地区的电力行业对其中的"突出"分量与相应因素制定具有针对性的改进方案。

3.4.3　不同地区电力系统对全国能源结构低碳化的贡献分析

1. 分析思路

地区的能源特征与能源开发程度会决定其电源结构，地区内与区外输电通道建设将决定其非化石电能的消纳能力。国内不同省份的自然资源条件不同，对"2020 年非化石能源消费占 15%"目标的贡献能力也会有区别。为了量化国内不同地区对全国能源低碳化的贡献效果，首先需要明确地区对全国低碳目标贡献的主要来源，其次需要掌握 2020 年全国的能源消费情况，调研全国全行业的能源消费特点，建立全国能源消费的分析方法，才能在此基础上分析不同地区的电力行业对国内能源结构低碳化目标所能作出的贡献。

地区对全国低碳能源发展目标的贡献主要来自于两个方面：一是非化石能源的供应，包括非化石能源供应与从国外引入的非化石能源；二是地区内一次能源消费总量的节约。在特定地区的电力行业中，两者分别对应着电力生产环节与电力使用环节的因素贡献。

针对电力生产环节，国内各地区已有较为完善的中长期电力工业规划方案，包括用电负荷预测与电源投产计划。但对于在既定用电负荷下进一步的节能潜力，各地区尚很难给出统一的数据。由此，本书仅考虑地区低碳电能供应量对全国非化石能源的贡献效果。

2. 全国一次能源消费分析方法

一次能源的消费量通常将各类能源按照热值转化为标准煤进行统计，不同能源折算成标准煤具有不同的折算系数。电力消费的折标煤系数有当量系数与等价系数两种：前者是将电量折算成标准煤量的计算系数，每千瓦时电量折合 0.1229kg 标准煤；后者为火电厂每供应 1kWh 电量所消耗的热量，与发电机组效率相关。由于当量折算涉及能源转化效率，因此计算过程中会因能量损失造成一次能源消费与终端能源消费数据的不匹配。为了保证计算口径的统一，本文采用等价折算法进行电力消费计算。

由电力消费等价折算法，有

$$C_E = G_C \qquad\qquad (3-58)$$

式中：C_E 为电力消费 G 对应的一次能源消费；C 为当年全国的平均供电煤耗。

这样，设非电力用途的各类能源对应的标准煤量为 M_{NE}，则有：

$$M_{NE} = \sum_{}^{P} q_p \eta_p \qquad\qquad (3-59)$$

式中：p 代表不同种类的能源；q_p 和 η_p 分别为能源 p 在非电领域中的消费量及其等价折算标准煤的折算系数。

地区内电力行业可供应的非化石能源可由下式计算：

$$G_R = \sum_{j \in U_E} P_j T_j + G_{D2}' \qquad\qquad (3-60)$$

地区内非化石能源的供应能力主要来自两个方面：地区内的非化石能源生产与区外送入的非化石能源，分别代式式（3-60）中的两项。式中 G_{D2}' 相比区外送入电量 G_{D2} 多了两条限定条件：① G_{D2}' 仅代表送入的非化石能源；② G_{D2}' 代表的电量需由国外送入。

若全国总电力需求为 G_Σ，总一次能源消耗为：

$$G_\Sigma = G_\Sigma C + M_{NE} \qquad\qquad (3-61)$$

地区低碳电量供应占全国总能源消耗的比例 λ 为：

$$\lambda = \frac{G_{RC}}{G_\Sigma C + M_{NE}} = \frac{\left(\sum_{j \in U_E} P_j T_j + G_{D2}' \right) c}{G_\Sigma C + M_{NE}} \qquad\qquad (3-62)$$

3.4.4　算例分析

据统计，2013 年内蒙古地区全社会用电 1 833.62 亿千瓦时，同比增长 19.3%；农业用电 46.99 亿千瓦时，同比增长 14.5%；工业用电 1 592.68 亿千瓦时，同比增长 18.8%；建筑业用电 11.2 亿千瓦时，同比增长 77.06%；交通运输业用电 20.12 亿千瓦时，同比增长 9%；商业服务业用电 4.82 亿千瓦时，同比增长 29.1%；生活用电 98.99 亿千瓦时，同比增长 25.7%。

本节以内蒙古"十二五"和"十三五"期间的电力生产碳排放量为例，分析各个因素在各时期内对电力生产碳排放的影响程度，以及内蒙古可供应的低碳电能对全国低碳能源发展目标的贡献。

1. 内蒙古煤炭资源丰富，故电源结构以煤电为主，其余为结合燃油、燃气机组，同时具有可观的风电等可再生能源，此外还有专用于调峰的抽水蓄能机组

各类煤电机组的碳排放强度如表 3 – 18 所示。

表 3 – 18　　　　　　　2010 年内蒙古火电机组装机容量

火电机组类型	2010 年装机容量/GW
燃煤机组	52.13
燃油机组	0.28
燃气机组	1.27

需要说明的是，省内各类机组现有容量与未来 10 年的新机组投产情况以内蒙古电力工业规划报告中的相应内容为准。非化石能源的参考利用小时数如表 3 – 19 所示。

表 3 – 19   **2020 年内蒙古非化石电量来源**

非化石电源	2020 年装机容量/GW	参考年利用小时数
省内水电	18.06	约 4 100 小时
省内风电	50	约 2 000 小时

2. 全国能源消费数据

根据国家能源局的《能源战略研究报告》,2020 年各类一次能源用于非电力生产用途的总量如表 3 – 20 所示。其中,tce 表示 1t 标准煤当量,kgce 表示 1kg 标准煤当量,即按标准煤的热值计算能源量的换算指标。按国内标准,1tce 的能量等于 293 亿焦。

表 3 – 20   **全国 2020 年用于非电力用途的能源消耗**

能源种类	消费量预测/ (亿 tce · m³)	折标煤系数/ (kgce · (kg · m³)⁻¹)	折合量/(亿 tce)
煤炭	12.00	0.71	8.57
石油	6.20	1.43	8.86
天然气	2 451.00	1.33	3.26
可再生能源			1.30

由此可得 M_{NE} = 21.99 亿 tce。

根据国家能源局的《能源战略研究报告》,2020 年全国电力需求为 6 424.3TW · h,假定 2020 年全国综合供电煤耗为 0.33kgce/(kW · h),折合 21.2 亿吨标准煤。

3. 碳排放结构分解计算与分析

根据上文的计算结果,取 2010 年、2015 年和 2020 年为参考年,本节假定省内非化石机组的利用小时数不随时间发生变化,非化石电源电量与装机容量成正比。各影响电力碳排放因素的变化情况如表 3 – 21 所示。

表 3-21　　　　　　　内蒙古主要碳排放影响因素变化情况

年份	$G_{D1}/$ $(TW \cdot h)$	$G_{D2}/$ $(TW \cdot h)$	$G_{D3}/$ $(TW \cdot h)$	$\sum\limits_{k-1}^{3} G_{Dk}/$ $(TW \cdot h)$	$\sum\limits_{j\in U_E} P_j T_j/$ $(TW \cdot h)$	$\sum\limits_{j\in(U_T-U_C)}$ $P_j T_j(TW \cdot h)$	$e_{CF}/$ $(kg \cdot (kw \cdot h)^{-1})$
2010	144	0	186	330	20	240.1	0.908
2015	262	0	290	552	78	325	0.873
2020	288	0	537	825	110	406.3	0.871

注：G_{D1} 为省内消费电量；G_{D2} 为外省送入电量；G_{D3} 为外送电量；$\sum\limits_{k-1}^{3} G_{Dk}$ 为省内需发电量；$\sum\limits_{j\in U_E} P_j T_j$ 为非化石电源发电量；$\sum\limits_{j\in(U_T-U_C)} P_j T_j$ 为燃油、燃气机组电量；e_{CF} 为煤电机组碳排放强度。

根据统计和计算得到的数据，结合上文介绍的分解模型，可计算上述各类因素在研究时间段内的贡献值及贡献率来计量其对碳排放的影响程度。如表 3-22 所示。

表 3-22　　　　　　　内蒙古不同时期的电力碳排放组成分量

影响因素	贡献值（万吨）		贡献率（%）	
	"十二五"	"十三五"	"十二五"	"十三五"
G_{D1}	10 714	2 270	72.8	15.8
G_{D2}	0	0	0	0
G_{D3}	9 943	21 563	67.5	150
非化石发电	-2 542	-6 286	-17.3	-43.7
燃油、燃煤发电	-3 145	-3 113	-21.4	-21.7
e_{CF}	-245	-61	-1.7	-0.4
总贡献	14 725	14 373	100	100

经过《内蒙古统计年鉴》和《内蒙古"十二五"电力工业规划》的相关数据和算例可知以下结论：

（1）"十二五"和"十三五"期间，省内负荷增长对碳排放增长的贡献均十分突出，也是内蒙古电力碳排放增长的主要原因。若其他因素均不发生变化，由于省内负荷增长所带来的碳排放量增长将达到1.07亿吨和0.23亿吨。从计算数据中仍可看出：省内负荷增长对电力生产排放的贡献量更高，电力电量需求压力会同时带来明显的低碳发展压力。为应对未来的低碳发展压力，需求侧的节能不可忽视。

（2）内蒙古电源结构调整对碳减排的贡献十分突出，以风电为主的低碳电量实现的减排效果十分明显，在"十二五"与"十三五"期间实现了约2 000多万吨和6 000多万吨的CO_2减排量。在"十三五"期间，省内光伏发电与风电的投产力度不断加大，将对全省电力碳排放的减少做出有力的贡献。

4. 低碳目标贡献率计算与分析

由表3-19数据结合式（3-62）可得2020年内蒙古低碳电能对全国能源结构低碳化的贡献几为0.84%，这说明内蒙古的电力行业对全国2020年非化石能源消费占15%的目标的贡献率为5.6%，若内蒙古可依靠优化调度光伏发电、风电等新能源的进一步开发并网，对国内低碳能源目标的贡献率仍会上升。下面就几个全国范围内的规划数据对上述结果进行灵敏度分析。

（1）全国一次能源需求总量

根据国家能源局的能源战略研究报告，在已出台的政策基础上，以及经济结构、技术进步和能效水平按照自身规律来发展的常规场景下，2020年全国一次能源需求总量将达47.8亿吨标准煤。若考虑经济结构调整和推动技术进步的政策，2020年全国一次能源需求量可降至43.2亿吨标准煤。根据不同的经济增长情况与产业结构，2020年全国一次能源需求将在38~49亿吨标准煤之间。在基态数据下，全国的一次能源需求总量为43.5亿吨标准煤，与基准方案相近。若考虑一次能源总需求的不确定性，内蒙古电力行业对"15%非化石能源消费"的贡献率变化情况如图3-8所示。

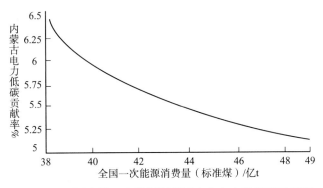

图3-8 不同全国一次能源需求下广东电力的低碳贡献率

从上述分析结果中可以看出，全国能源消费总量与内蒙古电力对"15%非化石能源消费"的贡献率呈负相关。即使全国能源消费总量达到预期的上限，内蒙古凭借自治区内低碳电源与区外水电的优势，始终可保证近5%以上的贡献率。

（2）全国平均供电煤耗

全国平均供电煤耗决定了电能与一次能源的折算比例，取决于国内火电机组的整体效率和输电损耗，与国家"上大压小"及高效输电等工作密切相关，也是影响内蒙古电力贡献率的重要因素。自2000年以来，全国火电能耗水平持续下降。供电标准煤耗从2000年的392g/(kW·h)下降到2007年的357g/(kW·h)。国内2009年的平均供电煤耗已下降至342g/(kW·h)，基态中假定2020年全国平均供电煤耗为330g/(kW·h)，考虑到国内高效输电技术与节能优化调度的不断推行和"上大压小"工作的余地，本节假定2020年全国平均供电煤耗在310～340g/(kW·h)之间。考虑全国平均供电煤耗的不确定性，内蒙古电力行业对"15%非化石能源消费"的贡献率变化情况如图3-9所示。

从图3-9可看出，假定其他情况不变，内蒙古低碳电能对"15%非化石能源消费"的贡献率将始终保持在约5.2%以上。但随着全国平均供电煤耗的下降，内蒙古的低碳电能对"15%非化石能源消费"的贡献率也同时下降。这是由于能源消费统计时电能等价折算造成的，说明

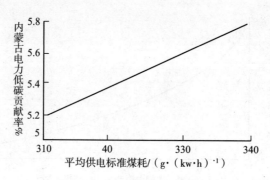

图 3 - 9　不同全国一次能源需求下内蒙古电力的低碳贡献率

国内煤电机组发电煤耗下降和输电效率提高时，低碳电能对"15%非化石能源消费"的贡献率会因折算系数的变化而下降，但电力行业对全国低碳经济发展的推动力度将会因此而提升。

3.5　本 章 小 结

　　本章首先建立电力碳排放估算模型，分析内蒙古地区碳排放量的影响因素，进而从源头减少碳排量。且此模型采用终端用电量法，可以有效减小误差和比较不同年份排放量差异。从数据分析可以得出：在内蒙古电力 CO_2 排放强度降低的两种主要因素——发电煤耗降低和结构改进中，化石能源发电比例是主要因素，所以要大力发展风力发电、太阳能发电等可再生能源。

　　本部分根据电力来源不同的碳排放强度和消费水平，分类估算 2005 ~ 2009 年的电力碳足迹。2005 ~ 2009 年，中国人均电力碳足迹从 $0.40hm^2 \cdot 人^{-1}$ 增加到 $0.60hm^2 \cdot 人^{-1}$，年均增幅达 11%。从平均占比来看，火电、水电、风电和核电分别为 96%、4%、0.03%、0.01%；从历年增幅来看，最高为 2006 年的 15%，最低为 2008 年的 3%，人均电力碳足迹的增速总体放缓。根据电力工业碳排放预测模型，基于近 5

年我国电力工业用电强度的发展态势分析，假定基准情景的用电强度变化等同于这 5 年的变化，即电能效率以每年 0.23% 的速率增加。

同时，从电力生产与使用的角度出发，剖析电力行业碳排放的结构体系与内在影响因素，建立基于因素贡献与增量分析的电力系统碳排放结构分解法和能源结构低碳化贡献分析方法。故以内蒙古"十二五"和"十三五"期间的电力生产碳排放量为例，分析各个因素在各时期内对电力生产碳排放的影响程度，以及内蒙古可供应的低碳电能对全国低碳能源发展目标的贡献。可得 2020 年内蒙古低碳电能对全国能源结构低碳化的贡献率为 0.84%，这说明内蒙古的电力行业对全国 2020 年非化石能源消费占 15% 的目标的贡献率为 5.6%，若内蒙古可依靠优化调度光伏发电、风电等新能源的进一步开发光伏发电和风电上国家和区域电网的潜力，对国内低碳能源目标的贡献率仍会上升。

| 第4章 |

内蒙古低碳电力发展水平评估体系的构建

4.1 评 估 原 则

1. 科学性原则

科学性原则要求理论结合实际，对待具体问题要具体分析，并且要兼顾相应的限制条件，这样才能找到一个比较符合实际的处理问题方法。要实现"做正确的事，正确地做事"，兼顾方向与方法论。如果我们不能很好地把握方向，不能体现出事物的本质属性，无疑我们是徒劳的；在确定方向的基础上，采取的方法也要切合实际，否则的话，会对我们的分析结果产生很大的影响。也就是说，我们的指标设计体系，要选取合适的指标，并采取妥当的处理方法，得出的结论才能更加符合实际，体现事物的真实情况①。

2. 系统优化原则

事物之间普遍联系，在选取指标时必须要考虑这方面的影响；指标

---

① Damien Crilly, Toshko Zhelev. Emissions targeting and planning: an application of CO_2 emissions pinch analysis (CEPA) to the Irish electricity generation sector [J]. Energy, 2008, 5: 1 - 10.

之间可能存在横向与纵向的联系。选取指标时，要综合考虑这些因素，剔除这种关联度的影响，在可能的条件下较少受到干扰。

（1）指标的选取要便于系统化处理，不能过多，也不能过少；太少则不能反映事物的基本情况，太多，则会导致处理上的不方便；另外，也很可能在解决一个问题的同时，又引入了其他问题，比如说引入了干扰性很强的指标，这是我们不愿看到的，我们需要指标间的相关系数尽可能的小。

（2）评价指标体系要采用合适的方法来处理，就比如说层次结构分析法，它一般分为三个层次，包括目标、准则、操作三个层次，每一个层次都是对上一层次指标的解释说明，最终反映到目标层上，这就有些像我们企业生产的目标管理，通过目标的层层分解，最终到达可量化、可操作、可控制的层面上，然后逐级反馈，最后共同完成对目标的解释，以实现既定目标。

3. 通用可比原则

可比性强调的是可性移植、可比较性，它要求在时间有跨度、考察对象不一样的情况下，能够进行综合比较。

（1）纵向比较。即同一对象这个时期与另一个时期作比，适合用的比较方法主要是定比和环比，定比强调的是选取固定参考时间段，然后把各个时期事物的情况以选定的基准时期为参照，进行比较，一般来说，基准参照不会轻易更改；而环比就不同，它的参照基准一般是以上一年度的事物情况为基准，逐步进行迭代。

（2）横向比较。既不同对象、不同事物间的比较，提炼出事物间的共同影响因素，这种比较的典型应用就是主成分分析法。考虑到实际情况和多种因素的影响，我们要合理进行调整权重，结合对象的实际自然状况再加以比较，如果评价对象有相似或相近的性质，评价结果会比较容易取得，也更合适。

4. 实用性原则

首先，指标不要过多，也不能太少，太少肯定不能如实地反映评价主体，缺乏全面性；如果太多，除了增加操作上的不便外，对于评价对象的核心指标也有很大的影响。此时，就要选取合适的方法，剔除一些指标。其次，设计指标时，要考虑数据的获取情况，一般情况下，要尽可能地量化，尽量减少主观性的指标，因为实际数据往往比主观判断更有说服力。最后，要按既定程序进行，一切操作要按事先安排好的步骤进行，尤其是要安排好数据的收集工作。

4.2 评估因素

1. 经济影响

电力与经济运行具有高度的同步性，我国 1952～2006 年全社会用电量与 GDP 相关系数高达 0.993，第二、三产业用电量与其增加值的相关系数分别高达 0.994 和 0.995；从长期均衡来看，用电量每增加 1%，GDP 增加 1.15%。因此，在执行低碳政策期间，电力供应应当基本满足国民经济发展需求，发电量稳步上升。

2. 社会影响

长期以来，我国电力供不应求，虽然改革开放后有所减轻，但到 2005 年底全国仍有约 1 150 万人没有电力供应，而农村供电则远落后于城市。实施电力体制改革后，农村的可再生能源发电发展迅速，太阳能和生物质能发电等为无电人口问题提供了有效解决途径，例如 2009 年内蒙古可再生能源分布式供电方案共解决 36 417 户牧民用电问题。随着我国电力行业的日趋完善，使得全社会用电需求量基本得到保障。

3. 环境影响

许多 CO_2 减排和节能措施会带来减少空气污染的附加效应，从而有效改善当地环境质量及居民健康。但是中国火电为主的电力结构带来了严重污染，影响 17.8 万人的健康，由此导致经济损失高达 480 亿人民币（相当于 GDP 的 7%）。与此同时，国家逐步推广各项节能措施，大大减少了污染排放物，改善了环境质量，减少了空气污染导致的疾病。

4. 科技影响

低碳发电技术主要是能提高发电能效，降低单位发电量煤耗，间接降低发电的碳排放强度。据 2010 年数据测算，发电煤耗每降低 1 克，电力行业将节约煤炭消耗 341 万吨标准煤，减少二氧化碳排放 946 万吨。如超（超）临界发电机组的发电效率每提高 1%，CO_2 排放量减少 2% ~ 3%。高效的超（超）临界发电机组加上除尘技术、烟气脱硫脱硝技术，不仅提高发电效率，而且还能减少 SO_2 和 NO_x 等污染物的排放[12]。相关文献研究成果显示，由于采用先进的燃煤发电技术，与 2002 年的燃煤发电及供热效率和排放绩效相比，到 2030 年可以实现节约标准煤 78 241 万吨，分别减少 SO_2、NO_x、CO_2 排放 4 575 万吨、1 647 万吨、16.8 亿吨。这些化石能源发电技术的应用都能提高发电效率，并实现较大幅度脱硫、除尘和减碳，保护大气环境。

4.3 评估方法及体系构建

1. ANP 法的基本原理

ANP 法即层次分析法，该类多目标决策方法的基本思想是：首先根据多目标决策问题的性质和总体目标，把问题本质按层次进行分解，构成一个由下而上的递阶的层次结构。

针对低碳电力的综合评估，主要选取对电力影响最大的四个因素（经济影响、社会影响、环境影响和科技影响），且运用层次分析法进行综合评估。

2. 评价指标体系的构建

（1）目标层。低碳电力综合评价它是一个复合的系统，本节以经济系统、社会系统、环境系统和科技系统来进行综合展现（见表4-1）。

表4-1 电力低碳指标体系

电力低碳综合评价	经济系统	农村居民人均可支配收入	元/人
		城镇居民人均可支配收入	元/人
		第三产业比重	%
		人均GDP	亿元/万人
	科技系统	单位GDP电耗	kwh/元
		单位GDP二氧化碳排放强度	吨/万元
		供电煤耗	ceg/kwh
		发电煤耗	ceg/kwh
	社会系统	全社会电力需求量	亿千瓦时
		第二产业电力需求比重	%
		居民用电需求比重	%
		电力部门用电需求比重	%
	生产系统	发电量	亿千瓦时
		火电比重	%
		水力发电	亿千瓦时
		火力发电利用小时	h

（2）准则层。对于准则层，本节选取了经济系统、科技系统、社会系统、生产系统来体现对目标层的展示度。经济系统反映人民的生活水平、收入的提高情况；科技系统反映的是我们的电耗和煤耗情况；社会系统反映的是我们的用电需求情况；环境系统反映的是我们发电所产生的二氧化碳排放和废水排放等情况。

（3）指标层。这是一组基础性指标，根据准则层的分布，选取比较有代表性的指标。

4.4　电力低碳综合评价的实例分析

1. 权重确定

对于准则层权重的确定，本部分采用模糊层次法，建立优先关系矩阵。

$$F = (f_{ij})_{m*m}$$

$$f_{ij} = \begin{cases} 0.5, & s_i = s_j \\ 1.0, & s_i > s_j \\ 0.0, & s_i = s_j \end{cases}$$

其中 f_{ij} 表示指标 s_i 相对于指标 s_j 重要程度。

定义：若矩阵 $(r_y^-)_{m*m}$ 负荷 $r_y = r_{ik} - r_{jk} + 0.5$，我们就称此矩阵为模糊一致矩阵。

我们将优先关系矩阵变成模糊一致矩阵，对 F 按行求和，$r_i \sum_{k=1}^{m} f_{ik}$，紧接着进行变换 $r_{ij} = \dfrac{r_i - r_j}{2m} + 0.5$。

指标权重公式 $w_i = \dfrac{l_i}{\sum_i l_i}$，其中 $l_i = \sum_{j=1}^{m} r_{ij} - 0.5$，$i = 1, 2, \cdots, m$ 为模糊矩阵每行元素和（自身除外）。具体处理过程如表 4 - 2 ～ 表 4 - 4 所示：

表 4 - 2　　　　　　　　　　　　**准则层判断矩阵**

	经济系统	社会系统	环境系统	科技系统
经济系统	0.5	0	1	0.5
社会系统	1	0.5	1	1
环境系统	0	0	0.5	0
科技系统	0.5	0	1	0.5

表 4 – 3　　　　　　　　　过渡矩阵（为求判断矩阵的一致矩阵）

	经济系统	社会系统	环境系统	科技系统	行和
经济系统	0.5	0	1	0.5	2
社会系统	1	0.5	1	1	3.5
环境系统科	0	0	0.5	0	0.5
科技系统	0.5	0	1	0.5	2

表 4 – 4　　　　　　　　　　　模糊一致矩阵及权重

$r_{\bar{y}}$	经济系统	社会系统	环境系统	科技系统	l_i	w_i
经济系统	0.5	1.1875	0.8125	1	3	0.5
社会系统	0.6875	0.5	0.875	0.6875	2.25	0.375
环境系统	0.3125	0.125	0.5	0.3125	0.75	0.125
科技系统	0.5	0.3125	0.6875	0.5	1.5	0.25

从上表来看，准则层各系统权重依次为：经济系统 0.5，社会系统 0.375，环境系统 0.125，科技系统 0.25。

2. 指标层权重确定

本部分采用灰色关联度方法确定指标层权重，以总的电力排放量为参考序列，以操作层各指标为参考序列，以操作层各指标为参考序列；由于操作层各指标量纲不同，我们需要进行标准化，利用公式 $x'_{\bar{y}} = \dfrac{x_{\bar{y}}}{x_{\bar{y}}}$ 进行标准化处理，这里的 $x'_{\bar{y}}$ 为处理后数据，$x_{\bar{y}}$ 为相应的行列数据；利用公式：

$$\xi_{ij}(k) = \frac{\min\limits_{i}\min\limits_{k}\left|x_0(k) - x_i(k)\right| + \beta\max\limits_{i}\max\limits_{k}\left|x_0(k) - x_i(k)\right|}{\beta\max\limits_{i}\max\limits_{k}\left|x_0(k) - x_i(k)\right| + \left|x_0(k) - x_i(k)\right|}$$

求出第 i 个指标的第 k 个值与其响应的参考列的关联系数。这里 β = 0.5。各关联系数反映的是参考序列与比较序列的关联程度，值比较分散，所以我们用关联系数均值，作为我们的相应指标关联度，也就是权重，公式为 $r_{\bar{y}} = \dfrac{1}{N}\sum\limits_{K-1}^{N}\xi_{\bar{y}}(k)$，这里的 N 为每一行有几个数值，与年份个数相等①。具体处理过程如表 4 - 5 ~ 表 4 - 7 所示：

表 4 - 5　　　　　　　　内蒙古电力低碳评价基础数据

			2007	2008	2009	2010	2011
		年份					
		电力排放量	万吨	1 288.339	1 557.637	1 553.857	1 714.851	2 357.998
电力低碳综合评价	经济系统	农村居民消费水平	元/人	3 286	3 668	3 999	4 486	5 945.3
		城镇居民消费水平	元/人	10 930	12 386	14 784	16 728	18 996.3
		第三产业比重	%	41.9	41.8	43.4	43.2	43.4
		人均 GDP	亿元/万人	2.6443	3.4764	3.9627	4.7216	5.7856
	科技系统	单位 GDP 电耗	kwh/元	0.209281	0.186865	0.168672	0.170138	0.17759
		单位 GDP 二氧化碳排放强度	吨/万元	2.305	2.159	2.009	1.915	1.405
		供电煤耗	ceg/kwh	357	345	340	333	329
		发电煤耗	ceg/kwh	332	322	320	312	308
	社会系统	全社会电力需求量	亿千瓦时	1 160	1 221	1 288	1 537	1 834
		第二产业电力需求比重	%	89.738	88.9027	87.1701	87.6258	87.4706
		居民用电需求比重	%	4.3862	4.8714	5.3884	5.1261	5.3986
		电力部门用电需求比重	%	16.6379	18.3456	19.7204	11.6317	11.6016
	生产系统	发电量	亿千瓦时	1 932	2 184	2 242	2 489	2 973
		火电比重	%	97.1444	94.8708	92.4839	89.4556	88.7656
		水力发电	亿千瓦时	11.86	11.18	14.82	16.29	12.21
		火力发电利用小时	h	5 011	4 885	4 865	5 031	5 305

资料来源：中国能源统计年鉴，内蒙古年鉴。

表 4 - 6　　　　　　　　标准化后的基础数据

年份	2007	2008	2009	2010	2011
电力排放量	1	1.209028	1.206093	1.331056	1.830263
农村居民消费水平	1	1.116251	1.216981	1.365186	1.809282
城镇居民消费水平	1	1.133211	1.352608	1.530467	1.737996
第三产业比重	1	0.997613	1.0358	1.031026	1.0358

---

①　Doherty R., Outhred H., O'Malley M. Generation portfolio analysis for a carbon constrained and uncertain future [C]. International Conference on Future Power Systems, 2005, 11: 1 - 6.

续表

年份	2007	2008	2009	2010	2011
人均GDP	1	1.314677	1.498582	1.785577	2.187951
单位GDP电耗	1	0.89289	0.805959	0.812964	0.848572
单位GDP二氧化碳排放强度	1	0.936659	0.871584	0.830803	0.609544
供电煤耗	1	0.966387	0.952381	0.932773	0.921569
发电煤耗	1	0.96988	0.963855	0.939759	0.927711
全社会电力需求量	1	1.052586	1.110345	1.325	1.581034
第二产业电力需求比重	1	0.990692	0.971384	0.976463	0.974733
居民用电需求比重	1	1.11062	1.228489	1.168688	1.230815
电力部门用电需求比重	1	1.102639	1.18527	0.699109	0.6973
发电量	1	1.130435	1.160455	1.288302	1.53882
火电比重	1	0.976596	0.952025	0.920852	0.913749
水力发电	1	0.942664	1.249578	1.373524	1.029511
火力发电利用小时	1	0.974855	0.970864	1.003991	1.058671

表4-7　　　　　　　　　各指标权重

指标	指标权重	准则层权重	综合权重
农村居民消费水平	0.432	0.5	0.216
城镇居民消费水平	0.4277	0.5	0.21385
第三产业比重	0.6538	0.5	0.3269
人均GDP	0.5247	0.5	0.26235
单位GDP电耗	0.8266	0.375	0.309975
单位GDP二氧化碳排放强度	0.3612	0.375	0.13545
供电煤耗	0.7313	0.375	0.274238
发电煤耗	0.7256	0.375	0.2721
全社会电力需求量	0.6592	0.125	0.0824
第二产业电力需求比重	0.6512	0.125	0.0814
居民用电需求比重	0.733	0.125	0.091625
电力部门用电需求比重	0.2123	0.125	0.026538
发电量	0.7035	0.25	0.175875
火电比重	0.6428	0.25	0.1607
水力发电	0.8426	0.25	0.21065
火力发电利用小时	0.6707	0.25	0.167675

这里的指标权重依据公式是由相应指标各年相关系数均值决定，而综合权重是操作层各指标的权重与其相应的准则层权重的乘积。

3. 得分评价

对于基础数据，我们利用 $x_{\bar{y}}' = \dfrac{x_{\bar{y}} - \eta}{S}$ 进行标准化的处理，这里的 S 为标准差，η 为平均值；对于逆向指标，我们利用公式 $x_{\bar{y}}' = -x_{\bar{y}}'$，逆向指标有科技系统的四个指标，还有生产系统的火电比重指标。以内蒙古电力低碳评价基础数据为依据，进行无量纲化和逆向指标的处理（见表4-8）。

表4-8　　　　　　　　　基础数据纲化和逆向处理

年份	2007	2008	2009	2010	2011	标准差	平均值
农村居民消费水平	-0.96047	-0.59018	-0.26934	0.202725	1.617264	1 031.643	4 276.86
城镇居民消费水平	-1.18171	-0.73305	0.005898	0.604942	1.30392	3 245.169	14 764.86
第三产业比重	-1.02776	-1.15011	0.807524	0.56282	0.807524	0.817313	42.74
人均 GDP	-1.22895	-0.5351	-0.1296	0.503215	1.390438	1.199248	4.11812
单位 GDP 电耗	-1.61117	-0.26214	0.832745	0.744519	0.296045	0.016616	0.182509
单位 GDP 二氧化碳排放强度	-1.00941	-0.58396	-0.14687	0.12705	1.613187	0.343172	1.9586
供电煤耗	-1.47762	-0.38309	0.072969	0.711447	1.076291	10.96358	340.8
发电煤耗	-1.41356	-0.34268	-0.12851	0.7282	1.156553	9.338094	318.8
全社会电力需求量	-0.8923	-0.67282	-0.43176	0.464138	1.532736	277.9343	1 408
第二产业电力需求比重	1.423918	0.659798	-0.92516	-0.50829	-0.65027	1.093153	88.18144
居民用电需求比重	-1.53458	-0.38543	0.83903	0.217798	0.863187	0.422226	5.03414
电力部门用电需求比重	0.277479	0.728567	1.09172	-1.04491	-1.05286	3.785732	15.58744
发电量	-1.09691	-0.45705	-0.30978	0.317394	1.546345	393.8318	2 364

续表

年份	2007	2008	2009	2010	2011	标准差	平均值
火电比重	− 1.29605	− 0.65551	0.016949	0.870111	1.064505	3.5495	92.54406
水力发电	− 0.64782	− 0.95981	0.710221	1.384656	− 0.48724	2.179603	13.272
火力发电利用小时	− 0.04777	− 0.76434	− 0.87808	0.06597	1.624228	175.8374	5 019.4

从表 4 − 9 来看经济系统得分发展环比放缓，定比发展增幅还是较大；科技系统得分持续增长，可见我们对科技的重视程度，总体趋势良好；社会系统得分相对稳定，且逐年稳中有增，从单项指标来看，各年得分分布正负比例相当，差异不大；生产系统整体得分呈上升趋势，但幅度相对于其自身而言算是不小，先是缓慢上升，然后上升幅度较大；从总得分情况来看，2007 ~ 2011 年得分上升情况良好，且上升幅度越来越大。结合国内学者专家对电力低碳的评价指标研究和低碳评价指标研究，再根据本书的数据处理和方法使用上的考虑，本节认为内蒙古自治区电力行业总得分在 1.57 以下为高碳发展，1.57 ~ 3.25 为中碳发展，3.25 以上为低碳发展。对于经济系统，我们要合理引导，绿色发展；科技系统还要进一步加大投入，特别是技术上的创新；社会系统要更好地掌握实时用电需求情况；生产系统当然是进一步提高能效和绿色电力比重。综合来看，内蒙古自治区的低碳电力发展还有很长的路要走，低碳电力发展不仅仅是企业的事，也需要政府方面的相关政策以及正确引导。

表 4 − 9　　　　　　　　　　电力低碳评价得分情况

	指标	2007 年	2008 年	2009 年	2010 年	2011 年
经济系统	农村居民消费水平	− 0.20746	− 0.12748	− 0.05818	0.043789	0.349329
	城镇居民消费水平	− 0.25271	− 0.15676	0.001261	0.129367	0.278843
	第三产业比重	− 0.33597	− 0.37597	0.26398	0.183986	0.26398
	人均 GDP	− 0.32242	− 0.14038	− 0.034	0.132019	0.364781

	指标	2007 年	2008 年	2009 年	2010 年	2011 年
	经济系统累计得分	− 1.1186	− 0.8006	0.17306	0.48916	1.25693
科技系统	单位 GDP 电耗	− 0.49942	− 0.08126	0.25813	0.230782	0.091767
	单位 GDP 二氧化碳排放强度	− 0.13672	− 0.0791	− 0.01989	0.017209	0.218506
	供电煤耗	− 0.40522	− 0.10506	0.020011	0.195105	0.295159
	发电煤耗	− 0.38463	− 0.09324	− 0.03497	0.198143	0.314698
	科技系统累计得分	− 1.426	− 0.3587	0.22328	0.64124	0.92013
社会系统	全社会电力需求量	− 0.07353	− 0.05544	− 0.03558	0.038245	0.126297
	第二产业电力需求比重	0.115907	0.053708	− 0.07531	− 0.04137	− 0.05293
	居民用电需求比重	− 0.14061	− 0.03532	0.076876	0.019956	0.07909
	电力部门用电需求比重	0.007364	0.019334	0.028972	− 0.02773	− 0.02794
	社会系统累计得分	− 0.0909	− 0.0177	− 0.005	− 0.0109	0.12452
生产系统	发电量	− 0.19292	− 0.08038	− 0.05448	0.055822	0.271963
	火电比重	− 0.20828	− 0.10534	0.002724	0.139827	0.171066
	水力发电	− 0.13646	− 0.20218	0.149608	0.291678	− 0.10264
	火力发电利用小时	− 0.00801	− 0.12816	− 0.14723	0.011062	0.272342
	生产系统累计得分	− 0.5457	− 0.5161	− 0.0494	0.49839	0.61273
	总得分累计	− 3.1811	− 1.693	0.34193	1.61788	2.91431

4.5 本 章 小 结

本章构建了内蒙古低碳电力发展水平评估体系，依据科学性、系统优化、系统可比、实用性四大原则，进一步进行了基础评估分析。主要运用了 ANP（层次分析法）依次确定了目标层、准则层和指标层。同时对基础数据进行统一化处理及使用灰色关联度法计算出指标层权重，以此来得出综合评价得分，通过数据看出内蒙古自治区的低碳电力发展还有很长的路要走，低碳电力发展亟须政府方面的相关政策以及正确引导。

第 5 章

内蒙古煤化工产业链的 SWOT 分析

5.1 我国煤化工产业概述

5.1.1 煤化工发展意义

煤化工是经化学方法将煤炭转换为气体、液体和固体产品或半产品，而后进一步加工成化工、能源产品的工业。主要包括煤的气化、液化、干馏，以及焦油加工和电石乙炔化工等工艺，可以分为传统煤化工和现代煤化工两类。①

从发展阶段来看，煤化工包含了初、中、高三个阶段。其中，初级阶段是以焦化、气化、液化为代表的传统煤化工；中级阶段则以传统煤化工为基础，以气化、焦化的产物如甲烷、氢气合成甲醇。再以甲醇为原料制取醋酸、甲醛，以焦油为基础生产苯、萘，酚等化工原料；高级阶段则是以基础煤化工为原料来发展精细化工（高级），如以甲醛、醋

酸、氯乙烷、甲胺为原料直接生产工业和生活用品，如农药、医药、纤维等精细化工产品。[①]

我国富煤的资源特点以及低碳经济的大背景，决定了煤化工广阔的发展前途。加强煤的清洁高效综合利用技术开发，推进传统能源清洁高效利用也是国家能源战略方向之一。煤化工是煤炭能源清洁高效利用的重要技术支撑，趋势是向单元技术的新型化、生产技术的绿色化、工艺过程的集约化及联产集成优化方向发展，以实现循环经济型煤炭能源化工发展。

以清洁煤气化技术为龙头的新型煤化工产业，将会与二氧化碳等温室气体的减排和利用、提高能源资源利用率结合起来。基于循环经济理念，探索新的碳减排发展模式，和其他可再生能源的利用相结合，以实现煤炭资源清洁利用的节能减排和碳资源利用。例如，以费托合成过程为主的任何含碳物质转化为油（XTL）；劣质煤与生物质综合利用，以藻类等生物质通过吸收煤化工排放的二氧化碳，通过光合作用实现生物固碳，以实现二氧化碳减排；利用可再生能源制氢（如利用未来廉价的核能来获取气化或加氢过程所需的氢源，利用水电解获得氢气和氧气，可提供气化所需的氧和过程所需的氢等方式）。未来产业的发展将转变以投资拉动经济的发展模式，向以技术集成创新和进步为特征的节能降耗减排、高效利用的碳减排新模式发展，将面临发展机遇，也是未来产业可持续发展的必然选择。

因此，针对我国量大、难用的低阶煤，通过煤化工技术的开发和产业链的形成，不但可以解决褐煤等低阶煤直接燃烧时环境污染严重、热利用率低的问题，还可以得到油、气和化工产品等多种煤基产品，是煤炭资源高效、低污染利用的重要途径，完全符合我国发展洁净煤技术能源多元化的战略，助力于低碳发展。

---

① 徐振刚，杜铭华. 新型煤化工及其在我国的发展［J］. 煤化工，2003，36（6）：4-8.

5.1.2 煤化工发展必备条件

一项产业的发展，离不开资金、资源、技术和政策等条件的支持。根据煤化工产业特点，其所需条件可以细分为煤炭资源、水资源、环境、交通、投资以及产品市场需求等基础条件，如图 5 – 1 所示。

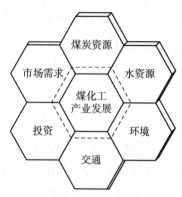

图 5 – 1 煤化工产业发展要素

结合我国实际，对我国煤化工产业的发展条件进行了针对性分析，具体情况如下。

1. 煤炭资源

从地区看，煤炭资源分布比较集中，北多于南，西多于东，西北和华北地区的煤炭探明保有储量占全国总量的近 80%。北煤，涵盖东北、华北、西北和苏北、鲁、皖北、豫西等 17 个省市区，储量占全国的93.5%。主要集中在云、贵、川三省的南煤，煤炭地质储量占南方总储量的 90%。主要集中在以山西为中心的能源基地，西煤炭地质储量占全国的 43%。从省区来看，新疆、陕西、内蒙古、贵州、宁夏、甘肃、山西七省占我国煤炭预测资源量的 90.7%。[①]

从煤炭资源的种类来看，各地区的差异也较为明显，如表 5 - 1 所示。在进行煤化工项目选址时，资源类型是必须考虑的因素。

表 5 - 1　　　　　　　　　我国煤炭预测资源储量明细

省（区）	预测资源量	褐煤	低变质烟煤	气煤	肥煤	焦煤	瘦煤	贫煤	无烟煤
新疆	18 037	—	12 920	4 755	313	25	25	—	—
内蒙古	12 250	1 753	9 004	1 079	11	364	0	24	8
山西	3 899	13	54	70	344	508	302	590	2 019
陕西	2 031	—	524	800	116	111	64	95	321
贵州	1 897	—	—	5	41	320	134	247	1 149
宁夏	1 721	—	1 265	84	21	18	25	124	185
甘肃	1 429	—	242	1 173	2	—	6	5	1
前七合计	41 265	1 766	24 009	7 967	847	1 346	556	1 084	3 683
全国	45 521	1 903	24 215	9 392	1 032	1 957	804	1 469	4 742
前七占比(%)	90.7	92.8	99.1	84.8	82.1	68.8	69.2	73.8	77.7

资料来源：煤炭资源统计年鉴。

表 5 - 1 中所列的煤炭资源储量明细，初步决定了各地区适合发展的煤化工项目类型。从煤化工的原料需求来看，大型煤化工基地应尽可能规划建在原料煤源附近，有利于保障原料的长期、稳定供应，减少运输。生产支出较少，成本较低；一般来说，坑口建现代煤化工在很大程度上节省了成本，坑口煤的开采成本仅为 100～200 元/吨。

除炼焦外，大多数煤转化工艺对原料煤的适应范围都较宽，甚至可以用灰分较高、水分较高或硫分较高等质量较差的煤作原料。而这些低质煤的就地深度转化也是合理、有效利用煤炭资源的迫切需要。

[①] Aragones - Beltran P. , Aznar J. and Ferris - Onate J. et al. Valuation of urban industrial land: an analytic network process approach. European Journal of Operational Research, 2008, 185（1）: 322 - 339.

2. 水资源条件

煤化工项目的显著特点之一就是耗水量较大，一个中型煤化工项目要正常运行，最低需要每小时上千吨新鲜水的供应；大型煤化工项目 2 000~3 000t/h 的用水量是必需的，煤制油和煤制烯烃等项目的总水需求量约 4 000t/h 以上。一些规划产品链较长的综合煤化工基地的新鲜水用量高达 18 000t/h。[①] 因而要求建设的煤化工项目厂址附近必须有充足的水资源。目前各类新型煤化工项目消耗新鲜水量情况见表 5-2。

表 5-2　　　　　　　　各类新型煤化工项目消耗新鲜水

项　　目	消耗新鲜水量（t/t）
化肥折纯 N（合成氨）	21.60
甲醇	8.50
二甲醚	7.20
间接液化	13.00
直接液化	12.00
MTO	5.30
MTP	2.50
电石	0.50

资料来源：我国现代煤化工发展技术路线探讨。

由表 5-2 可知，对于产品类型丰富的大型煤化工基地，应当尽可能规划在靠近具有丰富水源的地区。不仅要考虑近期的工程用水量，而且也要为远期工程发展用水留有适当的余地。有些地区虽然煤炭资源比较丰富，但地表水资源却相当有限，则更应该加强煤化工项目布局的规划与管理，合理分配和使用有限的地表水资源，以免影响当地新型煤化工产业的健康、持续发展。

3. 环境条件

煤炭直接燃烧对环境的影响比较严重，2007 年我国 SO_2 的排放总量

---

① Aragones - Beltran P., Aznar J. and Ferris - Onate J. et al. Valuation of urban industrial land: an analytic network process approach. European Journal of Operational Research, 2008, 185 (1): 322 - 339.

为19 266千吨，煤炭贡献率占75%，废气烟尘排放总量：10 127千吨，煤炭贡献率占65%，109个受监控城市已有101个城市出现酸雨，占92.7%。新型煤化工属于洁净煤技术，总体上有利于提高煤的利用效率，但生产过程中不可避免增加对环境的SO_2、温室气体、废渣和废水的排放。大规模发展煤化工的环境压力较大。

煤化工生产中温室气体排放量远高于石油化工生产，初步测算，煤制甲醇的CO_2排放量按单位热值计是普通汽油的8倍，煤直接液化柴油的CO_2排放是普通石油裂解制柴油的10倍，煤间接液化柴油的CO_2排放量为普通石油裂解制柴油的12倍。[①] 因此，需要相应的措施减少对环境的影响，如在有条件的地区，可以考虑采用CO_2填埋或回注油井等技术，实现温室气体减排。各类煤化工产品的单位三废排放情况如图5-2所示。

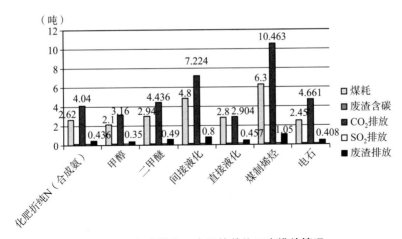

图5-2 各类煤化工产品的单位三废排放情况

资料来源：煤化工技术统计。

4. 交通条件

煤化工项目的建设是一个综合性较强的建设过程，涉及各方面基础

---

① 谢克昌. 新一代煤化工和洁净煤技术利用现状分析与对策建议［J］. 中国工程科学，2003，5（6）：15-24.

设施的配套。其所需原材料和产品的多样性决定了其对建设地交通要求的苛刻性。交通运输特别是铁路运输的瓶颈，造成了运力紧张、运输成本高的局面，只有在煤炭产区或相邻地区建立基地，才有利于缓解该局面，推动煤化工行业顺利发展。项目所占地方必须有公路、铁路，最好直达；条件较好的应具备水路运输，考虑到一次性投资较大，在做好经济分析的同时考虑适当距离的管道运输也是必需的。

5. 投资

作为资金密集产业，煤化工需要远高于炼油与石油化工的投资。粗略估算是炼油项目的 5 倍以上。目前各类新型煤化工项目投资情况见表 5 - 3。

表 5 - 3   各类新型煤化工项目投资需求

项目	投资（元/吨）
化肥折纯 N（合成氨）	7 680
甲醇	3 000
二甲醚	300
间接液化	10 000
直接液化	8 000
MTO	4 700
MTP	4 200
电石	2 000

资料来源：煤化工及其下游相关产业的价值链分析。

同时为建设煤化工项目，地方还需要配套大量的交通、水资源、土地、环保、生活设施等，投入巨大。

煤化工产业亦是一个技术密集型产业，目前先进煤气化及气体净化工艺主要有：气流床（水煤浆、干粉煤）气化，加压固定床气化，流化床气化等。煤制烯烃技术主要有：MTO（UOP）、MTP（Lurgi）、DMTO（国内）等。煤制合成油技术主要有：Sasol、Shell、神华直接液化、山西煤研所间接液化、兖矿间接液化等。这些工艺技术国内虽有应用，但大部分核心技术仍然掌握在国外个别公司手中，专利使用费是一笔不小的开支，获得技术支撑是项目成败的关键。

6. 市场需求

在我国现阶段的市场经济体制下，一个煤化工项目的建设应该完全遵从市场规则，根本目的是在为市场提供所需产品的同时自身能够获得可观的经济利益。因此，煤化工项目最终产品的定位一般应该重点考虑以下两个关键因素：

（1）以市场需求为煤化工项目选择目标产品的立足点

在确定煤化工项目的目标产品的过程中，首先应该考虑市场需求。不仅要考虑现阶段市场上的供需状况，而且对今后一段时期内的市场前景做出预测；既要考虑局部市场，也要考虑全国乃至全球的大市场。同时，还要对煤化工项目的竞争实力和风险防范措施进行全面的分析与评估。

（2）煤化工项目选择目标产品的落脚点

企业建设和运行煤化工项目的最终目标是获得经济效益，而且会千方百计地追求企业利润的最大化。因此，在确定煤化工项目的目标产品时，在充分考虑市场需求的同时，还必须对企业的经济效益给予高度关注。既要考虑价格较高、生产成本较低的产品，更要考虑市场前景好、长期需求的产品性。各类新型煤化工产品需求情况预测如图 5 - 3 所示。

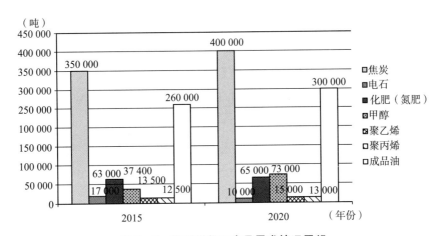

图 5 - 3　新型煤化工产品需求情况展望

资料来源：煤化工技术统计。

通过上述分析，不难发现，煤化工项目的建设必须满足：建设地要有廉价的、丰富的煤炭资源；充足的水资源；足够的环境容量及可以满足煤化工发展的基础设施；经济实力及可供选择并利用技术和产品销售的市场。只有满足这些基础条件，并同时坚持"大型化、基地化、一体化"的原则，坚持循环经济，提高原料利用率，搞好项目的综合利用，这样的煤化工项目，才能确保做到"经济、环保、安全、节能"四效合一。

5.1.3 煤化工发展现状

经过几十年的发展，我国煤化工的产量占化学工业（不包括石油和石化）大约50%，形成了合成氨、甲醇两大基础化工产品。目前全国各地发展煤化工热情很高，尤其是在2004年7月我国投资体制改革以来，企业投资项目由审批制改为核准制和备案制，全国各地拟上和新上的煤化工项目很多。

从2007年起，为引导煤化工产业健康有序发展，中国计划打造七大煤化工产业区，分别是黄河中下游、蒙东、黑东、苏鲁豫皖、中原、云贵和新疆。按规划，黄河中下游、新疆、蒙东将形成大规模甲醇、二甲醚、煤制油生产基地。到2020年，将形成煤制油年产1 100万吨，二甲醚700万吨，即中国最大替代化石燃料生产基地；新疆规划年产1 000万吨煤制油及500万吨甲醇；在蒙东，共建锡林浩特、霍林河、呼伦贝尔三大甲醇生产基地，规划年产能1 000万吨，但没有规划任何下游产业；中原和云贵规划年产煤制油各600万吨。[①]

我国以传统煤化工为主，传统煤化工行业（包括焦化、合成氨、电石和甲醇）是我国国民经济的重要支柱产业，其产品广泛用于农业、钢铁、轻工和建材等相关产业，对拉动国民经济增长和保障人民生活具有

---

① Aragones – Beltran P. , Aznar J. and Ferris – Onate J. et al. Valuation of urban industrial land: an analytic network process approach. European Journal of Operational Research, 2008, 185 (1): 322 –339.

举足轻重的作用。目前，我国传统煤化工产品生产规模均居世界第一，合成氨、甲醇、电石和焦炭产量分别占全球产量的32%、28%、93%和58%。传统煤化工产品处于阶段性供大于求状态，产能均有一定的过剩，主要是结构性过剩，如图 5－4 所示。

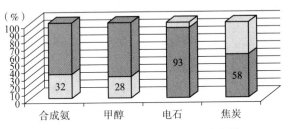

图 5－4　我国煤化工产品占全球产量

资料来源：煤化工技术统计。

　　现代煤化工行业（包括煤制烯烃、煤制油、煤制天然气和煤制乙二醇等）则处于示范发展阶段，一批示范项目将于两三年内建成投产。目前，我国的新型煤化工技术处于世界前列，一批拥有自主知识产权的现代煤化工技术正在产业化之中。现代煤化工产品主要是替代石油产品，市场容量大，发展前景好，产品市场处于成长阶段。

　　从行业规模看，整体煤化工行业的企业规模总体偏小；中小企业比率相差较大，大型有 18 家，小型企业 700 家使得我国煤化工生产技术和环保能力较低，企业规模结构如图 5－5 所示。

　　针对这些特点，国家也加强了对煤化工行业的规模的控制，一般不应批准年产规模在 300 万吨以下的煤制油项目，100 万吨以下的甲醇和二甲醚项目以及 60 万吨以下的煤制烯烃项目。

　　近期产业技术升级加速，新型煤化工产品发展迅速，煤制甲醇及下游产品将会有很大的发展。此外，甲醇制烯烃（MTO）和甲醇制丙烯（MTP）技术逐步成熟，将促进煤化工与传统石油化工的结合，开拓煤化工发展的新领域。同时，依托煤炭资源优势，采用"煤炭—发电—化工"一体化方式建设大型产业化集群，将成为未来煤化工产业发展的主要模式。

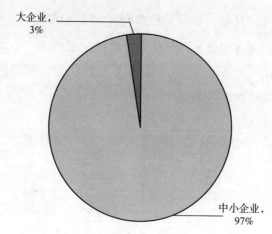

图 5 - 5　我国煤化工企业结构

资料来源：中国煤化工产业发展调研报告。

5.2　内蒙古煤化工产业 SWOT 分析

5.2.1　内蒙古煤化工产业优势分析（Strength）

依托资源优势，良好的投资环境，大型煤化工已经成为内蒙古最具有发展潜力的产业之一。根据资源禀赋、城市依托等条件，自 2004 年以来，内蒙古在全区先后规划了鄂尔多斯、锡林浩特、霍林河、呼伦贝尔四大化工基地。在基地内，依托重点园区（经济开发区），率先开工建设两条煤制油（直接液化、间接液化）、两条烯烃（MTO、MTP）、三条二甲醚示范生产线。

2006 年始，在煤炭资源丰富的鄂尔多斯、锡林郭勒、呼伦贝尔等煤炭资源集中地，内蒙古现代煤化工产业初步形成了包括大唐多伦煤制烯烃项目、新奥集团二甲醚项目、包头神华煤制烯烃项目、通辽煤化工乙二醇项目、神华集团煤直接液化项目、伊泰集团间接煤制油项目、中天合创的 300 万吨二甲醚及长输管道、鄂尔多斯汇能集团的 16 亿立方米/年煤制天然气、赤峰大板的中电投 120 万吨甲醇、内蒙古鲁新能源开发有限公司的 120 万吨甲醇、四川化工控股（集团）的 100 万吨甲醇 100 万吨二甲醚、东能集团的 500 万吨/年褐煤低温热解、霍煤亿诚天成油电有限公司的 500 万吨/年褐煤低温热解等重点项目相继展开①。

截至 2012 年，内蒙古全区甲醇产量达到 552.5 万吨，电石产量 495.1 万吨，焦炭产量 2 569 万吨，合成氨产量 135.7 万吨。煤制油产量 103.7 万吨，煤制烯烃产量 54.5 及煤制乙二醇产量 9.9 万吨。

在良好的资源环境和投资环境的吸引下，国内外大企业纷纷来内蒙古投资煤化工项目，据统计，截至 2012 年，内蒙古已在化学工业方面，累计形成固定资产投资 1 116.3 亿元，占全区工业固定资产投资的 17.41%。煤化工发展布局不断完善，重点项目进展顺利，已经初步形成了"东中西"三大煤化工基地，具体情况如下。

1. 东部特大煤化工基地

该基地以内蒙古呼伦贝尔、霍林河、锡林浩特三个特大型煤化工基地为依托，积极稳健地发展甲醇及其下游产品（包括二甲醚）、煤制天然气、烯烃、化肥等产品。通过有序推进褐煤低温热解示范工程，开辟褐煤开发利用新途径，将会带动呼伦贝尔、通辽市、锡林郭勒盟、赤峰市、兴安盟等地的经济大发展。

2. 中部鄂尔多斯和包头煤化工基地

该基地立足鄂尔多斯和包头两大城市，形成中部煤化工基地。其中，鄂尔多斯市拥有约占全国总储量六分之一的煤炭资源，煤化工发展很迅速。2009 年，鄂尔多斯市已开工建设煤化工项目 21 项（续建 10 项、新开工 11 项），总投资达 738.9 亿元。该区的煤化工产业集群建设区域主要包括以神华集团煤制油公司为龙头企业的乌兰木伦项目区、以

---

① 谢克昌. 新一代煤化工和洁净煤技术利用现状分析与对策建议 [J]. 中国工程科学，2003，5（6）：15 - 24.

汇能煤电集团为龙头企业的汇能煤化工项目区、以伊东集团为龙头企业的准格尔经济开发区、以伊泰煤间接液化项目为龙头的大路煤化工基地，煤化工产品包含了煤制油、甲醇、二甲醚、煤制烯烃、煤制天然气和合成氨。

3. 西部以乌海为中心的重化工工业区

蒙西地区以乌海工业园区、蒙西工业园区、棋盘井工业园区、乌斯太工业园区等现有的工业条件为基础，因地制宜，以煤焦化和氯碱化工等产业为主。

当前的发展情况表明，内蒙古已走在了发展煤化工项目的前沿。不仅在产煤数量上居于全国前列，煤化工产业也在稳步优化升级。之所以取得现有成就，主要得益于以下四点优势。

（1）区位优势。该区域地跨华北、西北，东北，毗邻八省，毗邻俄罗斯，蒙古国，京藏高速公路、京兰铁路贯穿其境，是京津冀的重要腹地，有满洲里、二连浩特等18个对外开放口岸，也是我国向北开放的重要门户；关系北疆安全稳定和生态平衡，战略区位重要。

中西部面向京、津、唐，是环渤海经济圈的重要组成部分；东部地区紧邻东北三省，东部五盟市煤炭储量占东北地区的70%以上，水资源充足，与东北三省经济结构具有很强的互补性，有利于促进东北老工业基地的振兴。俄罗斯、蒙古国煤炭、石油、天然气等资源丰富，作为向北开放的前沿，可充分利用国内外两种资源、两个市场。

（2）资源优势。内蒙古煤炭、天然气等矿产资源丰富，是国家重要的能源和原材料基地。资料显示，内蒙古煤炭探明资源储量6 583亿吨，居全国第一位，产量已占全国的13.8%。不仅储量大，而且种类丰富，分布集中，为煤化工发展提供充足的原料。常年水资源总量546亿立方米，可利用土地较多，具备建设大型化工项目的条件。

（3）环境优势。近年来，"呼包鄂"城市群初步形成，城镇带交通干线已具雏形。优势特色产业形成规模，部分产业市场竞争力较强。交通、能源等基础设施建设，已经为煤化工长期发展打下了基础。在能源战略中，煤化工已被列为重点行业。西部大开发系列优惠政策，相继出台的《内蒙古自治区人民政府关于加快化学工业发展的指导意见》和《内蒙古自治区人民政府关于建设大型重化工基地的指导意见》，提供了良好的政策保障。另外，随着东北老工业基地振兴和国家加快民族地区发展的推动，将有利于加强内蒙古同区外、国外多方面、多领域合作，吸引更多资金、技术、人才，为煤化工发展提供良好的发展环境。

（4）成本优势。内蒙古煤炭储量大，埋藏浅，易开采，区内新建电厂上网电价在全国处于较低水平；全区国土面积118.3万平方公里，耕地面积仅占4.4%；建设能源和化工项目基地不需占用耕地，地价较低，建厂条件好，环境容量相对较大，发展煤化工具有明显的竞争优势。如煤炭价格在450元/吨以内，每吨甲醇成本可控制在1 700元以内，具有较强的竞争力。

总体而言，内蒙古地区的煤化工发展布局不断完善，重点项目进展顺利，正在从传统煤化工向现代煤化工跨越式的发展，逐步形成"基地化、大型化、一体化"的产业特色。

5.2.2   内蒙古煤化工产业劣势分析（Weakness）

如前所述，煤化工产业的发展对煤炭资源、水资源、生态、环境、技术、资金和社会配套条件要求较高，一些地方不顾资源、生态、环境等方面的承载能力，出现了盲目规划、竞相建设煤化工项目的苗头，严重影响了煤化工产业的可持续发展。

内蒙古地区的煤化工产业已经初具规模，主要得益于其区位、资源、环境、成本优势，但仔细分析，仍能发现其发展中的一些劣势，主要包括三方面。

1. 设备及技术问题

目前内蒙古自治区煤化工产业在大型气化设备、煤制烯烃技术等方面与国外相比，还有差距，造成设备技术引进不但价格高，而且订货周期长，增加了企业成本，煤化工气化技术进步缓慢。煤炭直接液化和间接液化变油将是今后相当长一段时期内我国发展煤化工产业永恒的主题，目前主要处于商业化工程示范阶段。

2. 环境容量问题

发展煤化工产业必须充分考虑生态环境的承载力。内蒙古自治区的资源富集区主要分布在生态环境较脆弱地，一旦被破坏，很长时间才能逐步显现。有专家做过测算，产煤区挖 $10km^2$ 的煤，可能要影响到 $100km^2$ 的范围。[①] 对地下水的过量开采，可能 $10 \sim 20$ 年之后问题的严重性才能暴露出来。一旦破坏程度超过其承载能力，便无法复原。煤化工建设中一定要考虑环境容量，在发展煤化工产业时应该考虑环境成本因素，将其纳入企业效益核算体系之中。

3. 水资源保障问题

煤化工行业耗水量巨大。自治区多数属于干旱、半干旱地区，水资源特别匮乏。大型煤化工企业 $2\,000 \sim 3\,000t/h$ 的用水量是必要条件，煤制甲醇耗水量 $10 \sim 13t/t$ 煤制油和煤制烯烃等项目的总水需求量约 $4\,000t/h$（约 $1m^3/s$）以上。产品链较长的综合煤化工基地新鲜水用量高达 $18\,000t/h$（约 $5m^3/s$）。[②] 实施煤化工项目必须落实水资源保障。自治区较为缺乏的水资源成为需要有限考虑的问题。

因此，从目前来看，内蒙古地区的煤化工主要还是能源化工，以满足国家的能源需求；精细化工刚刚起步，内蒙古地区的煤化工发展挑战与机遇并存，还需要很长的路走。

5.2.3 内蒙古煤化工产业机遇分析（Opportunity）

如何清洁、高效、开发利用能源，合理调整能源消耗结构，推动低

---

① 李莉，宋岭. 区域煤化工产业生态系统构建思路初探——以新疆为例［J］. 地域研究与开发，2010，2（29）：29 - 33.

② Aragones - Beltran P. , Aznar J. and Ferris - Onate J. et al. Valuation of urban industrial land: an analytic network process approach. European Journal of Operational Research，2008，185（1）：322 - 339.

碳发展，是我国目前面临的重要问题。基于此，面对丰富的煤炭资源，内蒙古地区选择升级煤化工产业，提高低阶煤的加工技术，提取出短缺的油气等产品，最大限度地发挥资源价值，将为技术开发带来良好发展机遇，也将是未来技术开发领域获得新突破的重点。

在国家制定并实施的煤化工发展相关政策中，也为内蒙古煤化工发展提供了有力支撑。《煤化工产业发展政策》和《煤化工产业中长期发展规划》制定了煤化工发展的基本原则和发展方向，指出"不断发展煤化工产业，以缓解石油供应的紧张局面；科学制定发展规划，促进煤炭区域产销平衡，鼓励煤炭资源接续区煤化工产业发展，适度安排供煤区煤化工项目的建设，限制调入区煤化工产业的发展；统筹煤与相关产业的发展，特别是与水资源的协调发展；煤化工业要坚持循环经济的原则，走大型化、基地化的路子，发展开放式的产业链条；加强自主创新，坚持以我为主的自主创新政策，加大政策支持力度，鼓励设备国产化；安全发展，认真进行安全风险评估。"

2009 年 5 月 18 日，国务院办公厅发布的《石化产业调整和振兴规划》中提出："稳步开展煤化工示范、坚持控制产能总量，淘汰落后工艺，保护生态环境，发展循环经济以及能源化工结合，全周期能效评价的方针，坚决遏制煤化工盲目发展势头，积极引导煤化工行业健康发展。"

可以看出，"限制过热项目的发展，发展煤化工下游产业，提高技术水平，做循环经济项目，减轻或杜绝污染物的排放"是政策支持和鼓励的方向，产业链、低污染、平衡化、创新性发展将是未来煤化工产业发展的机遇所在。

同时，内蒙古作为西部大开发的重点区域，也将迎来相关机遇。随着进一步加大西部重点区域开发力度，在继续搞好基础设施、生态保护的同时，加大对优势特色产业的政策支持，这必将为该区域跨越式发展带来新的机遇。

伴随着国内需求进一步扩大，内需增长也将为煤化工发展带来机遇。全球经济形势的发展变化以及我国工业化、城镇化进程加快推进，居民消费结构不断升级，扩大内需成为保持经济增长最重要的拉动力。该区域能源、原材料供应接续支点作用进一步彰显，有利于煤化工等优势特色产品拓展市场。

在全国产业转移加快的脚步下，内蒙古地区的机遇将会显现。东部沿海地区受国际市场萎缩、要素成本持续上升约束，加快经济转型和结构升级的需求迫切，产业转移加速。该区域具备承接产业转移的有利条件，有利于吸引海内外投资、技术等各类要素在此集聚和重组。

国家实施主体功能区战略的推动，也将带来广阔的机遇。主体功能区的构建，有利于该区域引导生产要素向条件较好的地区集中，优化国土空间布局，促进资源集约开发利用，推动煤化工产业合理发展。

5.2.4 内蒙古煤化工产业威胁分析（Threat）

综合比较来看，内蒙古地区的煤化工产业具有五大特点：（1）起步晚，发展迅速；（2）煤化工项目多，规模大；（3）能源化工多，精细化工少；（4）地域分布广，产品多；（5）煤化工做大了，但不够强。

这些特点决定了内蒙古煤化工发展的良好基础，但也说明了其在应对外部竞争时可能存在的问题。由于其项目多，分布广，有可能会在发展过程中出现资金运转问题；由于其起步晚，产品多，可能在进行技术升级中存在难以快速跟进的问题。诸如此类，都会降低内蒙古煤化工的竞争力。就目前情况而言，其主要存在三方面的问题。

1. 节能减排压力

在能源需求量持续上升的情况下，内蒙古作为供能大区，势必要承担主要的产能与输能任务，电力项目、煤化工项目的生产任务必然增加，势必需要大量的节能减排指标。根据"十二五"规划的推行，全国氨氮排放量和二氧化硫、二氧化碳排放总量限制政策的出台，碳指标分解额度国家方案的实施，意味着节能减排指标必然成为内蒙古自治区煤化工发展的又一制约因素。

2. 产业融合问题

内蒙古自治区的煤炭富集区也是农业、畜牧业区优势产业地区，而大规模发展煤化工，将加大用水量，必然会挤占农业、生态用水，对地区的生态环境及其他支柱产业产生影响。如果处理不好，就会产生大的经济损失。发展化工业而导致环境污染问题，将影响当地农牧业发展和居民生活，需要妥善处理。

3. 交通保障问题

大型煤化工基地的建设需要配套交通运输条件，用于产品和原料的物流输送。运输液体产品时，设施条件要求更加苛刻。目前铁路运输压力较大，公路运输成本较高。尽管近年来内蒙古基础设施建设有了长足的发展，但与全国发达地区相比，与经济社会发展要求相比，交通基础设施发展已滞后，2008 年曾出现过中西部地区呼市、包头等 8 个盟市共积压钢铁、化工、化肥、水泥、焦炭等产品达 229.3 万吨的事件。在煤化工产业规划中，要因地制宜，将交通运输成本作为煤化工项目建设的重要因素考虑。

通过分析可得，内蒙古煤化工产业具备了良好的发展基础，从其自身条件和外部环境两方面看，该地区的煤化工产业正处于迅速发展的机遇期，也将面临着一些转型的挑战。因此，在未来低碳及能源结构调整的背景下，其发展趋势成为关注的焦点，也将进一步决定内蒙古低碳能源路径的规划。

5.3　内蒙古煤化工产业发展趋势

结合当前实际，内蒙古煤化工产业正在向新型煤化工升级，产业融合和煤炭清洁利用也将是拓宽和延伸其发展道路的两大支撑。

具体而言，产业融合方面主要表现为：

1. 产业向大型化、一体化、集中化、多元化发展

近几年，煤化工产业呈现投资过热现象，有许多产能较小、生产工艺落后、资源浪费较为严重的企业。未来，在产业政策的引导下，煤化工产业发展将更加理性和规范，不断提高煤化工进入门槛。从目前的小型化、分散化向大型化、规模化、一体化、集中化方向发展。投资主体以大型煤炭、能源、化工集团企业为主，兼并、收购成为产业发展的重要特征，产业集中化趋势明显，将出现一批大型的煤化工企业集团。

在这个过程中，一些传统的大型煤炭企业、化工企业，通过纵向资源整合和高效利用。内蒙古地区将在原有的核心业务基础上，立足三大煤化工基地，拓展煤炭深加工、煤基制化工产品，延伸企业业务价值链，打造多元化的业务板块，增强企业抗风险能力，从而提升企业的市场竞争实力。

2. 强强联合将成为行业竞争的主要举措

随着国内煤化工生产能力提升，海外投资能力加强，精细化工品出口将大幅提高。煤化工项目建设运营涉及煤炭、化工、能源等多领域，内蒙古地区的煤化工企业将发挥各自优势，利用区位特性，联合拓展国内外市场，成为业内潮流。

同样，煤炭清洁利用也将从重点发展以下三方面入手。

1. 节能减排、环保仍将是关键点和解决的首要问题

作为煤炭能源清洁高效利用中的重要技术支撑，传统的化工产业高能耗、高污染，产业结构调整和可持续发展要求必须解决高能耗、高污染与发展的矛盾。采取新技术，使高碳资源低碳化、能源高效利用、温室气体零排放是煤化工项目建设的最终目标。从环境保护看，以煤为原料，在生产清洁能源产品的过程中或多或少地排放二氧化碳，如何顺应低碳经济发展潮流将成为未来产业发展过程中需要考虑的问题。未来，可通过采用多种途径，如清洁煤气化技术、煤炭—能源一体化模式、二氧化碳捕集、储存和利用将能有效解决常规发电厂的二氧化硫和温室气体排放问题。从水资源利用看，大型现代煤化工项目的实施可能会对当

地水资源造成巨大压力，水资源超标消耗可能导致生态平衡，是煤化工未来发展面临的重要制约因素。未来，如何通过技术改进和综合治理方案，解决当前的水资源短缺问题也是煤化工企业发展过程中需要解决的问题。

2. 新型、集约的煤化工技术未来仍将是煤炭清洁利用的主要技术

煤化工流程长、工艺环节多、系统性强、污染重、制约因素多。发展煤化工工艺应该考虑选择先进、可靠、适用、低污染、经济的新技术。并建设大型的煤化工技术研发中心。避开大量煤炭消耗，寻找减少消耗途径。如利用劣质高硫煤进行气化制甲醇，最大限度地利用资源。

3. 低阶煤将成为未来煤炭资源开发利用的重点

近几年，随着我国煤化工产业及技术的发展，新建化工项目获取精煤难度越来越大，烟煤、无烟煤等优质煤炭资源目前已被充分利用，拓展的空间已十分有限。同时，全球能源供需格局变化和煤炭价格的不断攀升，储量丰富、价格相对低廉的褐煤等低阶煤资源利用已经逐渐被重视。如何高效、环保、良好的利用低阶煤资源已经显得越来越重要，对于拥有丰富低阶煤资源的内蒙古煤化工产业而言，也是需要重点研究的问题。

在未来的发展过程中，内蒙古的煤化工发展应当根据循环经济原理，以煤化工和环保并重，实现煤、气、电、化等规模化发展，得到良好的经济和环境效益。在产业布局上，应当注重区域协调，优化产业分布。在产业链发展方面，应当发挥其带动效应，促进设备制造业、物流业等辅助产业的发展；在产品生产方面，重点抓好现有煤制油、煤制烯烃、煤制二甲醚、煤制甲烷气、煤制乙二醇五类示范工程，探索煤炭高效清洁转化和石化原料多元化发展的新途径。加强在精细化工方面的发展，延长产业链、提高技术水平，做强煤化工。

最终，统筹规划建立煤化工生态工业集群，将煤化工与建材、材料、发电、废热利用不同产业的工艺技术集成联产，形成资源和能源的循环利用系统。最大限度地降低消耗、节约能源，减少对环境的污染和生态破坏。关于这一方面的研究，将在后续章节展开。

5.4 本章小结

　　本章首先从煤化工产业发展的意义、必备条件以及发展现状三个方面入手概述了低碳背景下我国的煤化工产业情况，进而对内蒙古煤化工产业进行了 SWOT 分析，得出：内蒙古正在从传统煤化工向现代煤化工跨越式的发展，逐步形成"基地化、大型化、一体化"的产业特色；但设备及技术仍然落后于发达国家，环境容量的限制及水资源缺乏等问题影响着内蒙古煤化工产业的可持续发展；内蒙古地区需要升级煤化工产业，最大限度地发挥资源价值，利用好作为西部大开放的重点区域的机遇，加大对优势特色产业的政策支持；内蒙古还需处理好煤化工产业发展过程中的资金运转、技术升级问题。再结合内蒙古煤化工产业的发展趋势，最终得出：内蒙古煤化工产业具备了良好的发展基础，该地区的煤化工产业正处于迅速发展的机遇期，也将面临着一些转型的挑战。因此，在未来低碳及能源结构调整的背景下，内蒙古需要结合当前实际，以产业融合和煤炭清洁利用做支撑，加快向新型煤化工升级。为了最大限度地降低消耗，下章将对内蒙古煤化工产业碳排放展开分析。

第6章

内蒙古煤化工产业碳排放分析

6.1　煤化工产业碳排放量动态计算及预测模型

　　研究显示，当前对工业部门碳排放量的估算主要通过两种方法计算：（1）在可预测的行业发展环境及减排技术下，根据不同原料的碳排放系数，计算其碳排放量。这种"物料均衡算法"只能静态地反映出该行业的碳排放数值，不能反映出行业原料利用率及能源强度、经济环境等指标动态变化时对碳排放量的影响。因此，学术界又提出了第二种估算方法。（2）动态模型法。该方法以社会经济系统的发展为模型基础，通过碳约束、能耗约束等条件，建立一系列线性及非线性的方程，预测行业的能耗量。代入有关碳排放公式，计算碳排放量（如 IO 模型、CGE 模型、COMAP 模型、CO_2FIX 模型、F–CARBON 模型）。这类模型重点研究了减排政策对经济系统的影响，例如 GDP、能源结构、就业率等受减排措施的影响；较少关注经济系统变化时，行业内部与碳排放直接相关的原料及产品状态的变化。这一缺陷，将导致对行业碳排放量估算的偏差，影响其低碳发展。

　　这两类估算方法中，碳排放量的计算主要分为能源使用与工业过程两部分，即消耗能源时产生的碳排放和生产工艺中产生的碳排放。实践表明，由于我国的清洁能源发展机制（CDM）项目均以生产或经营单位为主体，应用该方法时效果并不理想。

因此，本书拟采用系统动力学的分析方法，综合已有估算方法的优点，构建煤化工产业碳排放量动态计算及预测模型。首先，对煤化工的碳排放进行源头分析，确定碳源，避免了估算方法不实用的问题。其次，建立煤化工产业碳排放估算模型。运用系统仿真法进行动态估算，避免了仅用碳排放公式单向静态计算的缺陷。在构建该模型时，将运用系统综合动态分析，模拟经济系统内各因素间的相互动态变化，弥补了以往模型的不足。例如，通过分析资金、技术、政策等因素变化时，可以求得煤化工产业内部碳排放的动态变化。

6.1.1 建模基础

该系列模型的建立，是以系统动力学、系统综合动态分析学为理论基础，以 STELLA 仿真软件及 IPCC［联合国政府间气候变化专门委员会（IPCC）］2012 的碳排放系数为实现条件，结合我国煤化工发展现状，对比分析后，系统构建而成。

1. 系统动力学

20 世纪 60 年代，麻省理工学院的弗里斯特（Jay W. Forrester）教授创立了系统动力学（System Dynamic，SD），形成一门以系统反馈控制理论为基础，以计算机仿真技术为主要手段，定量研究系统发展动态行为的学科。通过总结 SD 系统方法论的基本原则及系统观，配套计算机仿真技术 STELLA，构建出复杂动态的预测模型。

该理论统一了历史方法、结构方法和功能方法，依据"定性—定量—定性"的步骤，分析和解决问题，有效实现了对复杂巨系统的科学研究。基于 SD 理论，可以构建各种复杂系统的框架模型；借助计算机模拟，可以定性、定量地分析对象中的各种问题。在该方法中，因果关系图（causal loop diagrams）和栈—流图（stock-and-flow diagrams）描述相互关联的系统，仿真语言 Dynamo 定量仿真系统的动态变化特性。具体而言，因果关系图可以定性地描述系统，栈—流图可以定量的描述系统。其中，栈表示系统在不同时间点的变量状态；流表示系统变量的活动，如库存减少、用电量增加等。*Industrial Dynamics*（Forrester，1961）、*Urban Dynamics*（Forrester，1969）、*World Dynamics*（Forrester，1971）等专著的出版，逐渐完善并推广了 SD 方法。

2. 系统综合动态分析与模型体系

系统综合动态分析与模型体系理论是以 SD 理论与方法为主框架，能够有效分析非线性复杂系统的方法，具体内容包括：

（1）系统结构与横向之间关系的分析和主变量的选择，以 SD 建模法与层次分析法（AHP）、主成分分析法的综合运用为基础理论。

（2）经济变量间的数量关系和参数的估计，以 SD 理论、数理经济学和计量经济学理论的综合运用为基础。

（3）SD 模型中某些辅助方程参数的估计，通过运用灰色系统理论实现。

（4）SD 流图的回路确定，应用图论分析方法完成，有助于 SD 模型的调试与结果分析。

（5）运用 SD 及其他多种理论建模方法，组成综合模型体系，建立通用的子结构、子模型系列。

该方法体系充分吸收了复杂系统的灰色特性，结合定性与定量分析，建模思路如图 6-1 所示。

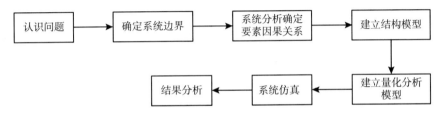

图 6-1　系统综合动态分析建模与仿真过程

3. 仿真分析软件 STELLA

基于 SD 方法，可以得到定性（Qualitative）和定量（Quantitative）相结合的模型。而为了实现定量地描述系统并模拟运行系统随时间展开的动态性，需要进行合理的模拟演示。因此，SD 方法与计算机仿真紧密联系。继 20 世纪第一代仿真软件 Dynamo 被弗里斯特等人开发后，各类仿真软件陆续问世。如面向模型（模型结构对用户开放的）的 Vensim、STELLA/ithink、Powersim、Professional DYNAMO 等软件；面向黑盒的 SimCity、Okoloply 等商业娱乐仿真游戏；以及仅供专家研究使用的 Lohhausen、Tanaland 等 Prototypes 仿真软件。基于课题研究对象特点，拟采用基于 STELLA 软件进行模拟。

STELLA/ithink 是由美国 HPS（High Performance Systems）公司与麻省理工 Sloan 管理学院开发的一种基于系统动力学的管理决策建模仿真软件，首次允许图形模式输入，帮助人们以整体的、系统的观点来思考问题；友好的人机界面和灵活的输入输出形式等特点，特别适合企业系统的建模仿真。具体而言，其主要有三大特点。

（1）层次结构清晰

STELLA/ithink 图层的四个基本语言符号中的栈和流，与 SD 方法联系密切。栈表示系统所处的状态，数据转换器（Converter）表示常数或各种数据序列、代数关系，连接器（Connector）表示栈、流、数据转换器三者之间的信息传递或关系，如图 6 – 2 所示。

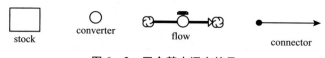

stock　　　converter　　　flow　　　connector

图 6 – 2　四个基本语言符号

（2）系统演示动态化

受各种约束条件、经验、习惯和研究对象的复杂等因素影响，人们很难发现系统中结构影响行为的真相。STELLA/ithink 可通过四种基本的语言符号来描述人脑中构思的系统结构，将其转换成模型，并动态模拟事物的行为模式。只要输入必要的数学关系和参考数值，就可以在计算机上模拟出事物的动态发展过程。

（3）数学背景强大

STELLA/ithink 以结构严谨的数学模型体系为基础，以常微分方程组的形式来实现动态仿真。研究者不需直接构造艰深的数学方程式，仅需图形化的语言方式，确定模型中各变量关系（函数层中的数学关系），输入特定变量初值。然后，运行模型，即可得到所需变量的数值或者变化曲线；复杂的数据运算工作由计算机完成。

运用 STELLA/ithink 建模时，应当依照由简到繁、由部分到整体的原则。首先，确定目标（Focus the Effort）。在建立模型之前明确研究对象，需要解决的问题特性等。其次，构建高层结构图（Mapping）。通过将研究对象划分为若干子系统，找到子系统中的关键因素，组成高层结构图（High Level）；子系统数量不宜太多。最后，构建系统详细结构图（Modeling）。进一步细化模型的连接子系统的各种关系，定义和初始化变量关系等。主要分四个步骤：①确定流跟栈之间的关系；②定义各个流的代数方程；③寻找闭环链，确定反馈链之间的关系；④对参数进行赋初值和初始化。在完成了模型的构建后，将要进行仿真运行。通过运行，检验模型可靠性及其解决问题的能力。如果尚不能达到要求，应当进一步扩展模型。一方面，分析模型中的流和变量的代表性是不是足够充分（深度扩展，Intensive）；另一方面，考虑模型解决问题的普遍性，所含范围是否足够全面（广度扩展，Extensive）。通过反复推敲完善，形成一个科学、有效及合理的模型。

4. 排碳因子相关理论

能源碳源的化学构成主要为碳（如煤炭等）或碳氢化合物（如石油天然气等），其消费过程排放 CO_2 的原理为：$C + O_2 \rightarrow CO_2$；$CnHm + O_2 \rightarrow CO_2 + H_2O$；在消费过程中涉及煤气回收利用的转化公式为：$CO + O_2 \rightarrow CO_2$。

由于能源含碳量不同，CO_2 的排放系数也不相同。关于 CO_2 的排放系数，许多国家都有测算，以相当于单位煤当量的（29302KJ/Kg）的化石燃料燃烧，煤炭、石油、天然气的 CO_2 排放系数（以碳计）分别为 0.651～0.755，0.5～0.585，0.395～0.447。我国国家计委能源所测定的煤炭、石油、天然气的 CO_2 排放系数（以碳计）分别为 0.651、0.543、0.404（高树婷等，1994）。目前，大部分学者在进行我国能源排碳计算时，采用国家能源所测定的数值或其近似数值来计算。在本书中，综合分析后决定，研究中均采用 IPCC 测算的 CO_2 排放系数为标准，计算相关排碳量。

政府间气候变化专门委员会（简称 IPCC），由 WMO（世界气象组织）和 UNEP（联合国环境规划署）于 1988 年建立，负责研究由人类活动所造成的气候变化，其会员限于世界气象组织及联合国环境署的会员国。在全面、客观、公开和透明的基础上，对有关全球气候变化的现有科学、技术和社会经济信息进行评估，融入了全球数百位专家的成果。该组织的研究力求确保平衡地反映现有各种观点，具有政策的相关性，但不具有政策指示性。作为当前研究气候变化和温室气体问题最为权威的组织机构，IPCC 从 1988 年开始，曾先后组织了两千多位不同领域的专家学者在公开、透明的基础上展开相关研究，针对气候变化产生的影响、适应气候变化的对策以及当今气候变化领域现有的最好科学、技术、社会经济信息等进行全面、客观的评估。在 1990 年、1996 年、2001 年和 2007 年四次发表了气候变化评估综合报告、特别报告、方法报告和技术报告，成为国际气候变化领域现有的最为成熟和先进的理论[①]。特别是《联合国政府间气候变化专门委员会国家温室气体账户 1996 修订指南》（1997）、《国家温室气体账户优良作法指南及不确定因素管理》（2000）、《土地利用、土地利用变化及林业优良做法》（2003）、《IPCC 国家温室气体账户 2006 指南》（2006）等有关温室气体清单编制的指南和方

---

① Grubb M. , Butler L. , Twomey P. Diversrity and security in UK electricity generation: the influence of low-carbon objectives [J]. Energy Policy, 2006, 34 (18): 4050 - 4062.

法论，已经成为气候变化、温室气体清单编制领域的标准参考著作，被广泛使用。

6.1.2　模型构建

结合煤化工产业的排碳特点，该部分将通过自上而下和自下而上两种方式对其排碳量进行测算：首先，从宏观的角度，分析影响煤化工发展的因素，建立宏观的煤化工产业碳源排碳的仿真模型；其次，从相对微观的角度，即按各个子行业划分，根据其排碳特点，建立通用的仿真模型，然后将其碳源排碳汇总得到全行业的碳排放预测模型。

本节中，先从宏观角度进行能源类碳源排碳量估算模型的设计。忽略次要因素对煤化工排碳系统运行规律的影响，寻找系统中的主要因素。第一步，需要确定排碳系统的边界。边界的划分与需要立足整体，寻找将整个碳源的排碳机制包含在内的软边际，使得整个系统构成闭合回路。边界的确立，为模型的深化研究提供了可能。综合分析煤化工产业，可以得到影响其碳排放的主要因素有：科技因素、行业布局因素、社会经济因素、政策环境因素等方面。这样因素相互作用，影响着整个排碳系统的运行情况。要明确这些关系，需要运用 SD 理论中的因果分析法。在 SD 理论中，通常是运用由果逆推出因的方法，锁定系统边界。煤化工产业的碳源排碳量由能源及原材料消耗量直接决定，消耗量越大，排碳量也越大，在因果关系中用" + "表示，反之用" - "表示。能源及原材料消耗量又由行业固定资产投资和人口数量等因素决定。这些因素通过三条反馈回路，决定了行业产品产量。如图 6 - 3 所示。

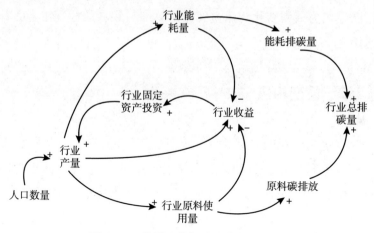

图 6 - 3　排碳系统部分要素因果关系

（1）行业产量——→行业收益——→行业固定资产投资——→行业产量（正循环）

（2）行业产量——→行业能耗量——→行业收益——→行业固定资产投资——→行业产量（负循环）

（3）行业产量——→行业原料使用量——→行业收益——→行业固定资产投资——→行业产量（负循环）

由图 6 - 3 可知，第一条回路中，行业产量的增加促进了行业收益的增加。收益增加后，行业固定资产投资的可支配资金也增加，而这一行业行为又会反过来刺激行业产量的增长。第二条回路中，随着行业产量增加，行业能耗量也会增加；生产费用也就增加，降低了行业收益。收益减少使得投资于行业固定资产的资金减少，行业的产量当不会再增加。第三条回路中，行业产量受到了抑制。此时，人口数量成为这个小系统的外部输入条件。人口数量增加，则对产品的需求量增加；反之，产品需求下降。而人口数量的下降又会导致产品的需求量降低。在实际系统中，消耗强度等都会影响产品产量；而消耗强度又受科技水平和所使用的生产工艺制约。除经济因素之外，政策也对排碳量有着重要的影响和作用。例如，哥本哈根协议、CDM 机制等都影响着行业发展。因此，这些因素之间存在着错综复杂的联系和作用，形成了煤化工产业排碳系统因果关系图，如图6-4所示。

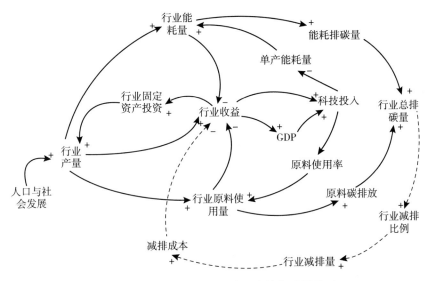

图6-4 工业部门碳源排碳系统简化因果关系

（4）行业收入——→科技投入——→单产能耗量——→行业能耗量行业收益（正循环）

（5）行业收益——→GDP——→科技投入——→单产能耗量——→行业能耗量行业收益（正循环）

（6）行业收益——→科技投入——→单产能耗量——→行业能耗量——→能耗排碳量——→行业总排碳量——→行业减排比例——→行业减排量——→减排成本——→行业收益（正循环）

（7）行业收益——→GDP——→科技投入——→单产能耗量——→行业能耗量——→能耗排碳量——→行业总排碳量——→行业减排比例——→行业减排量减排成本——→行业收益（正循环）

（8）行业产量——→行业能耗量——→能耗排碳量——→行业总排碳量——→行业减排比例——→行业减排量——→减排成本——→行业收益行业固定资产投

资——行业产量（负循环）

由图6-4可知，通过系统分析各要素的因果关系后，可以明确其在生产过程中的排碳的机制；在不同时期，整个系统对各因子的影响强度会有所变化。从系统因果分析中可以看到，能源及原材料消耗量因子是对排碳量起到决定性作用，直接关系到估算对象排碳量的变化（能源及原材料消费量增加，排碳量相应增加，反之减少），它是一个"累积性数量"。而影响能源及原材料使用量的主要因子—产品产量受价格，生产成本，社会固定资产投资，行业固定资产投资等信息流的制约与调节，具有稳定、平抑排碳量激烈变化的作用。人口与社会因子及行业减排比例的作用下，整个排碳系统在这些反馈回路的相互影响、相互耦合作用下处于动态平衡中。

6.1.3　排碳模型总体结构框架设计

综合上述的因果关系分析，得出排碳模型的框架结构，如图6-5所示。该模型由七个子模块组成，接下来阐述各模块所包含的因果关系。

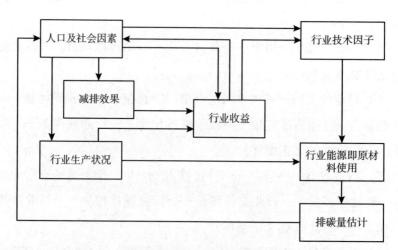

图6-5　工业部门碳源排碳量估算仿真模型结构

1. 行业生产状况模块

该模块是对行业产品产量与生产格局的建模，如图 6 - 6 所示。通过对内蒙古煤化工行业分析可知，国家大型企业、地方重点企业及地方小企业构成了该行业的三个生产层次，它们所采用的生产工艺、能源、原材料的消耗状况和生产能力，均存在很大差异。综合资料的可获得性，构建行业生产格局时，选取了如图 6 - 6 所示的三种典型代表生产模式的企业对生产格局进行描述。另外，由于每类企业产品产量及生产工艺的选择也存在差异，本模块将从行业产品、工艺及产业格局的三个维度对行业生产状况进行描述。

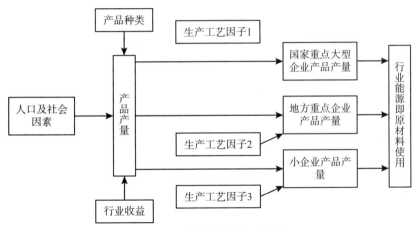

图 6 - 6　行业生产状况模块

2. 能源及原材料消耗模块

该模块描述行业生产过程中使用的能源及原材料使用状况，模型结构如图所示。基于不同类型的企业的生产能力、能源及原材料的消耗状况存在极大的差别，将从生产格局、能源种类及能源使用效率三个维度对行业能源及原材料消耗状况进行建模，模块结构如图 6 - 7 所示。

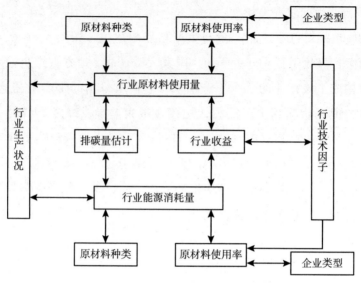

图 6-7 能源及原材料消耗模块

3. 行业技术模块

行业技术模块分析了技术发展对煤化工行业能源及原材料使用状态的影响，通过建立行业科技的投入，社会科技的投入对行业能源及原材料使用率的回归模型确定其影响参数。参考生产过程中使用的工艺信息，根据行业层次进行模拟。基于技术路线图，在预测过程中，加入了行业对未来生产工艺及技术的选择，模块结构如图 6-8 所示。

4. 行业收益模块

这一模块主要描述行业的收益状况，运用计算产品收入与能源及原材料消耗支出差额的计算方法，求出行业增加值；不采用加入行业税费等支出后得到的纯收益，与国家公布的统计数据口径一致，其模块结构如图 6-9 所示。

5. 人口及社会因素模块

该模块主要研究人口、社会固定资产投资，减排政策对行业生产状况的影响，"GDP、社会固定资产投资、人口数量、出生率与死亡率"，这些变量与部门的产生状态模块相联系，直接影响行业发展；行业所需

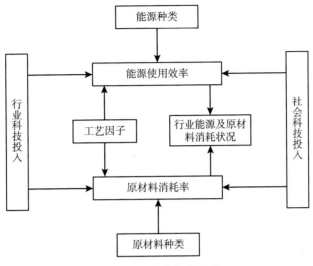

图 6-8 行业技术模块

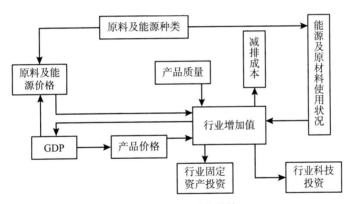

图 6-9 行业受益模块

能源及原材料、行业产品价格等要素与行业收益相关联。在建模过程中，本模型根据《中国产品信息年鉴》、《中国市场年鉴》中的综合数值均值处理值代表能源、原材料的价格与产品价格。由该模块可知，行业的收益成为GDP增长的要素之一；社会固定资产投资和科技投入成为行业生产的间接和直接影响因素；行业减排比例要素则受减排政策影响明显。由于当前我国减排政策处于在试点运行中，本模块中因此仅采用行业减排比例一个变量来反映减排政策对行业的影响，模块结构如图6-10所示。

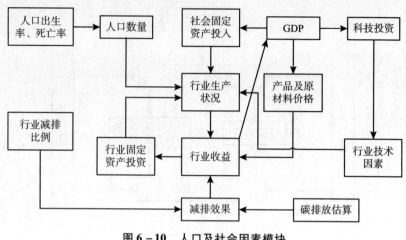

图 6 – 10　人口及社会因素模块

6. 行业排碳量计算模块

本模块用于计算排碳量，所用公式为：排碳量 =（能源或原料使用量为×排碳因子 – 非燃料使用量×固碳率）×氧化率。该方法比较成熟，数据也易获得。

在计算时，利用能源及原材料消耗模块输出的行业能源及原材料使用量数据，应用固碳率及氧化率、IPCC 公布的排碳因子（单位能源或原材料的含碳量），分别得到不同能源及原材料的排碳量。最后，汇总得到整个行业的排碳量。

7. 减排效果模块

当前，由于我国的发展中国家和人均排放量的特点，《京都议定书》等相关政策中对我国的减排要求并不苛刻。但是，随着我国经济的发展，社会责任的增强，未来的国际环境将对我国形成巨大的减排压力。

目前国内的减排项目只是在试点阶段，在进行减排机制对碳排放的估算时，相关数据比较缺乏。根据排碳量估算方法的研究目标，在建立本功能模块时，将引入开关变量，预留了模型的扩展空间，未来可进行补充。同时，由于行业减排相关变量只对预测排碳量数据有影响，不会影响研究方法的正确性。因此，本模块中只引入行业减排量及行业减排成本两个变量，进行粗略地估算。

该模块中，估算对象只是简单地根据人口及社会因素模块中给定的行业减排比例（根据减排政策作为系统外部输入确定），实施相应减排手段，如调整用能结构，实行生产废气、尾气回收技术，引入节能技术等方法，达到行业要求的减排量。减排手段的使用，必然要加大行业的生产成本。在数据的选择上，只能根据试点项目的代表数据反映整个行业的减排成本；对于无试点的行业，在数据处理中均以 0 表示，即没有实施减排。

6.2　内蒙古煤化工产业碳排放计量及预测

煤化工行业作为我国重点发展的能源产业，在调整能源结构，促进社会经济可持续发展方面，具有重要意义。只有其发展满足低碳发展目标，才能在低碳经济建设中发挥重要作用。了解该行业的碳排放情况，有利于为其制定有效的低碳发展规划。

因此，将利用系统动力学和仿真软件，构建煤化工行业的碳排放模型，估算 CO_2 排放量。在估算模型时，假设在煤化工行业生产过程中，所利用的能源及原料的含碳量均完全转化为 CO_2 排放。据此，确定固定资产投资、人口数量、能源结构、产品结构、生产工艺等作为排碳系统的主要输入参数数值，通过多种建模手段确定模型的内生参数后进行仿真实验，具体过程如下所述。

受生产工艺及产品类型的限制，煤化工产业在建设、运行过程中，势必会产生一定量的碳排放，煤制石油，煤制天然气及煤制烯烃等产品将成为主要的碳源。同时，在加工、制作相关产品过程中，也会产生一些碳排放。

6.2.1　煤化工行业碳源分类

如前所述，煤化工产业按其生产技术可分为煤焦化、煤气化、煤液化三条生产工艺。这些流程中，均以煤炭为原料，通过不同工艺，得到焦炭、焦油、汽油、柴油、醇类、合成氨等产品。这些产品或原料中的炭，经过氧化或还原反应，最终以 CO_2 的气体形式排放出来，构成了煤化工产业中的主要碳源，如表 6-1 所示。

表 6-1　　　　　　　　煤化工生产工艺中的碳源

工艺流程	煤焦化	煤气化	煤液化
碳源	焦炭、焦油	甲醇、乙二醇	汽油、柴油

为了更清晰地反映出煤化工产业各阶段的碳源分布情况，列出其工艺流程，如图 6-11 所示。

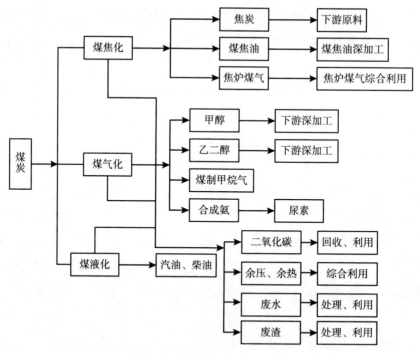

图 6-11　煤化工生产工艺流程

由图 6-11 可知，三条工艺线中均会形成碳源，属于较高的碳排放水平。要实现其低碳化，需要从工艺、废料回收，产品处理等方面入手。通过仿真模型，估算其生产中的碳排放量。然后，有针对性地实现全生命周期的低碳化控制，尽可能地减少碳排放。

6.2.2　煤化工行业排碳量动态估算仿真模型提出

1. 模型条件假设

由工艺流程可知，在煤焦化过程中，生产焦炭、焦油及焦炉煤气时，均会产生一些含碳量高的中间产品，需要进一步的深化加工。在煤气化过程中，同样也会形成甲醇、乙二醇等含碳产品。在煤液化时，汽油和柴油的生产环节会形成碳排放。对于这些产物，只能通过尾气回收和产品深加工技术进行低碳化处理。受技术所限，相关企业数据显示，相关废气的回收率仅占排放量的一部分。为便于分析，本书假设该行业的废气回收利用率为 100%，即能源所含的碳量最终完全以 CO_2 的形式排出。

2. 模型主要参数

根据煤化工行业碳排放的因果分析，在该仿真模型中输入的主要参数为：固定资产投资、科技投入、地区人口与生产工艺因子（不同年份不同工艺的产品所占比例），前三个变量的数据均来自公开发表的年鉴和手册，而生产工艺因子则是通过对煤化工行业发展情况对比，政策环境分析及咨询专家得出的。

如前所示，煤化工行业的生产工艺主要有焦化、气化和液化三种。煤焦化工艺技术较为简单，普及范围广，属于煤化工发展的初级阶段。煤气化工艺技术较为复杂，产品种类丰富，属于煤化工发展的中级阶段。到了煤液化技术，工艺流程更加复杂化，生产的汽油和柴油等能源替代效果明显，市场前景明朗，属于煤化工发展的高级阶段。据估计，未来中国的煤化工行业将以生产丰富的化工产品和能源替代品为重点，强化下游产品的精细化处理，形成一条可持续发展煤化工产业链，构建行业生态集群。根据三种工艺产品产量分布，求出不同年份的工艺因子，如表6－2所示。

表6－2　　　　　不同年份的煤化工行业不同工艺的产量比

生产工艺 \ 年份	1990 年份额	2000 年份额	2010 年份额	2020 年份额
煤焦化	99.1%	95.4%	92.6%	89.1%
煤气化	0.5%	3.2%	4.5%	6.2%
煤液化	0.4%	1.4%	2.9%	4.7%

此外，该模型中的内生变量主要通过"系统综合动态分析与模型体系"的方法确定。将煤化工行业产品产量、能源及原材料的消耗率等变量，通过诸如"有独立误差的回归、多元回归、历史数据病态回归"等方法来确定相关因子，令其作为内生变量的主要影响因素。由于内蒙古地区煤化工自2000年以后才开始大规模发展，因此，以2000～2012年的历史数据为基础，进行模型仿真拟合。在构建模型后，将预测数值与实际数据进行对比，分析其预测精确度。然后，进行未来5～10年的行业碳排放数据预测。根据系统动力学、因素分析等原料，构建了详细的结构模型和数学模型（见附录1、附录2）。

6.3　煤化工行业排碳量动态估算仿真模型构建

综合分析后，构建了内蒙古地区煤化工行业碳排放的动态估算模型，共包含变量和常量共364个，方程386个，详细结构模型见附录1～3。结合历史数据，以2000年为仿真初始年，2000～2012年数据为对比约束条件，对模型进行仿真调试。

　　该模型中，作为系统核心的状态变量，表示系统在变化过程中某一具体时刻的状态，用差分方程表示：

$$Lever(t) = lever(t - dt) + (Inflow(t - dt) - Outflow(t - dt)) \times dt$$

　　其中，Lever 表示状态变量，Inflow 表示流入速率，Outflow 表示流出速率。在整个模型系统中，主要的状态变量包括区域人口数量、产品价格、固定资产投入资金等。描述模型系统活动状态的速率变量和辅助变量是，关系较为复杂，以人口数量及与其相关的出生率与死亡率为例，由这些要素构成的因果关系如图 6 - 12 所示：

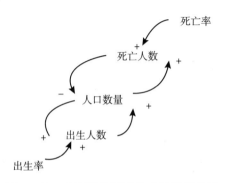

图 6 - 12　人口相关要素构成的因果关系

　　其中，状态变量：人口数量（PoP），辅助变量：出生率 birth-rate，死亡率 death-rate，流量：（每年）出生人数（birth），（每年）死亡人数（death）。

　　据此，可以得到，由这些变量构成的数学模型为：

$$PoP(t) = PoP(t - dt) + (birth - death) \times dt$$

$$INIIT(PoP) = 114333$$

$$birth = PoP \times birth - rate/1000$$

$$death = PoP \times death - rate/1000$$

$$birth - rate = GRAPH(time)$$

$$death - rate = GRAPH(time)$$

由这些变量构成的结构模型如图 6-13 所示：

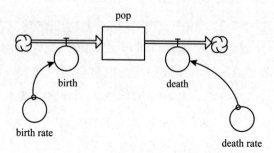

图 6-13 人口相关要素的结构模型

6.3.1 模型仿真结果

据此，在上述假设及约束下，利用仿真软件建立模型并运行，得到了对煤化工行业排碳量的估算。结果显示，模型构建较为合理，预测值与实际的行业排碳量、行业生产量等变化趋势相近。通过该模型得到了，产品产量、实际能源消耗数据与模型仿真结果对比如表 6-3 所示。

表 6-3 内蒙古地区煤化工行业产品仿真估算结果（2000~2012）

年份	煤化工产品	实际值（万吨）	仿真值（万吨）	误差（%）
2000	焦炭	173.33	172.08	-0.7237
	醇、焦油类	46.45	44.53	-4.3135
	烃类燃气	13.20	12.82	-2.9941
2005	焦炭	584.11	585.26	0.1972
	醇、焦油类	73.04	72.12	-1.2724
	烃类燃气	14.02	13.63	-2.8796
2006	焦炭	759.81	756.83	-0.3931
	醇、焦油类	82.90	81.95	-1.1535
	烃类燃气	14.98	13.86	-8.0520
2007	焦炭	997.24	990.15	-0.7165
	醇、焦油类	201.84	203.28	0.7062
	烃类燃气	16.05	15.84	-1.3528

年份	煤化工产品	实际值（万吨）	仿真值（万吨）	误差（%）
2008	焦炭	1 324.44	1 332.69	0.6190
	醇、焦油类	169.94	168.12	− 1.0799
	烃类燃气	17.43	17.25	− 1.0722
2009	焦炭	1 770.60	1 783.65	0.7316
	醇、焦油类	233.23	243.26	4.1235
	烃类燃气	18.81	21.68	13.2273
2010	焦炭	1 890.00	1 856.39	− 1.8105
	醇、焦油类	259.99	255.24	− 1.8608
	烃类燃气	20.34	20.87	2.5581
2011	焦炭	2 345.00	2 451.23	4.3337
	醇、焦油类	505.99	509.68	0.7237
	烃类燃气	22.00	21.26	− 3.4980
2012	焦炭	2 569	2 653.23	3.1746
	醇、焦油类	656.25	661.58	0.8056
	烃类燃气	23.94	22.34	− 7.1620

注：表中数据由内蒙古能源统计年鉴、行业年鉴，新闻数据综合分析得出，醇、焦油类指甲醇、煤焦油等煤化工液态产品，烃类燃气指甲烷、烯烃、天然气、焦炉气等煤化工气态产品，单位为亿立方米（内蒙古地区 2002 年以前，不生产甲醇）。

由表 6 - 3 可知，仿真数据与实际相符程度较高，达到了 92.6%，仿真结果较为可靠。此外，根据仿真模型，求得煤化工行业排碳量的估算及预测值结果，如表 6 - 4 所示。

表 6 - 4　　内蒙古地区煤化工碳排放量估计（1990 ~ 2020）

年份	排碳量（MtC）	排碳量（MtCO$_2$）
1990	74.28	210.23
1991	77.66	240.18
1992	78.62	250.16
1993	79.4	259.80
1994	80.6	262.87
1995	81.8	272.69

续表

年份	排碳量（MtC）	排碳量（$MtCO_2$）
1996	83.3	281.3
1997	85.6	288.7
1998	86.2	299.1
1999	88.4	301.2
2000	89.2	312.5
2001	91.2	335.6
2002	92.4	333.5
2003	94.4	342.1
2004	95.8	346.8
2005	94.00	368.3
2006	99.6	372.4
2007	102.8	382.6
2008	105.6	388.4
2009	110.2	396.8
2010	118.4	410.3
2011	124.6	500.2
2012	132.8	521.3
2013	146.5	531.9
2014	156.9	612.3
2015	162.3	663.8
2016	168.3	672.3
2017	176.9	712.9
2018	182.3	768.2
2019	193.6	788.6
2020	210.3	793.4

由此，得到了未来 10 年间，煤化工行业排碳量变化趋势，如图 6-14 所示。

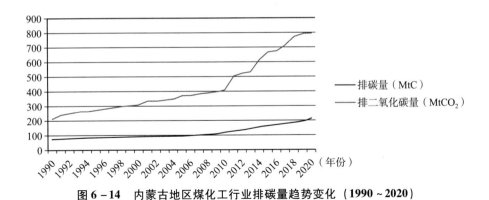

图 6 - 14 内蒙古地区煤化工行业排碳量趋势变化（1990 ~ 2020）

6.3.2 估算值的误差分析

由于数据筛选，建模假设等条件的限制，通过仿真软件构建的煤化工行业碳排放模型，在估算碳排放量时仍存在一些误差。综合分析后发现，主要原因有以下几点。

1. 模型假设条件带来的不确定性

在仿真模型中，假设条件是行业尾气被全部回收。但实际情况并不是如此，几家大型企业的尾气回收利用率也仅 30% ~ 50%。因此，该假设会使得估算值偏高。

此外，模型的预测值是在不受相关减排政策影响下求得。而当前我国正在推动的相关减排项目和试点的减排政策，如鼓励工业部门使用清洁能源及清洁生产方式，实现工业可持续发展；制定节能政策；强化技术改造资金的投入，推广先进的节能技术等。同时，即将出台的碳税或碳交易政策都必将极大地促进该行业的减排。

2. 能源使用率情况的不确定性

在确定煤化工企业使用原料的数据时，对于国家重点及地方重点的煤化工企业，都可以通过国家正式公布的资料，较为准确地估算其能源使用效率。而对于众多分散的小型煤化工企业，大多数的环境统计数据缺失。因此，在该部分的估算值中，主要运用"生产比重与消耗比重的均值折算法",求得平均数来代替。实际上,实际值应该高于这一平均估算值。

3. 原料使用情况的不确定性

煤化工生产技术涉及三种工艺,不同工艺的原料使用情况各不相同。在技术水平方面也存在较大差异,在获取这部分数据时,不同类型企业的原料情况差异较大。因而,仅选取了大型代表企业的数据为参考,估算值可能偏高。

4. 参数选择带来的不确定性

在本研究中,采用了 IPCC 所使用的能源固碳因子、排碳因子、能源使用氧化因子。实际中,我国的碳氧化率、能源使用效率低于发达国家。例如,由于煤炭处理技术的差异,我国未经过洗选的煤炭,灰分较高,约高于27%。一些小型企业由于设备落后,技术水平较低,煤炭的燃烧率只有91%左右。而 IPCC 推荐的煤炭燃烧率为97%,严重影响了燃煤的氧化率的确定。据此,本书所使用的参数使得排碳量的估算值偏高。

如上所述,该仿真模型能够较好地预测煤化工行业的碳排放值。通过与实际排放量的对比,可以认为预测值具有一定的参考意义。在充分认识到影响其误差的因素后,在数据完善的情况下,其预测精度将随之提高。借助该模型的分析结果,将有助于该地区煤化工行业的低碳发展分析。接下来,将运用 LEAP 模型,进行其碳指标分解额度情景研究。

6.4 内蒙古煤化工产业国家碳指标分解额度情景分析

6.4.1 LEAP 模型概述

LEAP 模型全称是长期能源可替代规划系统模型(Long-range Energy Alternatives Planning System),是一个基于情景分析的能源—环境分析工具；由瑞典斯德哥尔摩环境研究所及美国波士顿 Telles 研究所共同研究开发的一套计量经济模型。

LEAP 模型是以能源需求、消费和环境影响为研究对象，通过数学模型来预测各部门的能源需求、消费及环境影响。该模型实现了对能源消费系统的仿真，通常称为"终端能源消费模型"。

LEAP 是专门为能源规划、特别是长期能源规划所设计的。它的数据输入透明，而且比较灵活。LEAP 要求收益各种技术统计数据、财务统计数据和相应的环境排放统计数据，经过模型计算可得到不同开放情景下的总成本，以及对应的环境收益。LEAP 模型有较为详细的环境数据库，统计了各个国家不同技术种类的排放指标并形成了数据库，从而方便了环境影响评价。

LEAP 模型在我国的很多部门，如能源需求预测、交通领域的能耗情景、能源对环境的影响等各个方面，都已经得到了很广泛的应用。我国国家发展和改革委员会能源研究所从 1990 年以来，先后在"青岛能源规划项目"、"与 AIT 合作研究的案例城市交通部门温室气体减排分析项目"以及"与 UNEP 合作的能源环境区域规划项目"中应用了该模型。[①] 在众多研究中，一般以 LEAP 软件为工具，建立 Leap － 相应行业模型，采用自上而下的计量经济方法，根据各个行业终端用能的变换设置不同情景，并链接成本数据和 CO_2 排放因子，可以对各行业进行能源需求，CO_2 排放和减排成本效益分析，该模型的基本步骤如图 6 － 15 所示。

由图 6 － 15 可知，在运用 LEAP 模型解决问题时，首先需要分析影响对象的各类主要因素，初步构建因素分析框架。其次，设定分析情景。定量与定性地分析因素，如行业产量及利润的定量分析与政策与市场发展方向的定性分析相结合。通过搜集数据，专家评价，设定不同的发展情景方案。从而，提炼出相应指标，输入预定模型，得到分析结果。

---

① 白富鑫. 煤化工及其下游相关产业的价值链分析 [J]. 化学工业，2010，7 (28): 7 - 16.

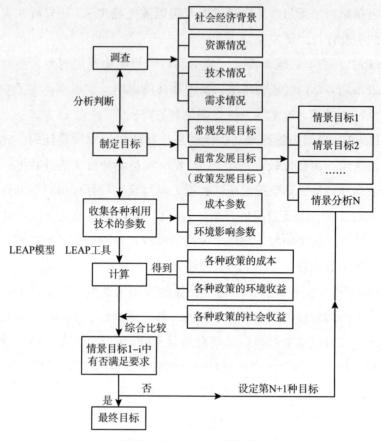

图 6 – 15　LEAP 模型步骤

最后，在情景假定条件下，依据模型预测结果，提出不同层面的政策建议，为有关部门决策提供参考。

6.4.2　LEAP 模型的情景假设

结合我国煤化工产业环境及内蒙古地区的发展情况，影响该地区的煤化工产业的因素较多。具体而言，政策法规、市场规划、技术水平、资源状况等决定了煤化工产业发展的基础，居民消费，煤化工的相关产业部门，碳排放交易等因素决定了煤化工产业发展的长度。因此，通过选取主要因素的方法，进行下一步分析。

首先，从需求方来分析煤化工产业的发展。由于产品种类丰富，其需求方更为多样。工业部门、居民生活部门的需要量都会影响其产品产量，间接导致碳排放发生变化，可以通过需求方的需求量初步计算得到。其次，政策、市场因素对该行业发展影响较大，可以通过政策规划，法律规范等文件信息得到参数。最后，技术水平对行业碳排放的影响较大，不同技术参数对煤化工产业升级影响颇大，相应的参数可从技术资料取得。

综合煤化工的发展情况，设置了三种方案。在这三种情景中，经济总量相同，三种产业的比例相同，煤化工部门以外的其他部门或行业的产出量相同，以简化复杂的宏观经济情景。第一种方案是基准情景，在该情景中，政策、市场按照预定的计划发展，能够实现基本的行业发展要求，碳减排方面的指标也能基本满足。第二种方案是理想情景，该情景下，煤化工产业市场顺利发展，政策扶持力度较强，技术水平升级较快，减排效果也较为明显。第三种方案是受挫情景，该情景中，政策、市场、技术、减排等均未达到预计效果，产业发展受到了严重阻碍。内蒙古地区煤化工产业的发展情景如表6-5所示。

表6-5 内蒙古地区煤化工产业的发展情景

情景方案	情景描述
基准情景	各部门以预定的速度发展，各类因素联动平衡，产业规模得到一定程度发展
理想情景	产业发展迅速，技术升级明显，较好地实现了规模扩张
受挫情景	各部门、各因素均低于预期水平，产业发展缓慢，规模缩减

6.4.2.1 各情景方案中的参数设置

针对设立的三种情景方案，本节采用文献+专家法对不同情景的参数进行设置。其中,"专家判断"的数据是根据大量文献资料以及实地调研中获得。据此,进行综合判断,设置相应的参数值。为了进一步对本书参数选择的合理性做出评价,还会根据所得数据资料显示的概率分布,对基准情景的研究结果进行不确定性分析。

具体而言,能源需求模块相关参数主要分为以下几类:

(1)宏观参数,包括人口(亿人)、GDP(万亿元)和三次产业的比重;在第二产业中,需要设置钢铁、合成氨、煤焦油以及烷烃类产品增加值比重;第三产业中,需要设置服务部门的增加值比重。

(2)居民生活部门相关参数,包括城镇居民生活能源强度(百万吨标煤/亿人)、农村居民生活能源强度(百万吨标煤/亿人)、城镇化率(%)、城镇居民生活用电比重(%)以及农村居民生活用电比重(%)。

(3)工业中主要煤化工产业相关部门的参数,包括钢铁产量(百万吨)、吨钢能耗(吨标煤/吨);烷烃类产品产量(百万吨)、吨烷烃类产品能耗(吨标煤/吨)、烷烃类产品用电比重(%);合成氨产量(百万吨)、吨合成氨能耗(吨标煤/吨)、合成氨生产用电比重(%);煤焦油产量(百万吨)、吨煤焦油能耗(吨标煤/吨)、煤焦油产品用电比重(%)。

(4)服务部门相关参数,包括服务部门单位增加值能耗(万吨标煤/亿元)、服务部门增加值比重(%)以及服务部门用电比重(%)。

(5)其他部门相关参数,包括其他部门增加值比重(%)、其他部门用电比重(%)以及其他部门单位增加值能耗(万吨标煤/亿元)。

由此,所确定的基准情景下的各参数值如表6-6所示,其基本依据是上述各参考资料中,出现频率较高的参数值(部分数据不能通过直接方法获得,而是通过间接计算得到)。

表6-6

各种情景下相关参数的设定

年份	人口	GDP	第一产业比例	第二产业比例	第三产业比例	钢铁、水泥、建筑等耗电部门
2020	(0.31, 0.32, 0.33)	(3.42, 3.51, 3.60)	(6.9, 6.9, 6.9)	(46.8, 47.2, 48.0)	(35.2, 34.6, 33.8)	(11.1, 11.3, 11.3)
2030	(0.33, 0.34, 0.31)	(4.21, 4.16, 4.34)	(5.2, 5.2, 5.2)	(41.8, 45.3, 46.1)	(42.6, 40.5, 38.4)	(10.4, 9.0, 10.3)
2040	(0.31, 0.32, 0.35)	(5.36, 5.06, 5.12)	(4.1, 4.1, 4.1)	(37.6, 40.1, 41.3)	(46.1, 47.3, 44.5)	(12.2, 8.5, 10.1)
2050	(0.32, 0.35, 0.36)	(6.83, 7.12, 7.46)	(3.6, 3.6, 3.6)	(32.5, 34.8, 36.5)	(52.1, 51.3, 49.7)	(11.8, 10.3, 10.2)

年份	城镇化率	城镇居民生活能源强度	城镇居民生活用电比重	农村居民生活能源强度	农村居民生活用电比重	
2020	(51, 51, 51)	(46, 48, 49)	(15, 17, 19)	(28, 31, 32)	(18, 22, 24)	—
2030	(62, 62, 62)	(60, 63, 65)	(18, 22, 24)	(30, 32, 33)	(20, 21, 23)	—
2040	(68, 68, 68)	(66, 69, 72)	(22, 26, 29)	(32, 35, 38)	(22, 24, 26)	—
2050	(72, 72, 72)	(69, 73, 75)	(24, 26, 28)	(33, 36, 39)	(25, 27, 28)	—

年份	钢铁产量	吨钢能耗	钢铁生产用电比重	合成氨产量	吨合成氨能耗	合成氨生产用电比重
2020	(118, 118, 136)	(0.49, 0.53, 0.66)	(9.8, 10.2, 11.4)	(24, 26, 28)	(1.6, 1.6, 1.6)	(12.8, 13.1, 13.2)
2030	(106, 118, 124)	(0.41, 0.50, 0.62)	(10.3, 10.8, 11.6)	(23, 25, 26)	(1.4, 1.4, 1.4)	(13.9, 14.2, 15.1)
2040	(99, 108, 121)	(0.36, 0.42, 0.46)	(10.9, 11.2, 11.6)	(22, 24, 25)	(1.2, 1.2, 1.2)	(14.3, 15.8, 16.2)
2050	(82, 106, 120)	(0.31, 0.40, 0.42)	(11.6, 12.2, 12.6)	(19, 20, 21)	(1.1, 1.1, 1.1)	(15.6, 16.4, 17.2)

续表

年份	烷烃类产品产量	吨烷烃类能耗	烷烃类用电比重	煤焦油产量	吨煤焦油能耗	煤焦油产品用电比重
2020	(12, 13, 14)	(1.12, 1.24, 1.32)	(8.6, 9.2, 10.3)	(10.4, 11.2, 12.6)	(1.02, 1.12, 1.21)	(5.2, 5.4, 6.1)
2030	(14, 15, 15)	(1.06, 1.13, 1.26)	(9.2, 10.6, 11.2)	(11.3, 11.6, 12.9)	(0.96, 0.98, 1.06)	(5.8, 6.2, 6.6)
2040	(16, 17, 18)	(0.92, 1.08, 1.13)	(10.4, 11.3, 12.4)	(12.5, 13.2, 13.6)	(0.92, 0.95, 1.10)	(6.3, 7.2, 7.6)
2050	(19, 20, 21)	(0.86, 0.99, 1.09)	(11.6, 12.3, 13.4)	(13.1, 14.4, 15.2)	(0.88, 0.92, 1.01)	(7.3, 7.6, 8.2)

年份	服务部门增加值比重	服务部门单位增加值能耗	服务部门用电比重	其他部门增加值比重	其他部门单位增加值能耗	其他部门用电比重
2020	(39.1, 38.3, 37.6)	(0.092, 0.08, 0.07)	(26, 28, 32)	(38.8, 39.2, 40.3)	(0.29, 0.32, 0.36)	(18, 21, 23)
2030	(42.5, 40.8, 39.4)	(0.08, 0.085, 0.09)	(29, 33, 34)	(35.4, 37.1, 39.6)	(0.18, 0.21, 0.26)	(21, 24, 25)
2040	(45.6, 43.9, 40.1)	(0.076, 0.08, 0.09)	(31, 33, 36)	(32.3, 34.2, 35.6)	(0.10, 0.12, 0.16)	(24, 26, 29)
2050	(48.2, 46.6, 42.4)	(0.066, 0.07, 0.08)	(43, 45, 52)	(28.9, 29.5, 33.3)	(0.08, 0.12, 0.16)	(28, 31, 32)

资料来源：根据《内蒙古能源统计年鉴》、美国能源署统计方法估算得到。

各参数概率分布的确定也将基于主要数据参考来源进行分析，概率分布的确定方法如下：

（1）基准情景取值处于最小值和最大值的平均值，则采用正态分布（Normal Distribution）函数模拟；

（2）基准情景取值处于平均值和最大值间，则采用最小极端分布（Minimum Extreme Distribution）模拟；

（3）基准情景取值处于最小值和平均值间，则采用对数正态分布（Lognormal Distribution）或最大极端分布（Maximum Extreme Distribution）参数。

6.4.2.2 模型与不确定性分析

1. 不同需求情景下分析结果

根据上述参数设置，基于 2000～2009 年的电力消费数据，可得 2020 年、2030 年、2040 年和 2050 年电力需求情景分析结果如图 6-16 所示。图中分析数据表明，2010～2020 年，是我国工业内部结构调整的关键时期，期间基准情景下煤化工产品需求总量增长速度将低于 21 世纪前十年的增长趋势；2020 年以后，随着我国高新技术产业的规模化发展、服务业不断成熟、城镇化进程加快，煤化工产品需求总量将加快上升。但 2030 年之后，煤化工产品需求量将逐渐趋于饱和，呈现增长速度放缓的迹象；相应地，强电气化情景下电力需求将比基准情景下高 20%～45%；弱电气化情景下电力需求将比基准情景下低 15%～35%。到 2050 年，强电气化情景下，电力需求量将达到 13 573.6TWh；基准情景下，电力需求量将达到 9 443.2TWh；弱电气化情景下，电力需求量将达到 6 578.57TWh。

2. 基准情景下电力需求结果的不确定性分析

基于各主要参数的概率分布情况，根据蒙特卡罗方法对基准情景下的电力需求结果进行不确定性分析，得到各年份电力需求总量的概率分布，如图 6-17 所示。

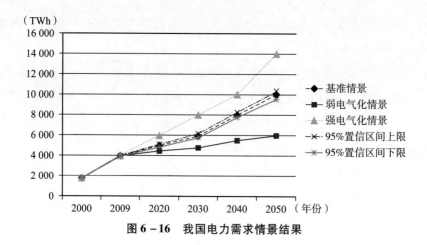

图 6 - 16　我国电力需求情景结果

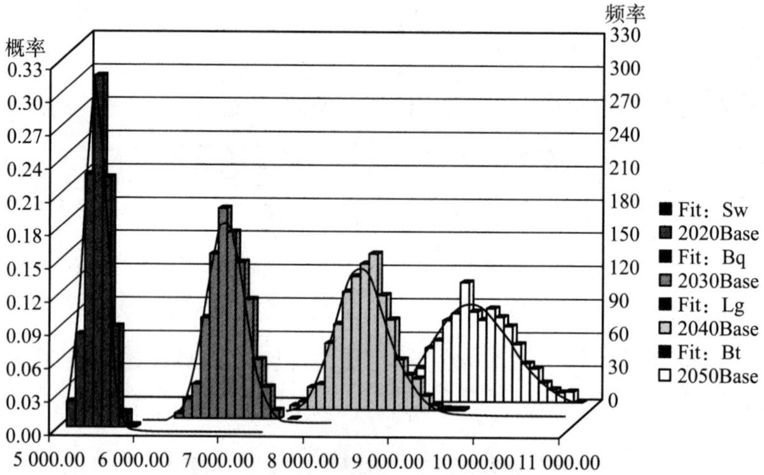

（横轴图例）

图 6 - 17　各年份电力需求总量的概率分布

图 6 - 17 中，纵轴表示频率和概率，横轴表示基准情景下，各年份的电力需求量。可以推断，随着时间推移，基准情景下煤化工产品需求的不确定性将越来越大。

从各年份煤化工产品需求概率分布间隔可以看出，我国煤化工产品需求量的增长速度趋缓。基于 95% 置信区间，在基准情景下，各年份煤化工产品需求量结果的不确定性如下：

2020 年：3 018.00 - 6.42% ~ 3 018.00 + 3.35%；

2030 年：4 250.38 - 5.24 ~ 4 250.38 + 2.18%；

2040 年：6 164.84 - 6.39% ~ 6 164.84 + 7.26%；

2050 年：8 356.67 - 9.57% ~ 8 356.67 + 10.89%。

接下来，借助 Crystal Ball 对煤化工产品需求的关键来源进行敏感性分析。分析结果显示，2020 年煤化工产品需求量主要受其他部门用量比重影响，包括钢铁产量、吨钢能耗等指标，反映了该部分对煤化工产品需求不确定性的影响较大；2030 年煤化工产品需求量主要来自受 GDP 影响，也包括部门需求等，反映了 2020 ~ 2030 年，产业结构调整过程的曲折。2030 年后，GDP 增长对煤化工产品的需求影响依然最大。但是，伴随服务业大量替代制造加工业，居民生活水平提高，其用能需求的不确定性也将对煤化工产品需求产生重要影响。

6.5　本　章　小　结

本章采用系统动力学的分析方法，综合已有估算方法的优点，以系统动力学、系统综合动态分析学为理论基础，以 STELLA 仿真软件及 IPCC2012 的碳排放系数为实现条件，并利用排碳因子相关理论，结合我国煤化工发展现状，通过自上而下和自下而上两种方式对煤化工产业排碳量进行测算：首先，从宏观的角度，分析影响煤化工发展的因素，建立宏观的煤化工产业碳源排碳的仿真模型；其次，从相对微观的角度，即按各个子行业划分，根据其排碳特点，建立通用的仿真模型，然后将其碳源排碳汇总得到全行业的碳排放预测模型。通过实证分析发现，仿真模型能够较好地预测煤化工行业的碳排放值。进一步，运用 LEAP 模型对其碳指标分解额度进行了情景研究，发现在所有年份中，GDP 增长都是煤化工产品需求影响的重要来源。不同阶段时，各类比重的影响程度会发生变化。

| 第 7 章 |

内蒙古煤化工产业与低碳发展

7.1　内蒙古煤化工产业价值链分析

作为煤炭的深加工产业，煤化工产业主要有三条生产链：（1）煤炭气化制造以 CO 为主的合成气，进而经过合成氨、甲醇、二甲醚、MTO、MTP 生产上百种 C1 化工产品；（2）煤焦化制焦炭、焦炉煤气、炭黑等产品；电石及电石乙炔化工；（3）煤液化加工制汽油、柴油、LPG 等油品及化学品等，如图 7 - 1 所示。

由图 7 - 1 可知，三条产业链的产品种类丰富，市场前景看好，商业价值较高。受生产工艺影响，其产品主要包含三类，市场需求量较大：

（1）以煤为原料生产甲醇及多种化工产品。甲醇通过羰基化可进一步制取醋酸、甲酸甲酯、甲酸等重要的化工产品，还可以用于甲醇汽油（掺烧或者全烧）、二甲醚替代液化石油气、柴油或制造燃料电池等。因此，发展甲醇下游产品，特别是可替代石油化工产品，将是未来提高市场竞争力的重要方向。

（2）以煤为原料合成低碳烃类。主要是指用以甲醇为代表的含氧有

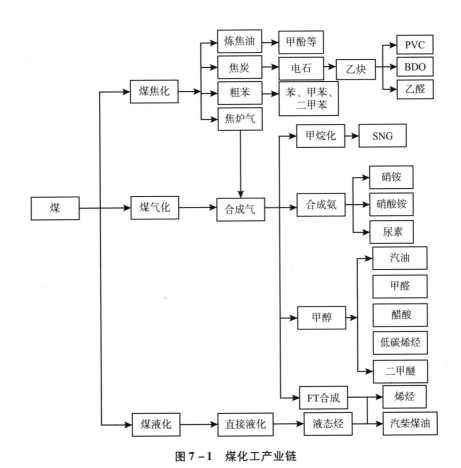

图 7-1 煤化工产业链

机物为原料生产以乙烯和乙烯/丙烯为主的低碳烯烃工艺。煤制工业燃气、民用煤气等气化技术，作为现代煤化工的龙头技术，正在发挥越来越重要的能源供给作用。

（3）液化技术。主要分为直接和间接技术，其中，通过对煤加热、加压、催化加氢，获得液化油，加工成汽油等其他化工产品，是煤直接液化。将煤气化制得合成气（CO、H_2），接着通过 F—T 合成，得到发动机燃料油、其他化工产品的过程是煤间接液化。

实践表明，上述产品已经在国民经济发展中扮演着越来越重要的角色，具有良好的市场潜力。内蒙古地区的煤化工产业应当以此为目标，通过升级技术，实现由传统煤化工向新型煤化工的转变。为了实现项目的可持续性，其发展过程中应当采取低成本、环境友好型的生产技术，煤化工联产系统和煤气化多联产系统均是不错的选择。

对比来看，煤化工联产系统是新型煤化工发展的重要方向，利用不同技术途径的优势和互补性，优化集成工艺，从而，达到资源、能源的综合利用，减少工程建设投资，降低生产成本，减少污染物或废弃物排放。如煤焦化与直接液化联产、F—T合成与甲醇合成联产等，均可通过该系统实现。

煤气化多联产系统以煤气化为核心，以煤（或石油焦、渣油等）为气化原料，煤气作为合成液体燃料、化工品及发电的原料或燃料。通过多种产品生产过程的优化集成，达到减少建设投资和运行费用，实现环境保护的目的。多联产与单产相比，实现了梯级利用煤炭资源价值，最大化煤炭资源价值利用效率和经济效益，满足了煤炭资源利用的环境友好性。

未来，内蒙古地区煤化工产业在这两种生产系统的支持下，应当发展市场前景更为广阔的精细化工业。也将是说，煤气化后生产"甲醇化工产品"等精细化工产品的产业链，将成为煤化工产业中最具附加值的链条之一。该产业链包含了醋酸、烯烃等100多种产品。相比柴油、燃气等产品而言，其低碳效果更为明显，具有更强的持续发展能力。例如，醇醚燃料可替代交通运输燃料；甲醇燃料可替代发电燃料及燃料电池；甲醇蛋白可作为生物衍生品应用。

由于精细化工产业链具有能源替代性和环境友好性，可以预见，内蒙古地区将应用二步法、气固相一步法或其他新工艺，实现甲醇制二甲醚、醋酸、烯烃，打造煤基醇醚燃料产业，实现产业链的增值和持续发展，获得经济效益和生态效益。

7.2 内蒙古煤化工产业低碳发展潜力评价框架

如前所述，目前，在资源、技术、政策、经济及环境等因素的影响下，内蒙古地区煤化工产业正处于迅速发展阶段，产生了一定的经济效益和社会效益。但是，从长远看，该地区煤化工产业是否能够顺利发展，发展过程中会面临哪些问题，仍需要仔细论证。基于影响煤化工发展的因素，本书从自然资源、生产技术、政策扶持、经济效益及环境效益五方面，确立了内蒙古煤化工发展潜力评价体系的基本框架。接着，从指标体系的建立原则，指标内容及赋权，评价模型的建立等方面，构建该套评价体系。

7.2.1　低碳发展潜力评价指标体系的构建原则

作为综合评价基础，合理的指标体系是保证客观有效的综合评价结果的关键。因此，在构建指标体系时，应根据评价对象，选择合适的指标予以评价。基于低碳发展的特点，以 SMART 准则为基础，主要包含五方面的内容。

（1）特定的评价对象（Specific）：评价指标体系应当结合评价对象的本质、特征及相关要素而建立，应当具有一定的针对性。

（2）可测量的指标（Measurable）：这条准则体现了评价指标的标准性，对于已提出的指标，应当建立详细的评价标准，指标概念需明确、含义需清晰，应尽量避免和减少主观因素。

（3）可得当的指标（Attainable）：指标体系在设计之时，应当考虑到相应数据的获得性。在什么情况下能够获得，有多少指标可以获得真实、有效数据，均需要考虑在内。

（4）关联的指标（Relevant）：评价指标体系是一个有着密切联系的逻辑体系，而非一堆指标的无序堆积。

（5）可跟踪的指标（Trackable）：评价指标体系的设立主要是为了对项目进行评判和监督，对相应阶段的评价应当便于跟踪和再评价。

结合内蒙古地区煤化工产业的特点，进一步演绎得到其发展潜力评价指标体系的构建基本原则：

（1）实用性原则。评价指标应当适合数据收集、方便计算，能够实现有效追踪等功能，与评价对象相契合。

（2）客观性原则。评价指标体系中，所选取的定量指标应当以实际的客观数据为依据，能够真实反映低碳发展潜力；定性指标也应当以客观事实为依据，尽量减少评价的主观性。

（3）典型性原则。评价指标体系中选择的指标应当精简有效，应当具有一定的代表性，能够突出反映其所考察的内容，能够以尽量少的指标，用具有代表性的方法进行评价。

（4）全面性原则。评价指标体系在典型的基础上，还应实现全面，即能够反映评价对象的各方面特点，为评判者提供一个全面的参考依据。

（5）求同存异原则。在建立指标体系时，针对某些特定的评价方向，可能已经有一套比较完整的指标体系。此时，应当吸收那些已经获得实践认同的基本指标类型。同时，在细分指标方面，体现出与评价对象有关的特色指标，各指标之间也应当保持一定的独立性，避免交叉重复，影响赋权。

7.2.2　低碳发展潜力评价指标体系

内蒙古煤化工的发展受到了五大因素的影响，即资源禀赋、技术条件、政策导向、经济效益和环境潜力。资源潜力方面，煤化工的发展首先需要充足的煤炭资源，具体包含了煤炭的开采量、储量、煤炭种类等；其次需要水资源，包括了水资源储量、水源地等；最后，需要空间资源，包含可用空地的面积、空间位置等因素。这些自然条件，直接决定了煤化工产业发展的起点。

技术潜力方面，可分为既有技术和未来技术两方面。其中，已有技术应当包含技术类型及实际应用比例、技术更新率、技术产品的产量等因素，其决定了产业升级的基础。未来技术主要包括技术人才的数量、技术创新及交流的成果等方面，决定着产业升级的前景。

政策潜力方面，煤化工的发展，很大程度上要受到政策制定的影响。通过政策优惠扶持等方法，能够减少其发展过程中的阻碍，获取许多便利。同样，政策的抑制效应也会显著影响到该产业的发展方向和生命力。具体而言，其主要可分为政策导向性和政策强度两个度量指标，反映了该产业发展的政策环境。

经济潜力方面，主要表现为煤化工产业能否带来合理的经济利益，为投资者带来利润回报，有效带动经济发展等。反映该方面的指标，以量化为主，包括了投资成本、维护成本、煤化工产品销售收入、当地GDP产值、煤化工从业人数等因素。

环境潜力方面，重点为煤化工产业的碳排放强度、能耗强度、污水处理率及资源利用率等因素。只有对环境友好，高效利用现有资源，煤化工产业才能得到长远发展。

总体而言，这些因素直接或间接地影响着煤化工产业的发展前景，较为全面地反映了其低碳发展潜力。其中涉及定量的指标，其数据来源及计算方法也较为明确、合理，具有一定的可操作性。因此，初步筛选内蒙古地区煤化工产业发展潜力评价指标如表7-1所示。

表 7-1　　　　　内蒙古煤化工产业的低碳发展潜力评价指标

目标	一级指标	二级指标	指标性质	评价依据
内蒙古煤化工低碳发展潜力	技术潜力	传统技术比例（%）	区间型指标	统计数据
		技术更新率（%）	效益型指标	生产数据
		技术产品的产量（万吨）	效益型指标	生产数据
		技术人才（万人）	效益型指标	统计数据
		技术创新成果（万件）	效益型指标	统计数据
	经济潜力	投资成本（万元/吨）	成本型指标	统计数据
		维护成本（万元/吨）	成本型指标	生产数据
		产品销售收入（亿元）	效益型指标	统计数据
		当地GDP产值（亿）	效益型指标	统计数据
		煤化工从业人数（万人）	效益型指标	统计数据

续表

目标	一级指标	二级指标	指标性质	评价依据
内蒙古煤化工低碳发展潜力	资源潜力	煤炭储量（万吨）	效益型指标	统计数据
		煤炭结构（%）	区间型指标	统计数据
		水储量（万立方米）	效益型指标	统计数据
		可用土地面积（平方千米）	效益型指标	统计数据
	环境潜力	碳排放强度（吨/吨）	成本型指标	生产数据
		能耗强度（吨/吨）	成本型指标	生产数据
		污水处理率（%）	成本型指标	生产数据
		资源利用率（%）	效益型指标	生产数据
	政策潜力	政策导向性	区间型指标	社会评价数据
		政策强度	区间型指标	统计数据

表 7 - 1 所示的指标中定性定量相结合，反映内容丰富，相互联系较为密切，初步构建了一套综合评价指标。为了使其具有可操作性，将进行赋权及无量纲化，本书将采用适合的评价方法进行有关处理，使指标更加客观科学。

7.2.3　低碳发展潜力评价方法的选择

前文分析中已经提到，煤化工产业涉及众多相关主体，利益关系较为复杂。因此，选择合适的评价方法，对有效评价该功能的效益具有重要意义。目前，关于此类项目的评价方法较多，也较为成熟。常见的有德尔菲法、模糊综合评价法、层次分析法、灰色综合评价法、主成分分析法、人工神经网络评价法、因子分析法、数据包络分析法等。依据评价方法和原理的不同，各类评价方法的情况如表 7 - 2 所示。

表 7 - 2　　　　　　　　综合评价方法

评价原理	相关方法
经验评价	专家判断法、会议投票法、德尔菲法等
多指标评价	多因素加权平均法、线性分配法、优选法、约束法、逻辑选择法、两两比较法、综合评分法等

续表

评价原理	相关方法
数学评价	运筹学类（线性规划、动态规划、数据包络、层次分析、排队法等）、数理统计类（回归分析、测熵法、相关系数检验、贝叶斯法等）、灰色系统类（灰色聚类、灰色层次评价、灰色统计、灰色关联分析等）、模糊数学理论（模糊序列、模糊评判、模糊聚类等）、物元分析（物元神经网络、灰色物元、可拓聚类等）
经济方法评价	生产函数法、投入产出法、费用效益法、价值工程、线性分配法等
计算机评价	人工神经网络、计算机仿真、专家系统学习、系统动力学、遗传算法、蚁群算法、鱼群算法等。
混合方法评价	模糊层次分析法、视图法、雷达图法等

如表 7-2 所示，当前的评价方法呈现出"智能化、客观化、数字化、可视化"等特点，力求实现综合客观可靠的评价结论。每种评价方法均有适合的评价对象和优缺点，在实际评价某个项目时，会进行针对性的运用。据 CNKI 统计资料显示，国内学者在评价大型建设项目相关内容时，大约有 50% 以上是选择了模糊综合评价方法及模糊层次分析法。其中，各类指标权重的确定方法中，层次分析法的使用频率最高。可见，模糊综合评价方法和模糊层次分析法在处理这类复杂的指标体系时，具有鲜明的优势。

基于煤化工项目发展涉及因素众多等特点，本书将采用改进的模糊层次分析法对内蒙古地区煤化工发展潜力进行评价。

7.3 内蒙古煤化工产业低碳发展潜力评价

如上所述，由于内蒙古煤化工的低碳发展还处于起步试点阶段，未能大规模的投资和建设，仍然缺乏参照标准。因此，不宜采用客观赋权的综合评价方法进行评价。同时，考虑到煤化工的低碳化建设和运行是一个长期过程，将形成固定资产，适合应用资产全寿命周期理论进行决策和管理。因此在下文中，我们将建立一个采用主观赋权法中的三角模糊层次分析法对指标体系中各指标进行赋权，并融入资产全寿命周期管理理念的发展潜力评价方法。

7.3.1 三角模糊层次分析法

模糊数的层次分析法是指对因素比较的判断是通过一个三角或梯形模糊数来给出的，它用一个区间来代替原来一般的层次分析法的一个判断值。在模糊 AHP 方法研究中，1983 年荷兰学者范·拉霍温提出了用三角模糊数表示模糊比较判断的方法，并运用三角模糊数的运算和对数最小二乘法，求得元素的排序，后又有学者提出了利用模糊数比较大小的方法来进行排序。三角模糊层次分析的基本性质有：

设 $M = (l, m, u)$ 为三角模糊函数，则表示为：

$$\mu_M(x) = \begin{cases} \dfrac{1}{m-l}x - \dfrac{1}{m-l} & x \in (l, m] \\[2mm] \dfrac{1}{m-u}x - \dfrac{1}{m-u} & x \in [m, u] \\[2mm] 0 & \text{other} \end{cases} \quad (7-1)$$

其中，$l \leqslant m \leqslant u$，$l$ 和 u 分别为支撑 M 的下界和上界，m 为 M 的中值。

设 $M_1 = (l_1, m_1, u_1)$，$M_2 = (l_2, m_2, u_2)$ 为两个三角模糊函数，则

$$M_1 \oplus M_2 = (l_1 + l_2, m_1 + m_2, u_1 + u_2) \quad (7-2)$$

$$M_1 \otimes M_2 = (l_1 \times l_2, m_1 \times m_2, u_1 \times u_2) \quad (7-3)$$

$$\lambda M_1 = (\lambda l_1, \lambda m, \lambda u_1) \quad (7-4)$$

$$\frac{1}{M_1} = \left(\frac{1}{u_1}, \frac{1}{m_1}, \frac{1}{l_1} \right) \quad (7-5)$$

并将 $M_1 \geqslant M_2$ 的可能性定义为：

$$V(M_1 \geqslant M_2) = \begin{cases} 1 & m_1 \geqslant m_2 \\[2mm] \dfrac{l_2 - u_1}{(m_1 - u_1) - (m_2 - l_2)} & m_1 < m_2, \ u_1 \geqslant l_2 \\[2mm] 0 & \text{other} \end{cases} \quad (7-6)$$

如图 7 - 2 所示：

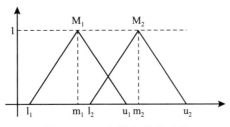

图 7 - 2　三角模糊数的对比

利用三角模糊分析法赋权的基本步骤为：

1. 建立好指标体系后，构造模糊判断矩阵

对于 k - 1 层的某一因素，将其在第 k 层中下属指标进行两两比较，采用三角模糊数定量表示，获得模糊判断矩阵 $A = (a_{ij})_{n_k \times n_k}$，其中模糊判断矩阵的元素 $a_{ij} = (l_{ij}, m_{ij}, u_{ij})$ 是一个以 m_{ij} 为中值的闭区间。而 m_{ij} 就是 AHP 方法中常采用的 1 ~ 9 中整数。而且模糊判断矩阵仍然是一个正负反矩阵，即 $a_{ji} = \left(\dfrac{1}{u_{ij}}, \dfrac{1}{m_{ij}}, \dfrac{1}{l_{ij}} \right)$

2. 计算综合程度值

计算第 k 层的综合三角模糊数。

$$M_{ij}^{k} = \frac{1}{X} \otimes (a_{ij}^{1} + a_{ij}^{2} + \cdots + a_{ij}^{X}) \qquad (7 - 7)$$

其中，X 为专家的人数。由此得到第 k 层全体因素对第 k - 1 层的第 j 个因素的综合判断矩阵。再根据公式（7 - 7），得

$$S_{i}^{k} = \sum_{j=1}^{n} M_{ij}^{k} \otimes \left| \sum_{i=1}^{n_k} \sum_{j=1}^{n_k} M_{ij}^{k} \right|^{-1} \qquad (7 - 8)$$

3. 层次单排序

根据三角模糊数的基本性质，公式（7 - 6）计算

$$V(S_{i}^{k} \geqslant S_{j}^{k}), \ i, \ j = 1, \ 2, \ \cdots, \ n_k; \ i \neq j \qquad (7 - 9)$$

和　　　$P_{ih}^{k}(A_{i}^{k}) = \min V \ (S_{i}^{k} \geqslant S_{j}^{k}), \ i, \ j = 1, \ 2, \ \cdots, \ n_k; \ i \neq j \quad (7 - 10)$

表示第 k 层上个因素对第 k - 1 层上第 h 个因素的单排序，A_{i}^{k} 表示

第 k 层上第 i 个因素，由上所得 $P_{ih}^k(A_i^k)$ 经归一化可得到：

$$P_h^k = (P_{ih}^k, \ P_{2h}^k, \ \cdots, \ P_{nh}^k)^T \qquad (7-11)$$

表示第 k 层上各因素对第 k－1 层次上第 h 个因素的单排序，也即是第 k 层各因素对于第 k－1 层第 h 个因素的相对权重。

7.3.2 全寿命周期评价法

全寿命周期成本（Life Cycle Cost，即 LCC）是指一个系统或设备在全寿命周期内，为购置和维持其正常运行所需支付的全部费用，即产品（设备）在其寿命周期内设计、研发与开发、制造、使用、维修直至退役报废所需的直接、间接以及其他有关费用之和。电力系统的资产全寿命周期管理（Life Cycle Asset Management，简称 LCAM）起源于全寿命周期成本管理，是 LCC 管理理念的发展和丰富。

资产全寿命周期管理是系统工程理论在资产管理上的应用，以资产作为研究对象，从系统的整体目标出发，统筹考虑资产的规划、设计、采购、建设、运行、检修、技改、报废等全寿命周期，在满足安全、效能的前提下追求资产全寿命周期成本最优，实现系统优化的科学方法。

其核心是将资产的形成（项目前期、设计、建设等）、运行、维护和退役等各个阶段纳入统一管理，追求的目标是资产全寿命周期效益的最优，而非局部和阶段最优。在资产的形成阶段，尤其是前期决策阶段是控制资产全寿命周期费用的决定性阶段，它决定了资产整个寿命周期的大部分费用，并且还影响到运行和维护费用。

因此，在煤化工的低碳发展规划设计阶段应将资产全寿命周期范围的前期投入、建设投入、运行维护成本、故障成本以及退役成本等进行综合考虑，即方案决策时应以全寿命周期费用最优作为评价方案优劣的依据。而在项目建设阶段，不但要追求工程一次性的投资目标，还要考虑长期维护运行成本；不但要追求工程的建设质量目标，还要考虑运行效率与可靠性；既要追求工程建设本身的控制目标，也要追求煤化工项目的长期可持续发展。

　　内蒙古地区煤化工低碳发展潜力的全寿命周期评价是结合了资产全寿命周期管理理论和三角模糊层次分析赋权法的综合评价方法。该综合评价方法的总体过程为，基于内蒙古煤化工低碳发展的全寿命周期，将其分为资产形成期、资产运行期、资产维护期、资产退役期等几个阶段；在不同的寿命时期内，其综合效益中各种效益的情况是不一样的；而且相对于各个不同的寿命期，各子类效益对于其综合效益的贡献程度也是不一样的。首先根据不同寿命期的贡献程度对其赋予不同的权重；在某一寿命期内，同样根据子类效益的贡献度赋予不同的权重，以及拓展到最底层的指标。每一个寿命期的评价结果为该寿命期综合效益对不同评价等级的隶属分布，而不同时期的不同权重则相当于全寿命周期理论中的贴现因子，将资产全寿命周期内的综合效益进行贴现，最后得到其低碳发展潜力的综合评价结果。形成一个三维立体的评价如图 7 - 3 所示：

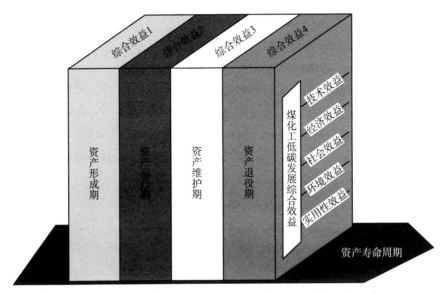

图 7 - 3　内蒙古煤化工低碳发展潜力的三维全寿命周期评价

如图 7-3 所示，内蒙古煤化工低碳发展潜力全寿命周期评价的具体步骤可描述为：

（1）构建评价指标体系，对每个指标设立 5 个等级的评语，即评价集为 $V = \{v_1, v_1, \cdots, v_5\} = \{$很好，较好，一般，较差，很差$\}$。其中对于一些定量指标需要提供历年的数据。

（2）邀请煤化工企业、煤化工产品用户、政府部门的专家学者参加评价与问卷调查。选取多名专家代表就不同寿命期内、不同指标的相对重要性进行对比排序，采用三角模糊层次分析法赋予每个寿命期内不同指标一定的权重。由此得到：

$$P_h^k = (P_{ih}^k, P_{2h}^k, \cdots, P_{nh}^k)^T \qquad (7-12)$$

不过值得注意的是，三角模糊层次分析法的计算量较大，参与赋权专家的人数应合理确定。

（3）采用问卷调查的形式，让所有参加评价活动的专家学者就不同时期不同的指标值（如果是事前评价，则需要煤化工企业就各个寿命期的情况进行预测）进行评价，回收问卷进行统计分析。

（4）一级模糊评价

对于某一个寿命期，综合专家学者的评价结果，通过模糊统计方法，求得一级指标中的第 i 指标的模糊评价矩阵 R_i，$i = 1, 2, \cdots, 5$。

$$R_i = \begin{bmatrix} u_{i1} \\ u_{i2} \\ \vdots \\ u_{ij} \end{bmatrix} = \begin{bmatrix} \dfrac{n_{i1}(1)}{N} & \dfrac{n_{i1}(2)}{N} & \dfrac{n_{i1}(3)}{N} & \dfrac{n_{i1}(4)}{N} & \dfrac{n_{i1}(5)}{N} \\ \dfrac{n_{i2}(1)}{N} & \dfrac{n_{i2}(2)}{N} & \dfrac{n_{i2}(3)}{N} & \dfrac{n_{i2}(4)}{N} & \dfrac{n_{i2}(5)}{N} \\ \vdots & \vdots & \vdots & \vdots & \vdots \\ \dfrac{n_{ij}(1)}{N} & \dfrac{n_{ij}(2)}{N} & \dfrac{n_{ij}(3)}{N} & \dfrac{n_{ij}(4)}{N} & \dfrac{n_{ij}(5)}{N} \end{bmatrix} \qquad (7-13)$$

其中，$n_{ij}(1)$、$n_{ij}(2)$、$n_{ij}(3)$、$n_{ij}(4)$、$n_{ij}(5)$ 分别为对 u_{ij} 指标评价为很好、较好、一般、较差、很差的专家学者人数，N 为总人数。

（5）选用加权平均型的 $M(\cdot, +)$ 算子对 R_i 进行模糊运算，以三

角模糊层次分析法计算获得的单排序向量为权重向量，即 $A_i = P_i^2 = (P_{i1}^2,$
$P_{i2}^2, \cdots, P_{ij}^2)^T$，求第一层第 i 个指标的综合评价向量 B_i^1，则

$$B_i^1 = A_i \circ R_i \tag{7-14}$$

（6）二级模糊综合评判

对同一寿命周期内，在一级模糊综合评判的基础上，由综合评价向量 B_i，可求得第一级指标的模糊综合评价矩阵 R^t，以三角模糊层次分析法计算得到的一级指标单排序 $A^t = P^1 = (P_1^1, P_2^1, \cdots, P_5^1)$ 为权重，运用 $M(\cdot, +)$ 算子对进行 R^t 模糊运算，求得该寿命期内内蒙古煤化工低碳发展的综合效益综合评价向量 B^t，t = 1，2，3，4。

$$B^t = A^t \circ R^t = (P_1^1, P_2^1, \cdots, P_5^1) \circ \begin{bmatrix} B_1 \\ B_2 \\ B_3 \\ B_4 \\ B_5 \end{bmatrix} \tag{7-15}$$

（7）内蒙古煤化工低碳发展潜力的全寿命周期模糊评价

在上一步的基础上，由综合评价向量获得煤化工低碳发展全寿命周期内的综合评价向量 R，同样以三角模糊层次分析法计算得到的各寿命期对于煤化工低碳发展作用贡献的单排序 $A = (A^1, A^2, A^3, A^4)$ 为权重，运用 $M(\cdot, +)$ 算子进行 R 模糊运算，求得内蒙古煤化工低碳发展寿命周期内的综合评价向量 B：

$$B = A \circ R = (A^1, A^2, A^3, A^4) \circ \begin{bmatrix} B^1 \\ B^2 \\ B^3 \\ B^4 \end{bmatrix} \tag{7-16}$$

（8）综合评判结果分析

根据最大隶属度原则对煤化工低碳发展潜力的隶属等级做出评判。同时设评语为 V = {很好，较好，一般，较差，差} = {100，80，60，

40，0｝。则可以根据全寿命周期的综合评价向量 R 计算其全寿命周期内的综合效益得分，也可以根据各寿命期的综合评价向量 B' 计算各寿命期的综合效益得分并排序，以论证每个寿命期对煤化工低碳发展的贡献，为煤化工低碳发展全寿命周期的管理提供决策支持。

7.3.3 内蒙古煤化工产业低碳发展潜力评价——实证分析

根据上述的评价方法，结合 2005～2012 年，内蒙古煤化工产业的生产数据和相关统计资料，得出各评价指标的实际值；同时，考虑到项目实际，该评价已属于中期评价，因此建设期与部分运行期指标取值为实际煤化工生产数据和统计数据，而维护期和退役期则需要进行预测。

从表 7-3 中我们可以看出，煤化工产业在建设初期主要进行的是建设和试运行工作，各个效益的表现并不是很理想，而且在经济效益上可能出现负效益（支付成本，没有收益）的情况，然而这是合乎实际的，也应该是合理的一种状态。

表 7-3　　　　　内蒙古煤化工产业的低碳发展潜力评价指标

目标	一级指标	二级指标	建设	运行	维护	退役
内蒙古煤化工低碳发展潜力	技术潜力	传统技术比例（%）	—	82%	74%	—
		技术更新率（%）	—	10%	15%	—
		技术产品的产量（万吨）	231	358	280	201
		技术人才（万人）		1.2	1.8	
		技术创新成果（万件）	4.38	5.60	3.49	2.39
	经济潜力	投资成本（万元/吨）		—		
		维护成本（万元/吨）			—	
		产品销售收入（亿元）	—	234.2	208.1	
		当地 GDP 产值（亿）		3 569.2	4 283.4	
		煤化工从业人数（万人）	—	8.2	8.5	—

续表

目标	一级指标	二级指标	建设	运行	维护	退役
内蒙古煤化工低碳发展潜力	资源潜力	煤炭储量（万吨）	457.1	445.2	360.4	298.6
		煤炭结构（%）	—	—	—	—
		水储量（万立方米）	—	—	—	—
		可用土地面积（平方千米）	—	—	—	—
	环境潜力	碳排放强度（吨/吨）	—	—	—	—
		能耗强度（吨/吨）	—	—	—	—
		污水处理率（%）	—	—	—	—
		资源利用率（%）	20%	60%	50%	16%
	政策潜力	政策导向性	—	—	—	—
		政策强度	—	—	—	—

资料来源：统计年鉴及运行数据。

下面进行煤化工低碳发展潜力的全寿命周期综合评价。首先由煤化工企业、政府机关、社会三个方面的三个专家对建设期内的技术潜力各二级指标的重要程度进行评判，由此得到个二级指标三角模糊数的判断矩阵，如表7-4所示。

表7-4　　　　建设期技术潜力三角模糊判断矩阵

	E11			E12			E13			E14			E15		
E11	1.00	1.00	1.00	0.33	0.50	1.00	1.50	2.50	3.00	3.50	4.00	4.50	0.50	2.00	3.00
	1.00	1.00	1.00	0.33	0.67	0.77	1.00	2.00	3.00	2.00	2.50	4.00	2.00	3.50	4.50
	1.00	1.00	1.00	0.29	0.33	1.00	1.00	1.50	2.00	1.50	2.50	3.50	2.50	3.00	3.20
E12	1.00	2.00	3.00	1.00	1.00	1.00	4.00	5.00	5.50	2.00	3.20	4.01	3.00	4.00	4.50
	1.30	1.50	3.00	1.00	1.00	1.00	2.00	4.00	6.00	4.00	4.50	6.50	3.00	5.50	7.00
	1.00	3.00	3.50	1.00	1.00	1.00	0.50	2.00	3.00	3.00	5.00	6.00	0.50	2.00	3.00
E13	0.33	0.40	0.67	0.18	0.20	0.25	1.00	1.00	1.00	1.60	2.00	3.00	1.00	2.50	3.00
	0.33	0.50	1.00	0.20	0.25	0.50	1.00	1.00	1.00	0.50	1.50	2.50	0.80	1.50	3.50
	0.50	0.67	1.00	0.33	0.50	2.00	1.00	1.00	1.00	0.50	0.60	1.00	0.50	1.00	2.00
E14	0.22	0.25	0.29	0.25	0.31	0.50	0.33	0.50	0.63	1.00	1.00	1.00	1.50	2.00	3.00
	0.25	0.40	0.50	0.15	0.22	0.25	0.40	1.00	2.00	1.00	1.00	1.00	1.20	1.50	2.00
	0.29	0.40	0.67	0.17	0.20	0.33	1.00	1.67	2.00	1.00	1.00	1.00	1.00	3.00	3.50

	E11			E12			E13			E14			E15		
E15	0.33	0.50	2.00	0.22	0.25	0.33	0.33	0.40	1.00	0.33	0.50	0.67	1.00	1.00	1.00
	0.22	0.29	0.50	0.14	0.18	0.33	0.29	0.67	1.25	0.50	0.67	0.83	1.00	1.00	1.00
	0.31	0.33	0.40	0.33	0.50	2.00	0.50	1.00	2.00	0.29	0.33	1.00	1.00	1.00	1.00

根据公式（7-6）计算建设期技术潜力二级指标的综合三角模糊数，得到综合三角模糊数判断矩阵，如表7-5所示。

表7-5　　　　　　　　　综合三角模糊数判断矩阵

	E11			E12			E13			E14			E15		
E11	1.00	1.00	1.00	0.32	0.50	0.92	1.17	2.00	2.67	2.33	3.00	4.00	1.67	2.83	3.57
E12	1.10	2.07	3.16	1.00	1.00	1.00	2.17	3.67	4.50	3.00	4.23	5.50	2.17	3.83	4.83
E13	0.34	0.50	0.81	0.24	0.32	0.92	1.00	1.00	1.00	0.87	1.20	2.17	0.77	1.67	2.83
E14	0.27	0.39	0.48	0.19	0.21	0.36	0.58	1.06	1.54	1.00	1.00	1.00	1.23	2.17	2.83
E15	0.83	1.10	2.46	0.70	0.93	2.67	1.12	2.07	4.25	1.12	1.50	2.50	3.00	3.00	3.00

根据公式（7-7）得到各技术潜力二级指标的综合程度向量（见表7-6）。

表7-6　　　　　　　　　综合程度向量

	l	m	u
S1	0.107	0.220	0.416
S2	0.156	0.352	0.650
S3	0.054	0.108	0.267
S4	0.054	0.114	0.201
S5	0.108	0.203	0.524

基于各指标的综合程度向量，根据公式（7-5）计算某一指标大于其他指标的可能性，则：

$$V(S_1 \geqslant S_j) = (0.6642, 1, 1, 1)$$

$$V(S_2 \geqslant S_j) = (1, 1, 1, 1)$$

$$V(S_3 \geqslant S_j) = (0.594024, 0.315817, 1, 0.62597)$$

$$V(S_4 \geqslant S_j) = (0.497636, 0.192786, 1, 0.52788)$$

$$V(S_5 \geqslant S_j) = (0.260805, 0.712792, 1, 1)$$

$$P^2(A_1^2) = \min V(S_i^2 \geqslant S_j^2) = (0.6642, 1, 0.3158, 0.1928, 0.2608)$$

由三角模糊层次分析的单排序过程计算的技术潜力各指标的权重为:

指标	E11	E12	E13	E14	E15
权重	0.273	0.411	0.130	0.079	0.107

而根据问卷的统计结果,技术潜力的模糊判断矩阵为(见表 7-7)。

表 7-7　　　　　　　　技术潜力二级指标模糊判断矩阵

指标	很好	较好	一般	较差	差
E11	0.000	0.167	0.533	0.267	0.033
E12	0.000	0.100	0.267	0.567	0.067
E13	0.000	0.300	0.267	0.367	0.067
E14	0.000	0.067	0.600	0.333	0.000
E15	0.000	0.033	0.633	0.333	0.000

由表 7-7 可知,建设期内内蒙古煤化工低碳发展的技术潜力的最终判断向量,

即隶属于评价等级的隶属度为:

[0, 0.134364978, 0.405149412, 0.415342372, 0.045143238]。根据隶属的最大原则,建设期内其技术潜力隶属于较差,证明了在建设阶段,技术条件尚不成熟,仍以传统煤化工技术为主的局面;也说明了进行技术升级创新的必要性。

然而,基于对运行后期和维护期、退役期各个指标的预测,经专家

对各个寿命期的判断和统计，得到各寿命期内的综合发展潜力的判断向量和各建设期对于综合效益贡献的权重如表 7 - 8 所示。

表 7 - 8 　　　　　　　　　　　各寿命期判断向量及权重

寿命周期	很好	较好	一般	较差	差	权重
建设期综合潜力	0.0440	0.1280	0.3315	0.4039	0.0926	0.1285
运行期综合潜力	0.3265	0.4081	0.1867	0.0786	0.0000	0.4579
维护期综合潜力	0.2955	0.4368	0.1956	0.0721	0.0000	0.2450
退役期综合潜力	0.1733	0.3063	0.3724	0.1481	0.0000	0.1686

则根据计算结果，内蒙古煤化工寿命周期内的低碳发展潜力评价向量为 [0.2568, 0.362, 0.2388, 0.1305, 0.0119]，也是寿命周期内的综合潜力对个评价级别的隶属度。由判断向量来看，该项目寿命周期内的综合潜力为较好，这说明在寿命期内，煤化工低碳发展项目对社会的贡献较大，发展潜力看好。

同时，相对于建设期的低碳发展潜力，评价结果出现了较大变化。主要原因在于，建设初期，传统煤化工技术的碳排放强度较大，低碳效益并不明显。随着技术升级，产品多样化，低碳效益才逐渐显现，形成了较好的低碳发展水平，实现了煤化工的可持续发展。

7.4　本 章 小 结

本章首先分析了内蒙古煤化工产业价值链，得出内蒙古地区将应用二步法、气固相一步法或其他新工艺，打造煤基醇醚燃料产业，实现产业链的增值和持续发展。进一步，从自然资源、生产技术、政策扶持、经济效益及环境效益五方面入手，根据指标体系的建立原则、指标内容及赋权、评价模型等方面构建了内蒙古煤化工发展潜力评价体系。最后，为了使评价体系具有可操作性，使指标更加客观科学，建立了一个采用主观赋权法中的三角模糊层次分析法对指标体系中各指标进行赋权，并融入资产全寿命周期管理理念的发展潜力评价方法，并对内蒙古煤化工产业低碳发展潜力进行了实证分析。从长期来看，要实现低碳能源发展，我国不仅需要发展低碳技术，发挥其社会经济效益，还需要明确重要低碳技术领域、识别关键技术发展路径、探索技术创新的政策保障，制定合理的低碳技术发展路线，第 8 章将对内蒙古低碳技术发展路线展开研究。

内蒙古低碳化发展路径研究

8.1 低碳能源技术路线发展概述

8.1.1 低碳科技定义

低碳科技是指以减少碳排放为理念，以开发低碳技术为目标的一系列科学理论及技术成果，涉及电力、交通、建筑、冶金、化工、石化等部门。具体表现形式为新能源电力、新能源汽车、洁净煤技术等，包括如何开发利用新能源以及合理利用常规能源；怎样改进技术装备，提高能源利用效率，减少温室气体的排放；怎样处理已排放的温室气体等方面。

具体而言，低碳技术可分三类：（1）减碳技术：电力、交通、建筑、冶金、化工、石化等高能耗、高排放领域的节能减排技术，油气煤的清洁利用技术等。（2）无碳技术：核能、太阳能、风能、生物质能、潮汐能、地热能、氢能等可再生能源技术。（3）去碳技术：碳捕获与封存技术，以及温室气体的资源化利用技术。电力行业相关技术包括：清洁发电技术、IGCC 和 NGCC 等高效率发电技术；核能、水能、风能、太阳能、生物能等低碳发电技术；以及各种 CCS 技术，如表 8 - 1 所示。[①]

表 8 - 1　　　　　中国能源减缓 CO_2 排放的技术需求清单

部门	技术	2050 减排潜力/亿 t - CO_2 （2050 减排情景）	增量投资/亿美元 （2050 减排情景）
能源工业	新一代超临界发电技术	1.8	436
	IGCC 发电技术	2.9	2 726
	新一代快中子增殖反应堆	11.6	7 818
	核聚变技术	N/A	N/A
	大规模陆地和海上风力发电技术	6.8	7 854
	太阳能：高效薄膜太阳能电池	0.3	648
	太阳能光伏发电技术	1.8	3 501
	太阳能热发电技术	1.1	2 718
	大型可再生能源发电并网技术	N/A	N/A
	先进地热发电技术	0.7	511
	第二代生物能源技术	2.5	5 883
	蓄能技术	N/A	N/A
	氢燃料电池技术	N/A	N/A
	碳捕集和封存技术（CCS）	20.1	13 849

注：①Itmk3 是第三代炼铁技术，含碳球团在高温转炉中还原，使渣铁分离，形成铁块。已进行中试，美国筹建年产 50 万吨设备。
②生态水泥是利用可燃废弃物作替代燃料生产的水泥。
资料来源：联合国开发计划署．中国人民大学共同撰写．中国 2009/2010 人类发展报告：迈向低碳经济和社会的可持续未来．中国对外翻译出版公司，2010.

8.1.2　高效减碳技术

我国电力行业普遍以煤、石油等高碳能源为动力，风能等清洁能源短时间内较难完全将其取代。因此，在发展低碳技术时，需要重点研究如何提高化石能源利用率，减少碳排放。主要技术有：（1）清洁发电技

---

① 王志轩，潘荔，王新雷等．我国电力工业节能现状及展望［J］．中国电力，2003，36（9）：34 - 42.

术，（2）碳捕捉封存等烟气净化技术。

一般而言，清洁发电技术包含燃料加工技术、设备利用率提高技术和新型燃烧技术。其中，燃料加工技术主要是指对煤炭的加工转化，包括物理转化和化学转化两种方法，其目的在于提高燃料利用率，减少碳排放。物理转化方法包括：选煤、型煤、水煤浆和动力配煤等技术。其中水煤浆是加入添加剂的煤水混合液态燃料，具有可以泵送和喷燃等特点，是新型煤代油产品。化学转化方法是指将煤转变为气、液或原料气、液和固体等燃料或其他产品的过程，包括煤炭液化和煤炭气化。其中，将煤通过直接高压加氢获得液体燃料的直接液化技术已日趋成熟，适合年轻烟煤和褐煤的加工转化。关键技术包括流化床常压气化、加压气化等。

此外，设备利用率技术指锅炉和汽轮机利用率的改进，代表性技术是超临界和超超临界机组。其中，超临界机组效率比亚临界高2%～3%，超超临界机组（30MPa，600℃/600℃）比超临界机组（25MPa，566℃/566℃）效率还高近2%，对降低平均供电煤耗，提高电网调峰的稳定性和经济性，保护生态环境等具有重要意义。比较而言，超临界及超超临界锅炉采用复合变压运行的方式，在材料选择、蒸汽参数、水循环系统、再热方式及运行方式设计方面优于普通锅炉，具有启停速度快、煤耗低等特点，将成为未来20～30年火电锅炉的主流机组，是洁净煤发电技术应用的捷径。通过引进国外先进超超临界（USC）技术，将推动我国电力工业技术进步和升级换代，实现机组能效和减排的优化。预计未来几年，我国将建造600MW的超临界机组150多台，超超临界机组14台，预计1 000MW的超超临界机组42台，进一步推广锅炉技术的创新成果[①]。

新型燃烧技术指对整个发电流程的改进，包括增压循环流化床（PFBC）、常压循环流化床（CFBC）燃烧、整体式煤气化联合循环

---

① IEA. Energy technology prospects 2006 – Scenarios & Strategies to 2050 [M]. 2006, Paris.

（IGCC，重点研究技术）等新型技术，表对比了三种燃烧技术的环保性能。

由表 8-2 可知，与其他燃烧技术相比，IGCC 技术将煤炭、生物质、重渣油等多种含碳燃料气化，净化合成气后用于燃气—蒸汽联合循环。既具有联合循环的高效率，又解决了燃煤发电带来的环境污染问题，工作原理如图 8-1 所示。

表 8-2　　　　　三种新型燃烧发电技术环保性能一览

技术名称	超超临界（FCD/SCR）	CFB	IGCC
耗水（加仑/MW）	600～660	570～625	360～540
粉尘（lbs/Btu）	0.07	0.07	0.01
SO_2（lbs/Btu）	0.18	0.18	0.06
NOX（lbs/Btu）	0.08	0.08	0.012
CO_2（lbs/Btu）	0.12	0.12	0.05

注：Btu 为英制热量单位，1Btu = 1.0551kJ，1 lbs = 0.454kg；1 加仑 = 3.785 升；FGD：尾气脱硫装置；SCR：选择性催化还原装置。

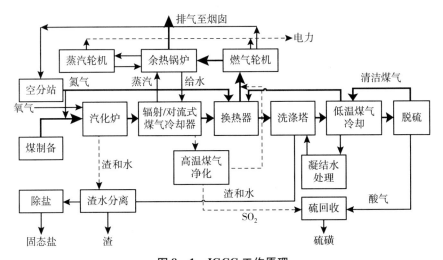

图 8-1　IGCC 工作原理

由图 8-1 可知，这种系统继承和发展了当前热力发电系统的所有技术，将空气分离技术、煤气化技术、煤气净化技术、燃气轮机联合循环技术以及系统的整体化技术有机集成，实现了煤化学能的梯级利用，被公认为世界上最清洁的燃煤发电技术，可从根本上解决我国现有燃煤电站效率低下和污染严重的问题。

另外，碳捕捉封存等烟气净化技术指对电力生产过程中产生的粉尘、废气进行处理净化的技术。包括除尘、脱硫化物、脱氮化物、脱除重金属、CO_2 捕捉等技术。CO_2 捕获封存（CCS）技术是把 CO_2 从工业或相关能源的源头分离出来，输送到封存地点，并且长期与大气隔绝的一个过程。目前 CO_2 捕捉主要有 3 种技术路径：燃烧前捕捉、富氧燃烧捕捉和燃烧后捕捉。

相关数据表明，CO_2 的捕集和封存可稳定大气中温室气体数量，在本世纪内达到 55% 的减排量，使最终稳定成本降低 30% 以上[14]，应用前景广泛。

8.1.3 新能源无碳技术

该类技术涉及清洁能源的开发利用，包括了风能、核能、太阳能、生物质能和潮汐能等发电技术。

其中，风能发电是利用风力发电机，将风能转化为电力的一种技术，核心是发电机技术，其技术创新趋势为：（1）风机大型化，减少占地，降低单位功率造价，提高风能利用率。（2）风机直接驱动和无刷化，减少能量损失、发电成本及噪声，提高可靠性和发电效率。（3）采用变桨距、变速恒频、磁力传动、磁悬浮等新技术，提高电能质量和发电量。在这些技术的支撑下，风电将向大容量、智能化等方面发展，电能质量和运行可靠性将得到提高，以实现风电的可持续发展。

核能发电技术源于可控核裂变技术，利用核反应堆中核裂变所释放的热能进行发电，被公认为可大规模替代化石能源的商品能源。发达国家和地区的在役核电机组 439 座左右，核电所占电力供应的比例达到 16%[①]。主要堆型有压水堆、沸水堆，技术等级为四代，我国核电站主要技术为二代、二代半。核电成本并不高，与燃煤电站相当，主要是安全问题。

太阳能光伏发电始于 20 世纪 50 年代，发电系统主要由太阳能电池板（组件）、控制器和逆变器等部分组成，具有设备简单、可靠、寿命长且安装维护简便等特点。当前，光伏产业发展迅速，在德国、日本、美国等国家得到了大面积的推广和应用。但其成本较高，发展会受到一定制约；所占比例较小，但应适当发展。

8.1.4　我国低碳能源技术路线展望

从长期来看，我国要发展低碳技术，发挥其社会经济效益，还需要明确重要低碳技术领域、识别关键技术发展路径、探索技术创新的政策保障，制定合理的低碳技术发展路线。

目前，我国在低碳技术发展方面具有一定的优势：（1）潜在的市场规模巨大，且政府一直致力于推进技术本土化，这使得减排技术在规模化应用时的低成本成为可能；（2）建立新企业新设备的成本低于在发达国家改造更新旧企业旧设备的成本；（3）目前资金相对充裕，可以满足资本密集型的负成本技术在推广过程中所需要的高投资；（4）在政府的合理引导下，原本投向高碳领域的资金可能转而投向低碳技术，使得对额外投资的需求减少。

但同时也面临着核心技术缺乏，自主创新能力较弱的问题。因此，我国需要根据技术和市场发展状况，以"引进—消化—吸收"为主，探索合适的低碳技术创新途径。例如，对于市场潜力巨大，但科研投资也较大

---

① Toshihiko Nakata，Diego Silva，Mikhail Rodionov. Application of energy system models for designing a low-carbon society［J］. Progress in Energy and Combustion Science，2010.

的战略储备技术，我国可在研究能力之内通过联合开发的途径引进技术；对于战略性、处于探索期的核心技术，可以自主研发为主要途径。

结合当前技术水平和未来市场需求，我国未来的低碳技术投资发展计划（电力部分）如表8-3所示。

表8-3　　　　　　　　中国低碳技术应用路线图（电力部分）

时间	第一阶段 2010~2020 年	第二阶段 2020~2035 年	第三阶段 2035~2050 年	远期 2050 年以后
能源供应	水力发电	风力发电	氢能规模利用	—
	第一代生物质利用技术	薄膜光伏电池	高效储能技术	核聚变
	超超临界发电	太阳能热发电	超导电力技术	海洋能发电
	IGCC	电厂 CCS	新概念光伏电池	天然气水合物
	单/多/非品硅光伏电池	分布式电网耦合技术	深层地热工程化	—
	第二代和第三代核电	第四代核电	—	—

资料来源：中科院能源领域战略研究组，2009；中国发展低碳经济途径研究课题组，2009；国家技术前瞻课题组，2008。

由表8-3可知，低碳技术的发展过程被分为四个阶段，每一阶段代表性的低碳技术成为该时期重点发展的对象，指导着未来投资方向。据预计，截止到2050年，我国在能源供应、交通运输、建筑、工业等高能耗行业将基本实现低碳技术的应用。尤其是电力行业中，核能、海洋能、天然气将成为主要燃料，成为未来重点发展对象；生物燃料如甲醇等将替代石油，为交通工具提供动力；低碳材料也将广泛应用于建筑、工业领域，实现节能减排。

综合来看，在未来低碳发展道路中，我国应将低碳技术、污染控制技术和能源安全技术的战略部署紧密联系在一起。战略部署方面，应继续进行煤炭清洁高效利用方面技术（新型煤化工）创新和应用；除了清洁能源发电和能效技术之外，对保障可再生能源并网与高效利用的电网安全稳定技术也应当给予高度重视；在推动现有技术的研发和应用的同时，需要将国际前沿的新型能源技术纳入战略目标当中。另外，由于科学技术发展具有不确定性，先进技术（如 CCS、新一代生物燃料、可再生能源的规模化应用、纯电动汽车等）的研发和应用存在延迟或失败的风险，低碳技术的战略选择应面向一系列关键技术（如新型煤化工）的组合，从而确保实现能源安全和减排目标具有可选择的弹性。

8.2 内蒙古电力产业低碳发展路径研究

低碳经济要求我们在实现经济持续发展的同时，还要关注以科技创新来提高能源的利用率，降低二氧化碳的排放量，以降低温室效应的负面影响。内蒙古电力行业可以从生态战略、产业结构、政策影响和技术应用四个方面入手，一方面要大力发展洁净煤发电技术，调整产业结构，从源头上减少碳排放，另一方面也要完善相关的政策制度，优化生态战略安排，做好相关的善后处理工作，以减轻碳排放对生态环境的影响。

8.2.1 生态战略发展路径

1. 逐步增强碳汇能力

在低碳路线的发展过程中，不仅要从源头上入手，逐步减少碳排放量，还要做好碳排放的善后处理工作，逐步增强碳汇能力，以减小碳排放对生态环境的影响。

碳汇是指从空气中清除二氧化碳的过程、活动与机制，通过植物吸收大气中的二氧化碳并将其固定在植被或土壤中，从而减少二氧化碳在大气中的浓度。在生态系统中，绿色植物可以通过光合作用吸收 CO_2，其具有碳汇功能的是森林、草地、湿地。这其中森林是最大的"储碳库"。研究表明，每增加 1% 的森林覆盖率，便可以从大气中吸收固定 0.6 亿~7.1 亿吨碳。每公顷阔叶林每年大约吸收 360 吨碳当量，每公顷针叶林每年大约吸收 930kg 碳当量，每公顷草坪每年大约吸收 870kg 碳当量。因此，植树造林、保护湿地，实际就是在进行固碳减碳工作。

《内蒙古"十二五"规划》中明确提出要明显改善生态环境，增加碳汇：第一，加大财政投入，保护好现有的天然草原和森林资源，严禁违法开垦和破坏森林、草原，从根本上遏制生态恶化的趋势，实现森林、草原资源的永续利用；第二，加大城市绿化建设，突出城市规划中的绿化地位；第三，充分发挥内蒙古在森林、草原、湿地资源上的优势，包括恢复退化草原等以提高湿地固碳作用；对一些生态脆弱的农区、半农半牧区有计划地进行退耕还草还林和生态移民，恢复生态植被；第四，由于人为破坏，导致内蒙古地区的森林、草原、湿地面积有所缩减。对此应采取多种方式，如建立湿地公园、自然保护区，做好旅游环境规划，协调旅游发展和森林保护的关系等；第五，加强水利建设，合理开发地下水资源，抓好节水和提高水资源利用效率。

因此，在电力产业发展的过程中，内蒙古地区要结合自身实际，切实保护好森林、草原等资源的安全，努力维护好现有生态体系，主要从两个方面着手。第一，坚持一切从实际出发，按照自然规律和经济规律的要求，不断调整和完善自身的生态策略，以实现人与自然的和谐相处。第二，积极参与城市规划中的绿化建设，保证碳汇工作的顺利开展，以加快经济又好又快发展为目标，保护植被的同时提高绿色植被覆盖率，在产业区域周边植树造林，避免了为经济发展而牺牲生态环境，以实现二者的协同作用。

2. 倡导低碳发展

随着内蒙古经济的发展，居民消费支出不断增长，私家车、住宅建设及住宅面积大幅增加，交通拥堵、尾气排放、取暖增加导致二氧化碳急剧增加。迫切需要从绿色消费的角度出发来构建节约型社会和环境友好型社会。首先应该明确节约和环保标准，对达到标准的给予财政奖励和税收优惠，否则加以必要的经济惩罚。同时根据节约型和环境友好型社会的要求，构建低碳家庭、低碳示范社区和低碳示范城市，通过以点带面促进低碳社会的发展，为低碳经济发展创造良好的社会氛围。

（1）倡导低碳家庭。一是借鉴日本经验，对购买符合一定节能标准的空调、冰箱和数字电视等产品的消费者给予一定的财政补贴，可以根据节能标准返还一定比例的现金或"消费券"。二是对家庭用电、用气加以标准限制，对超出标准的部分提高收费标准，对低于标准的采取低收费或给予必要的奖励。

（2）建立低碳示范社区。通过对节能型建筑材料的应用，减少供暖并降低二氧化碳排放，打造节能型住宅小区；使用太阳能、天然气等可再生能源；采取集中供热，实现小区内公共照明的太阳能和节能灯具全覆盖，家庭节能、节水设施使用逐步普及。

（3）建立低碳示范城市。城市化与自然资源的供给能力和生态环境的承载能力之间往往存在不可避免的矛盾。针对这个矛盾，可从建立环境宜居城市、资源节约型城市入手，建立低碳示范城市。如增加城市绿化支出，增加城市绿地面积；通过改善城市公共交通，减少私家车日常使用，改善交通拥堵现象，减少汽车尾气排放污染。

3. 促进能源低碳化供给

能源低碳化就是在保障经济社会可持续发展的基础上，发展对环境、气候影响较小的低碳替代能源。一方面，合理控制煤炭需求。煤炭消费在能源消费结构中的比例越高，能源活动中的二氧化碳排放量就越大。降低煤炭在能源消费结构中的比重，将是发展低碳经济的主要方向。另一方面，大力发展低碳能源。风能资源是我国技术最成熟、最具规模化开发条件的非化石能源资源。此外，深入开发太阳能、生物质能、垃圾发电等清洁能源技术。

综上所述，在实现生态化战略的过程中，通过逐步增强碳汇能力、倡导低碳化发展、完善能源低碳化手段来从源头上为内蒙古地区电力产业发展提供助力。

8.2.2 技术革新路径

简单的说，从技术超越的角度来实现低碳经济就是开发新技术以合理利用资源和能源，更多的回收废物和产品，以环境可接受的方式处置残余废弃物。其具体来说，主要包括以下技术：

（1）替代、再利用或减量化技术。所谓替代技术就是指开发新资源、新材料、新工艺、新产品，替代原来所用的资源、材料、工艺和产品，提高资源利用效率，减轻生产过程中环境压力的技术。再利用技术就是延长原料或产品使用周期，通过反复使用来减少资源消耗的技术。减量化技术指在用较少的物质和能源消耗来达到既定的生产目的，从源头上节约资源和减少污染的技术。

（2）资源化或能源化技术。资源化技术就是通过对重要元素的循环代谢分析，将对生产消费中产生的废弃物变为有用的资源或产品的技术；能源化技术可分为常规能源利用技术和新能源利用技术。其中新能源利用技术有太阳能、核能、地热能、氢能、风能利用的新技术等；而常规能源利用技术是指开发节能新技术。

（3）电力领域开发绿色或节能技术。例如，开发"绿色再制造技术"，既通过对报废产品进行修复、改装、改进或改型以及回收利用等一系列技术措施或工程活动，使其保持、恢复可用状态或加以重新利用。

针对内蒙古地区电力产业的发展路径而言，我们可以具体从以下几个方面来完善技术路线。

1. 提高供电电压等级，增大负荷容量

截至 2013 年底，内蒙古全网统调风电装机 1 000.37 万 kW，电网最高发电负荷 1 781 万 kW，最高供电负荷 1 572 万 kW，低谷期供电负荷 1 230 万 kW，风电最大发电出力 262.2 万 kW。尽管内蒙古地区风电装机容量已超过最高供电负荷的 27% 以上，但内蒙古电网通过优化调度，白天风电都能够满负荷运行；但到后半夜的用电低谷期，为保证城市居民供热,风电不得已采取全部"弃风"的措施。

为确保不弃风停运,内蒙古电网计划将外送电 21 时至次日 7 时低谷段送电容量从 210 万千瓦提高至 690 万千瓦,基本可以满足 2013 年底前并网的 2 000 万千瓦风电正常运行。每月可增加风电送出电量 8 亿千瓦时。"十二五"期间,内蒙古电网通过七个 ±500 千伏交流通道、一个 ±660 千伏直流通道和一个 ±800 千伏特高压直流通道,可外送风电 3 000 万千瓦,确保了中东部地区接受内蒙古风电的经济性和稳定性。

2. 应用整体煤气化联合循环发电等新技术

整体煤气化联合循环(IGCC)是把煤气化洁净技术和高效联合循环相结合的先进动力系统,机组发电热效率达到 43%,且有望突破 50%,相比同等装机容量的常规火电机组,其发电热效率高 5 ~ 7 个百分点,供电标准煤耗降低 25.06%,CO_2 排放量降低 13.73%。通过变换模块更容易实现 CO_2 的富集,若与碳捕捉和封存技术(CCS)联用,碳捕捉成本更为低廉,因而碳排放的代价更低。

IGCC 系统复杂,前期投资大,这是限制其大规模推广应用的一个重要因素。但以火电为主导的内蒙古地区电网而言,面临能源紧缺和碳减排的双重压力,不得不提高能源利用效率来实现电力产业的可持续发展。目前,内蒙古地区仅在锡林郭勒盟成功运行了一座装机容量 200MW 的 IGCC 多联产示范电站,与此同时今后应持续加大对 IGCC 发电技术的探索和实践,以优化内蒙古电力产业的低碳化路线。

3. 加快智能电网的建设步伐

(1)智能电网特征

中国的智能电网建设融合了先进的信息技术、传感测量技术、控制技术等高尖端技术,以特高压电网为骨架,各级电网协调发展为基础并覆盖所有电压等级,并实现电力流、信息流和业务流高度融合的现代化电网。

智能电网可以作为电能终端的一个节能减排措施,可以通过对电力生产、输配以及零售在内的几个环节进行资源的最优化配置,可以更好地适应可再生能源的并网要求，支持新能源混合动力车的接入，从而促进资源的合理配置达到全面的节能减排。

（2）智能电网建设的关键技术

首先，在输电方面，需要优化特高压技术，实现各级电网间的良好衔接，建设坚强、灵活的网络拓扑。目前急需解决的关键问题是能如何进一步做好高压交流系统与直流系统的衔接以及特高压电网和各级电网的衔接，促进各电压等级的电网协调发展，农村电网与城市电网的协调发展以及一次系统和二次系统的协调发展。与此同时，应加大科技创新，提高电力电子设备的自主化率，保障智能电网的系统安全。

其次，在调度方面，需要发展智能调度技术和广域防护体系，提高电网和用户的交互能力和对风雪灾害的抵抗能力。智能化调度是智能电网发展的必然趋势，其核心是在线实时决策指挥，目标是灾变防治，实现大面积连锁故障的预防以及存在各种电源上网后的多目标协同优化控制问题。

再次，在供应方面，由于可再生能源发电功率变化快、不可控因素多，要加强可再生能源发电规律和储能技术的研究。风能、太阳能等可再生能源在地理位置上分布不均匀，并且易受天气影响，发电机的可调节能力比较弱，再加上远距离特高压输电，不确定性更为突出，对电网运行的实时平衡带来巨大压力，需要有一个网架坚强、备用充足的电网支撑其稳定运行。

最后，在效益方面，智能电网的建设，必须对金融风险进行合理评估，同时考虑资金投入和社会能够接受的电价机制。风险评估作为智能电网不可或缺的分析方法和评估手段，应该在智能电网建设过程中均予以重视。

基于智能电网贯穿发、输、配、用全过程，相信通过智能电网的建设，内蒙古地区电力系统中各领域都将发生质的飞跃。

在内蒙古地区电力产业的技术革新路径实施过程中，通过提高电压等级、应用整体煤气化联合循环（IGCC）、建设智能电网等一系列新技术，使科学和技术得到有效的结合，不仅有助于内蒙古电力产业传统技术的更新改造，以便提高发电效率；还大大降低了碳排放，为环保社会贡献了一分力量。

8.2.3　政策完善路径

1. 立法政策

（1）采取理念法模式

在法律的制定方面，可以借鉴西方发达国家低碳经济的立法经验和基于软法之治的优势特点，低碳经济的发展应该在硬法之治和软法之治的路径上，首要选择软法治理路径，并且要设计相应的软性立法制度。内蒙古地区的低碳经济立法软性制度设计的理念，应该遵循促进低碳经济发展的方针和原则，不宜采取僵化的实用法模式，而应该采用理念法模式。

理念法模式和实用法模式是环境立法的两种典型模式，理念法模式是指环境法的立法，强调环境主义理念在法律条文中的贯彻，此类法律要求国家各个部门，包括国家立法机关在制定相关法律的时候都要充分考虑环境主义的理念和要求，并且要把法律所主张和贯彻的理念贯彻到各个部门的工作中去，立法的目的不是希望通过一部法律来解决环境问题，而是国家要求通过理念层面的引导，形成对环境主义认识的统一，并最终将该理念转化为一致行动力。

（2）体现协商性和民主性

在法律的实施过程中，低碳经济立法所实施的软性法律制度要体现协商性和民主性，应该主要属于激励性和自愿性制度。低碳经济立法中的软性法律制度应该使得公和私低碳实施主体能够发挥各自特长，依照伙伴关系来共同调控各种行动和职能，例如企业可以依靠自愿，通过企业和企业之间、政府和企业之间、企业与消费者之间的利益博弈，达成不同类型的非强制性低碳经济发展规范和章程，其中包括企业主体之间、企业与政府之间、企业与公众之间签订的自愿性减少碳排放合作协议等，遵守这些协议能促进不同主体自身利益的实现，各个利益主体自然会自觉维护规则的软性效力，最后实现低碳经济发展的愿景。

（3）加强政府责任制度

低碳经济立法应该规定明确和具体的政府责任制度，最主要的是强化政府的低碳经济发展义务和低碳标准的推行责任。在传统的环境立法中有重政府环境权力，轻政府环境义务的错误倾向，这就容易导致在现实生活中重管制、轻服务，也是环境立法在调控政府第一性环境责任内部关系方面的失误，这样就会造成政府环境权利和义务的失调，容易导致政府官员放松搞好环境保护工作的责任感和义务感。为了避免这种负面影响，在低碳经济的立法中，要避免使低碳经济法规因缺乏对政府行为的有效规制而引起政府责任缺失，也会导致政府由于缺乏对自身低碳责任的法律规定，反而不明确自己的低碳经济发展法律义务。因此，这就需要在低碳经济软性立法中，强化地方政府对于低碳经济发展的主要领导负责制和严格的目标责任制，无论是监督机制还是责任追究机制，都要切实可行，以保证低碳经济的发展能够与政府目标相一致，目标的实现能够和政府运行过程相契合。

2. 财政政策

在推动低碳路线有效实施的过程中，全区可以在生态建设、产业联盟、人才资源方面给予相当的财政补贴。

（1）生态补偿政策

内蒙古针对电力行业的生态补偿制度，应该建立政府、社区和电力企业之间多层次的补偿系统，实行政府主导、市场推进的多样化生态补偿方式，提高补偿的政策系统性和协调性。基于市场失灵、政府失灵两个导致环境问题的基本原因，对被破坏的生态环境进行补偿，对污染的环境进行治理，必须从政府与市场两个方面同时着手实施。

鉴于环境效益的公益性及内蒙古的基本情况，内蒙古政府应在生态补偿中发挥主导作用，如制定生态补偿政策、提供补偿资金、加强对生态补偿政策的监督管理等。但是，也应该意识到政府补偿自身所特有的巨大管理成本、低效率性、产权界定的不规范性等问题，只有电力企业自身的参与才能调和政府补偿的刚性，发挥经济主体自身的积极性、主动性，最终实现补偿的高效率。

（2）产业合作联盟补贴

电力产业与低碳技术区域的合作联盟，是指以推动低碳技术发展和应用为目标，由产业内两个或两个以上技术创新主体形成的、相互联合、致力于低碳技术创新活动的组织。电力产业与低碳技术联盟，由政府、企业、高校、科研院所等微观主体组成。在联盟中，政府提供财政政策支持，做好电力产业技术联盟的服务工作，降低产业合作联盟形成的成本，引导企业形成低碳产业技术联盟；企业将低碳技术转化为生产力，实现低碳技术资源的优化配置，生产低碳产品，提供低碳服务；高校和科研院所则对低碳产业技术联盟提供智力支持和人才保障。

内蒙古在建立低碳技术与电力产业区域合作联盟时，首先要清晰预测电力产业的发展趋势以及明确当前的发展阶段，对下一阶段的低碳技术特征做出具有可行性的预测，然后选择与之匹配的低碳产业技术联盟方案；其次应该扶持一批大企业作为低碳产业与低碳技术联盟的核心，尽管大企业存在一些反应迟缓、效率低下的通病，但是大企业往往科技实力基础相对雄厚，并且以大企业为核心成立低碳产业技术联盟，能够使联盟在成立的初期就具备相当的积聚力，从而有利于创新要素的聚集。

（3）人力资源补贴

人力资源是经济社会发展中最宝贵的资源，建设低碳电力对科技人才提出了更高的要求。低碳技术与电力产业的进一步发展需要吸引更多的低碳技术人才，从而形成人才集聚效应。政府应按照科学发展观的要求，在人力资源的引进、培养、发展方面加大财政投入，为经济社会新一轮发展提供坚强的人才保障。

首先健全人才引进机制。一是制定科学的人才引进规划。根据电力产业的特点和发展低碳经济的要求，准确定位未来几年各类专业人才的需求方向和需求量，避免人才引进的盲目性和无序性。二是加大人才引进力度，特别是对掌握低碳技术的人才，实行"低碳技术人才储备战略"。支持市内高等院校、科研机构科技人员以借用、聘用或兼职等方式到企业从事低碳技术创新工作，并为其提供一定的财政支持。

其次强化人才发展保障。一是强化人才培训平台建设，加强与引进的专业培训机构合作，为企业提供更有针对性的人才培训服务。探索建立人才培训奖励激励机制，吸引更多人才稳定工作。二是大力促进科技人才成果转化，政府各部门应提高认识、明确责任、健全制度，落实好电力产、学、研相结合的产业政策，发挥积极有效的沟通协调作用，为产、学、研提供相应的财政支持。

3. 税收政策

基于低碳经济发展的外部性效应，在税收体系的制定过程中，构建绿色税收体系，通过建立税价联动机制，从生产、消费、交换以及分配各个方面构建低碳经济发展的外部性转化机制，从根本上促进低碳经济的发展。

第一，进一步调高资源税税率，提高资源使用成本，促进资源的合理开发和利用；第二，开征环境税，从税目细化的角度加强税收对环境保护的调节作用；第三，进一步完善消费税，明确其节能减排的调节作用，通过税率的差别化及税目细化引导绿色消费。

完善对低碳企业的税收政策优惠，促进企业技术创新。通过减免税、费用扣除、加速折旧、投资抵免和提取投资风险基金等方式对新能源企业、循环经济的企业、环保绿化的企业，可比照国家自主创新的政策优惠，实施以增值税、企业所得税为主的税收优惠政策，同时实施以营业税为主的地方税的优惠政策。

4. 金融政策

在内蒙古地区低碳经济的发展过程中，相关的金融政策应当包括碳排放交易市场发展所需的政策和低碳产业发展所需的投融资市场政策。

低碳经济发展所需的投融资市场主体是以商业银行为主的银行体系，因此，我国应当健全商业银行的低碳金融服务领域，不断完善低碳投融资市场。

（1）创新低碳绿色信贷产品

商业银行参与低碳投融资的重要方式是创新低碳绿色信贷产品。低碳绿色信贷是指商业银行将低碳、环保作为贷款的重要参考依据，进而发放贷款的业务。借鉴国际现行低碳绿色产品，我国商业银行可以创新低碳信贷产品。

低碳信贷产品以项目融资为主，对低碳产业项目给予贷款优惠。例如，爱尔兰银行对于本国将垃圾转化为能源的项目实施融资优惠，附带条件是项目实施主体与当地政府签订垃圾处理合同，符合条件的企业就给予 25 年的贷款优惠支持。借鉴国际经验，内蒙古地区应开发低碳项目融资业务，具体可以划分为：新能源开发项目融资、清洁煤开发项目、碳储存项目融资、节能减排项目融资等。节能减排的附加条件可以设定为与当地政府签订节能减排目标的企业，并以目标的实施结果为最终衡量依据。其他附带条件可以灵活设置。

（2）设立低碳投资基金

国际大型银行积极参与低碳投资业务，设立多种类型的投资基金，向低碳项目进行投资。国际商业银行低碳投资基金类型包括：一是关联低碳企业表现的投资基金，如荷兰银行集团推出的低碳加速器基金和气候变化与环境指数基金，德意志银行的气候保护基金和 DWS 环球气候变化基金等。二是参与碳交易市场的基金，如巴克莱银行的全球碳指数基金，瑞士银行克拉里登二氧化碳减排认证基金。三是天气衍生品市场投资的基金，如瑞士银行的全球气候变暖指数基金。四是关联新能源表现的基金，如瑞士银行集团的 CS 未来能源基金，荷兰银行集团的生物燃料指数。除推出投资基金外，国际商业银行还开展低碳风险投资业务，如花旗银行与世界资源所共同发起，于 1999 年正式成立的新风险投资项目。

结合内蒙古地区商业银行的低碳业务发展状况，以及风险投资现状，本区商业银行应当谨慎推出碳排放权理财产品。在内蒙古资本市场发展尚不健全、碳排放权市场并未真正建立的前提下，商业银行应当谨慎参与低碳风险投资。商业银行可以探索推出结构简单、风险级别较低的投资基金，以规避碳金融市场的市场风险。

（3）发展低碳担保与中介业务

加强低碳担保与中介业务，是解决低碳解决融资的机制之一。新能源产业是低碳产业的基础，但当前内蒙古新能源产业结构发展不均衡，在风电产能过剩的同时，存在其他新能源材料、新能源装备制造业仍处于融资困境当中。相比较而言，节能减排项目的范围较宽、技术较成熟，融资渠道相对较多。节能减排项目的融资运作中，专业节能服务公司（EMCO）的经验值得借鉴。专业节能服务公司（EMCO）通过国内商业银行贷款、能源合同管理（EPC）信用担保贷款、外国银行等国际金融机构贷款、融资租赁等方式进行融资。

专业节能服务公司的贷款担保计划，根据节能投资领域的自身特点，对项目进行有效界定，客观评价节能项目效果，保证了专款专用，可以促进担保和中介发挥更大的作用。结合成功经验，内蒙古地区可以根据新能源产业的不同分类，制定特定不同的标准，设计对应贷款结构，为融资难的中小企业提供贷款担保。

综上所述，在政策完善的过程中，通过制定相应的立法政策、财政政策、税收政策、金融政策，全方位、多角度地为内蒙古电力产业的低碳发展提供了政策支持，不仅为其低碳道路指明了发展方向，还为其提供了强大的财政后盾。

8.2.4　产业结构调整路径

1. 发挥风能优势，带动清洁能源产业发展

依据统计数据显示，内蒙古 10 米高度层的年平均风速为 3.7 米/秒，风

能可利用面积占全区总面积的 80% 左右。具有分布范围广，连续性好的优点，与此同时内蒙古地区享受国家多项政策扶持，为内蒙古地区大力发展风电资源提供了气候条件、地理环境和政策支持。

根据中国气象科学院的估算，内蒙古地区风能总储量 13.8 亿千瓦，技术可开发量 3.8 亿千瓦，约占全国风能总储量的 50% 以上，处于全国各省区第一位。其中，中部和西部地区的理论可开发风能储量为 64 376 万千瓦，技术可开发风能储量为 5 056 万千瓦；东北部地区的理论可开发风能储量为 14 313 万千瓦，技术可开发风能储量为 1 124 万千瓦。根据《内蒙古"十二五"风电发展及接入电网规划》，到 2015 年内蒙古地区风电装机容量预计将达 3 300 万千瓦以上，其中蒙西地区 2 000 万千瓦，蒙东地区 1 300 万千瓦。

据内蒙古电力行业协会提供的数据可知，内蒙古地区当前风电并网装机容量累计达 2 000.45 万千瓦，约占全国的 1/3 左右，装机容量居全国第一位，已提前实现并突破了 2010 年风电并网装机容量达到 700 万千瓦的规划目标。截至 2010 年 3 月 31 日，内蒙古乌兰察布市风电并网装机容量达 400 万千瓦，是内蒙古风电并网装机容量最多的盟市；另外四个超 150 万千瓦的盟市分别为通辽、锡林郭勒盟、赤峰市和巴彦淖尔，并网装机容量分别是 343.54 万千瓦、301.58 万千瓦、239.24 万千瓦和 168.07 万千瓦，成为全国首个拥有 5 个百万千瓦风电基地的省区。

内蒙古亦在谋求开辟更多的电力外送通道，包括输送风电在内的电能资源来支援京津冀地区的产业建设。当前内蒙古地区制定的短期、中期、长期风电发展及通道送出规划已经充分论证，如果能够使得清洁能源尽快发展实施，将会为全区电力产业又好又快的发展提供助力。

2. 发展环保产业

作为低碳经济健康发展的重要组成部分，环保产业是防治环境污染的物质基础和技术保障。鉴于环保产业在内蒙古地区的战略性地位，其环保产业发展思路是，以国内市场为基础，以国际市场为导向，依托内蒙古良好的产业基础，重点发展龙头环保产品，加强技术创新，充分发挥科技优势，促进环保产业的跨越式发展，为保护和改善环境、实现低碳经济提供物质基础和技术保障。

发展环保产业的主要任务包括以下几个方面：

第一，扩大环保产业发展规模。加大对环保产业的投资，"十二五"期间对环保投资超过 1 200 亿元，使单位 GDP 能耗降到 1.2 吨标准煤/万元以下，争取达到国家平均水平。把环保产业做大做强，在"十二五"期间保持环保产值每年 10% 以上的增长，"十二五"期末环保产值达到 GDP 的 5% 的发展目标。

第二，优化环保产业产品结构。大力发展环保设备制造业，继续开发水污染防治成套设备，以烟气脱硫粉尘处理为主的大气污染防治成套设备，以及固体废弃物处理成套设备；与此同时继续关停落后小企业，淘汰落后产能；加大环保服务业及环保分析、监督、评价等行业的发展。

第三，优化环保产业区域结构。"十二五"期间使其环保产业总值GDP 达 10% 左右，力将把内蒙古建设成我国环保之都。同时在内蒙古电力企业的带动下，把环保产业扩展到其他有条件发展的行业中去，全方位、多层次的推动内蒙古环保产业的大规模发展。

第四，大力开展环保产业技术研发工作。在环保企业规模做大的同时，注重环保技术的开发研究。加强校企合作，为环保产业技术的发展提供学术平台，使得环保产业既在规模上做大又在实力上做强。

3. 深度挖掘低碳产业集群的发展潜力

在低碳产业集群的发展过程中，可持续发展是其指导思想，也是其追求的终极目标。它引导着低碳产业集群在生产结构、工作方式、竞争策略等方面进行着改革和完善。

随着低碳经济的兴起，内蒙古地区在低碳发展的过程中也应关注低碳产业集群的构建。其发展低碳产业集群具体可分为四种模式：一是将传统制造业集群改造为低碳产业集群；二是将工业园区综合优化为低碳产业集群；三是将生产性服务业集群提升为低碳产业集群；四是将新能源、新材料行业定位于低碳产业集群。此外，依据技术预见理论可以发现，技术预见是区域低碳创新系统构建的重要基础，区域低碳创新系统构建应选择低碳的关键技术战略、区域创新政策、产品营销策略和创新服务体系等对策，为低碳产业集群的发展提供一定的借鉴意义。

综上所述，在产业结构调整过程中，通过充分发挥内蒙古地区丰富的风能优势来带动清洁能源产业的发展，加大对环保产业的重视程度以及深度挖掘低碳产业集群的发展潜力，有助于改善内蒙古传统电力产业结构，使其朝着资源节约型、环境友好型的方向发展。

8.3　内蒙古煤化工产业低碳发展策略

经过多年发展，内蒙古地区的煤化工已经具备了一定的技术、资金及政策基础，但由于其化工产业的特性，在低碳发展道路上，仍然有许多问题需要解决。综合对比分析，本书从生态环境、化工技术、政策支持及产业结构方面进行针对性的研究，提出具有一定操作性的解决策略。

8.3.1　生态破解策略

建设与发展煤基能源化工产业基地，必须在保证建设环境友好型和资源节约型社会的前提下，促进产业健康发展。提高资源的利用效率，进一步减轻社会资源的承受力，最大限度地节约资源。煤化工产业的生态化策略，首先要解决的就是煤炭资源和水资源生态利用问题。

1. 煤资源的生态化利用

（1）考虑利用我国品质偏低的煤炭资源

尽管内蒙古煤炭资源相对丰富，但优质煤比例不高，要考虑充分利用品质偏低的煤炭资源。例如，兖矿集团煤化工产业基地就是在充分考虑利用高硫煤资源基础上，开工建设的。利用高硫煤，既延长了煤矿的开采年限，又提高了资源的有效利用率，同步实现了煤炭产业和煤化工产业的可持续发展，也实现了煤炭资源型城市的转型与可持续发展。

（2）科学发展煤化工产业基地，坚持做到对资源的精深利用

煤化工产业基地的建设模式应重视煤炭内部的精细消化和深加工，减少煤炭直接进入市场的数额，提高其附加值。"从煤炭加工增值角度看，煤炭发电可增值2倍，煤制甲醇大约可增值4倍，甲醇进一步深加工为烯烃等化工产品则可增值8~12倍。"[1] 基于我国能源结构和煤炭资源的特点，可以实现煤炭资源的清洁高效利用，使煤炭加工的价值有很大提高。

对煤炭进行精深加工，可以用同等量的煤炭，转化出更多的能源化工产品，消化更多的高硫煤资源。

煤化工产业基地的转型依赖于对煤炭资源的精深加工，形成增长型产业。因此，发展煤化工产业基地，实现精深加工，是这类地区转型重要举措之一。

2. 水资源的生态化利用

资料显示，150万t/a油品的间接液化工厂日需原水供应量约为5.3万 m^3 或11.7 m^3/t油品；100万t/a油品的直接液化工厂日需原水约2.3万 m^3。[2] 因此，煤化工产业基地发展应优先使用节水工艺和促进水的循环利用，充分考虑水资源的因素。

应当把矿井水、塌陷区积水等作为后备水源，整合现有水资源，实行综合性利用。只有在生态环境允许下，才可以积极发展煤化工基地。同时，应考虑如何妥善地处理好煤化工发展中的"三废"排放，对环境损害最低化，促进基地周边社会的和谐发展。可优先采用空冷器和优化换热络等措施，并开发循环用水新工艺，注重保护水资源，如图8-2所示。

---

[1][2] Aragones – Beltran P., Aznar J. and Ferris – Onate J. et al. Valuation of urban industrial land: an analytic network process approach. European Journal of Operational Research, 2008, 185 (1): 322 – 339.

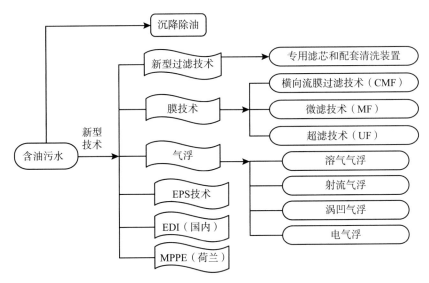

图 8 - 2　含油污水的处理方法

　　由于西部煤炭资源区几乎都位于黄河流域，缺乏纳污水体。煤化工生产废水经先进技术处理后，虽然可实现达标排放，但西部地区的生态环境仍不允许外排。经过各种先进的水处理回用技术后，目前难题是少量的浓盐水（约占新鲜水的3%）。浓盐水的蒸发结晶等措施运行困难，成本高。黄河担负着流域内生活、生产、农业与生态等多种供水需求，目前盐含量累积已经接近生态红线，如果再不加以严格控制，任由无序布局造成的无序排污，导致含盐量跨越生态红线，黄河流域的生态环境变化将难以想象。煤化工产业浓盐水处理的难题，需多领域专家联合研究处置方案。

　　除了从工艺过程上采用空冷、闭式循环水、提高转化过程能效等措施降低水耗外，浓盐水处理可能的措施有：（1）排入天然盐湖（无经济价值的废盐湖）；（2）人工盐湖（需要标准规范）；（3）深井灌注（美国长周期大量的经验，灌入 3 000 米以下的生态圈以外）。

　　只有科学度量煤化工基地所在区域的环境容量、水资源储量、坑口煤资源的品质和可采储量等环境容量的约束条件，才能有效促进煤化工产业基地的建设与发展，实现低碳目标。

在有效解决煤和水的问题后，其次应当考虑煤化工生产环节的生态保护问题。研究表明，集成不同工艺联产发展大型煤化工，建立煤化工生态工业，通过采用先进工艺，可以有效延伸和综合利用产业链；达到减少污染物排放，低碳节能的效果。通过技术优化，提高对副产煤气、合成尾气、煤气化及燃烧灰渣等废物和余能的利用，另外，还可以将煤化工与建材、材料、发电、废热利用（包括种植、养殖）等技术集成联产，形成资源和能源的循环利用系统，使整体系统具有灵活、高效的调整和运行功能，不破坏和污染区域生态环境造成。

1. 形成"宽"、"深"产业链，构建生态竞争力模式

制定煤化工产业发展战略，形成"宽"、"深"产业链，促进煤化工产业的扩张。①努力将企业资源扩张战略融入地方政府煤炭资源开采规划。积极参与矿区所在地方政府煤炭资源开采规划起草与研究。②积极参与煤炭资源整合。发挥企业自身的实力，通过收购、联合、兼并等方式，对其进行技术等全面改造革新。③实施"走出去"战略，到煤炭资源丰富、回报率高的国家和地区投资建设煤矿。

2. 采用先进技术，促进煤炭资源的节约利用

注重技术的改进和创新，以促进产业升级、更新换代。在特殊地质条件下开采煤炭，充分利用瓦斯防治，防灭火方面，积极采用炮放、综放、沿空送巷等新技术，同时，在煤炭生产过程中，由于技术的改进和创新提高了块煤率，提高产品附加值，保护了有限的煤炭资源。

3. 发展循环经济，保护矿区生态环境

以循环经济为指导，全面贯彻"3R"原则，从生产的源头到结尾，认真处理各个环节对生态环境造成的污染破坏，以保护矿区生态环境。这就需要积极进行战略资源开发，建立资源储备，放大竞争优势；需要以资产联结为纽带，运用资本运营等手段，实施对蒙东地区煤矿的兼并、重组等。以此来提高生产能力，优化产业结构，增强企业实力。

发展循环经济支撑企业可持续发展战略主要体现在以下三个方面：

（1）在资源开采环节，加强资源的详细勘探，提高资源开采程度和回采率，延长矿井开采寿命。

（2）加强共生、伴生矿产资源的综合开发和利用。发展氧化铝项目，对煤矿伴生的资源（招矾土）和煤矿周边资源（石灰石）进行综合勘查、开发和利用。

（3）充分利用经济和技术上难以开采的煤炭剩余资源，进行地下气化，结合地面工厂煤气化生产，发展煤化工产业。

综上，应当树立以环保工程过关为成功标准的理念，建设煤化工产业基地。建立生态工业集群，形成煤化工与建材、材料、发电、废热利用等不同产业的资源和能源的循环利用系统，最大限度地降低消耗、节约能源、减少对环境的污染和生态破坏。

8.3.2 技术破解策略

目前，内蒙古地区的煤化工技术仍以传统煤制油等技术为主，在精细化工方面的技术较为薄弱。同时，对于煤制油的碳排放处理技术依然欠缺。因此，在技术策略方面，应该从提升煤化工生产技术和碳减排节能技术两方面入手，技术破解策略如图 8 - 3 所示。

如图 8 - 3 所示，由于其技术密集性的特点，在煤化工项目建设，实现低碳发展时，应优先采用现有先进技术。以高起点、高标准，推动煤化工技术升级。例如，开发整体煤气化联合循环（IGCC）、发电系统，粉煤气化、水煤浆气化、大型低压甲醇合成、甲醇制丙烯，甲醇芳构化等新型规模化煤化工项目，从源头控制碳排放。

另外，对于已有的传统煤化工项目，应加强碳减排技术的研究。例如，通过碳捕捉，碳封存，碳利用等技术的应用，将已经排放的 CO_2 进行回收利用，降低其排放量。在森林碳汇、CO_2 驱油、CO_2 封存、生物微藻方面深入研发 CO_2 利用技术。

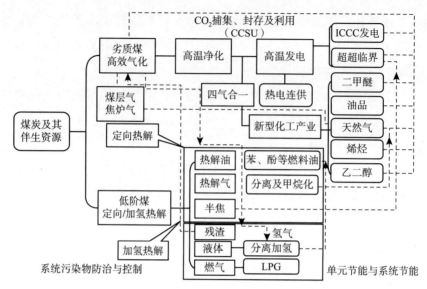

图 8 - 3　煤化工低碳发展的技术路线图

依据"全系统完善——单项技术完善——单项技术开发——重大装备研发——污染物控制——资源节约和产业联合"的步骤，不断进行技术创新，加强人才和资金的投入。加强煤化工产业关键单元技术及系统集成技术创新，从技术层面上保障产业低碳化战略的实施与运营。

考虑我国煤化工用煤煤种和煤质较差的特点，大量劣质煤及低阶煤的大规模化利用问题，近期需要解决的主要单元技术有大规模高效清洁劣质煤流化床气化技术、低阶煤加氢（定向）热解及提质加工技术、IGCC 及超临界发电技术、燃料及化学品高效合成（煤制油、煤制烯烃、煤制天然气等）技术以及焦炉煤气、煤层气、合成气转化合成人工天然气的四气合一技术等。中远期则要从系统集成的整体上完成多联产技术、系统高效节能技术、CO_2 捕集、封存以及高效利用的 CCSU 技术以及系统的整体污染物防治及控制技术等。充分利用煤炭资源的组成与结构特征，建立高效率、低消耗、低排放并实现高价值转化的煤炭综合利用技术路线。

以整体煤气化联合循环技术（IGCC）和碳捕获与存储技术（CCS）

为例，详细介绍其技术破解策略。

1. 整体煤气化联合循环技术（IGCC）

（1）IGCC 技术的特点

整体煤气化联合循环（IGCC）技术具有以下一些优点：发电效率较高，当前效率已到达 45%；继续提高的潜力大，能实现 98% 以上的污染物脱除效率，并可回收高纯度的硫、粉尘和其他污染物；用水量小，约为同等容量常规火电机组的 1/3 左右；通过采用低成本的燃烧前碳捕捉技术可实现零碳排放；能与其他先进的发电技术如燃料电池等结合，并能形成制氧、化工等多联产系统。

但是，与常规燃煤和燃天然气联合发电技术相比较，IGCC 系统复杂，初投资成本相对较高，可用率相对较低，并且运行维护成本也偏高。仅以环保性能类似的燃天然气联合循环发电为例，据美国能源部能源信息委员会在内的许多美国能源机构专家分析，目前的技术经济条件下煤气化的费用约为 2.5～3.0 美元/百万 BTU 左右，只有当每百万 BTU 天然气（油）价格比煤炭价格高 2.5～3.0 美元以上时，对天然气联合循环进行 IGCC 改造才具有了盈利空间。

（2）IGCC 发电技术的实现路径

IGCC 能否得到认可取决于其造价的降低，而降低造价最好的方法就是发展自主技术，实现设备国产化。从国外购买 IGCC 电站的关键技术和设备，成本过高，再加上建设周期长，其效益在短期难以见效。由于设备系统复杂，相对于常规燃煤电站而言，IGCC 电站的可用率也较低，这也进一步增加了 IGCC 的运行成本。另外，气化炉如何适应电网调峰需要，燃气轮机如何适应更宽的燃料范围等都是我国发展 IGCC 发电技术亟须解决的问题。因此，开发高效低成本的关键技术、打破技术垄断及加快自主技术的工程化是降低 IGCC 造价的必要手段。

因此，内蒙古地区发展 IGCC 应以建设示范电站为依托，走自主开发与适当引进的技术路线，在有条件的领域加大自主创新技术及其工程化的力度，实现大型化和商业化。

2. 碳捕获与存储技术（CCS）

CCS 是稳定大气温室气体浓度的一种选择方案，具有减少整体减缓成本、实现温室气体减排灵活性的潜力。CCS 的广泛应用取决于技术成熟性、成本、整体潜力、在发展中国家的技术普及和转让、其应用技术能力、法规因素、环境问题和公众反应。

（1）CCS 技术的构成环节

碳捕获和存储技术（CCS）主要由 3 个环节构成：

CO_2 的捕获：指将 CO_2 从化石燃料燃烧产生的烟气中分离出来，并将其压缩至一定压力。CO_2 的主要捕获方式为燃烧前碳分离捕获、富氧燃烧和燃烧排放烟气的 CO_2 捕获。火力发电厂由于其排放量大，且易于分离和富集 CO_2，是应用 CCS 技术潜力最大的部门。

CO_2 的运输：指将分离并压缩后的 CO_2 通过管道或运输工具运至存储地。相比其他的输送方式，管道输送更安全、更经济。

CO_2 的存储：指将运抵存储地的 CO_2 注入诸如地下盐水层、废弃油气田、煤矿等地质结构层或者深海海底或海洋水柱或海床以下的地质结构中。

（2）CCS 技术的实现途径

根据中英煤炭利用近零排放项目（China – UKNZEC）报告，短期内较有希望的技术方案是，在最先进的燃煤电厂采用燃烧后捕获技术，以及在整体煤气化联合循环（IGCC – CCS）机组采用燃烧前捕获技术。考虑投资和运营两部分成本，并假定封存地离电厂 200 公里，那么上述两种类型电厂的发电成本是每兆瓦时 470 元人民币。在此假设基础上，与不使用 CCS 技术的燃煤电厂相比，使用捕获技术、加上 CO_2 的运输和封存成本，每兆瓦时的发电成本增加约 200 元人民币。这相当于每消减一吨 CO_2 排放，大约需要 280 元人民币。

目前，中国已建成的示范工程并不封存捕获的 CO_2：华能北京热电厂 CCS 工程将 CO_2 用于食品保鲜，河北新奥集团用来培养海藻，中石油则用之挤出石油或天然气。但是，CCS 技术目前仍处于研究阶段，离大规模的商业应用还需要一段时间。并且，该项目属于高投入高能耗系统，将大幅增加厂用电率，电厂采用 CCS 系统后其效率会有大幅度的降低（如表 8 - 4 所示）。因此，内蒙古地区煤化工产业在采用 CCS 技术的过程中，应该高度关注供电效率的问题。

表 8 - 4　　　　　　　　不同类型电厂采用 CCS 后供电效率下降

电厂类型	无 CCS（%）	有 CCS（%）	供电效率下降（%）
IGCC - GE 燃气轮机	41.1	32	9.1
亚临界煤粉炉	38.6	24.9	13.9
超临界煤粉炉	39.1	27.2	11.9

通过采用整体煤气化联合循环（IGCC）和碳捕获与存储（CCS）等技术，不仅可以减少碳排放，还可以提高煤化工产业的生产效率，使得产业发展与环境保护相互协调，实现经济的又好又快发展。

3. 改进生产工艺流程，发展低碳技术产品

在煤化工产业发展过程中，不断改进生产工艺流程，研发低碳技术产品，是实现低碳发展的关键环节。首先，鼓励原煤全部入洗，控制原煤直接燃烧和长距离运输，从源头上控制污染物排放。其次，煤炭企业应该在开采经济可行性评价中把能效、能耗纳入评价指标，改进用能设备，大力发展节能低碳技术和产品。最后，充分运用煤企并购重组、大型煤炭基地建设、煤炭科技创新等手段，推动煤炭工业节约化、低碳化。

4. 以科技创新推进低碳经济，加强产学研合作

构建清洁煤、煤化工和煤层气等产业技术创新联盟，组织共性技术和关键技术攻关，争取在煤炭低碳化处理、新能源节能减排等低碳技术领域取得重大突破，以更大限度提高资源生产率及能源利用率。同时注重发挥政府、行业协会、企业和公众等各类主体的积极性，形成推进低碳经济发展的整合力。

因此，在科研院校、大型煤化工项目中，应当建立良好的培养机

制。通过科学研究，项目实践，培养一大批能够掌握、吸收、创新煤化工技术的骨干力量。通过这些人才的带动，加强国际交流，消化利用国外先进技术，尽快形成大量具有较强竞争优势的企业和产品。

8.3.3 政策破解策略

内蒙古地区煤化工产业的发展，在政策环境方面具有良好的优势；但是，要充分发挥出政策促进效应，还需要从政府、政策、企业三方面综合考虑。

1. 政府方面

建议自治区由煤电煤化工发展领导小组牵头，组织相关部门和企业制《内蒙古煤电煤化工发展规划纲要》，用于指导区内煤电煤化工产业的发展，并争取列入《国家煤化工产业"十三五"发展规划》。

（1）完善中央对内蒙古的财政转移支付制度

首先，加强生态环境利益补偿，促进资源和生态环境的循环利用。在国土功能区的科学规划下，根据内蒙古地区的资源禀赋，明确区域的发展重点和发展方式，统筹规划人口发展与产业布局、就业促进、土地利用、城镇建设、生态环境、基础设施建设等。作为国家生态屏障地区，应由中央政府优先安排公共资源，建立必要的生态环境利益补偿机制。

其次，促进资源利益补偿，维护后代的利益。以资源型经济为主的内蒙古经济的高速发展，必须避免走环境资源破坏的道路，这不仅是内蒙古可持续发展的需要，也是整个国家可持续发展的需要。为此，需要政府转移支付资金的扶持与引导，如建立专门资源利益补偿资金，配合以资源税的改革，用于支持内蒙古资源的合理开发利用。

（2）加强政府对低碳技术创新的支持

首先，增加政府对低碳技术的自主科技创新支出，增强对低碳经济发展的基础研究、关键技术研究的支持，为内蒙古低碳经济发展提供技术支撑。同时也通过中央转移支付制度，对内蒙古低碳技术研发给予一定的资金支持。

其次，进一步加大对能源基础产业和基础设施的投资建设，更好地将内蒙古能源产业发展纳入全局规划，为内蒙古新能源产业发展拓展空间。以煤化工产业为例，为鼓励风能等新能源产业发展，必须在现有基础上，更好实现"煤电"和"风电"的并网，逐步提高电网的输电能力。

（3）设立碳基金激励低碳技术的研发

碳基金就是为支持低碳发展而设立的具有一定数量的资金，目前主要有民间基金（主要依靠社会捐赠形式）和政府基金（主要依靠政府出资）这两种形式。目前中国已经设立的包括中国低碳基金（民间基金）和清洁发展机制基金（政府基金），主要资助碳汇的项目，满足应对气候变化的资金需求，还未用在低碳关键技术的研发上。

政府应该鼓励设立更多的基金用于低碳发展方面，而不应该仅限于碳汇方面并应将现有基金的资助范围扩展到低碳技术方面。低碳技术应用包括低碳技术的研发、低碳技术的商业化、低碳技术的合作等各个环节。碳基金要发挥相应的作用，评估技术的成熟度和减排潜力，提供资金上的支持，培育完善的低碳技术市场，促进低碳经济的长期发展。

（4）完善相关法律法规

近些年来，虽然内蒙古的低碳法律法规取得了长足的进步，但仍需要进一步完善相关法律已达到推动煤化工产业发展目的。首先，应当加大节能减排执法监督力度。通过加强对重点用能单位和重点污染源的执法监察以督促相关措施的落实，对检查出的违法违规行为严厉查处，对严重违反有关法律法规的行为采取公开通报或挂牌督办、限期整改的惩罚措施以及严肃处理有关责任人。其次，应考虑尽快酝酿煤化工专项立法，从而逐渐形成以煤化工专项立法为统领，各领域各层次配套立法为补充的煤化工法律体系，形成完备的煤化工低碳经济长远保障机制。

（5）严格低碳减排评估审查和评价制度

加强对碳排放的监控，安装自动监控系统，定期报告排放信息，严格实行年度减排和重点减排目标责任制，对年度减排目标不达标、未落实目标责的重点减排项目，对其所属地区和企业，实行阶段性限制发放环境评估影响批复。

内蒙古地区在建立煤化工评估审查制度上取得了较大的进步，但是仍然需要注意几点：首先，建立外部审计制度。定期对企业执行节能减排情况进行外部审计，以免发生制度虚设、节能减排工作落空的现象。其次，加强完善公众参与和监督机制。提高政府的信息公开程度为公众参与和监督企业的节能减排工作提供渠道，使得节能减排的评估审查和评价制度有更广泛的群众基础。

（6）培育煤化工低碳文化，建设低碳社会

首先，我国应从加强节能减排的宣传和教育入手，通过新闻媒体等宣传途径积极宣传节能减排的重要性和紧迫性，使社会各界了解到内蒙古地区政府对促进煤化工低碳发展已采取的政策措施和取得的成效。其次，广泛动员社会各界深入开展节能减排，通过多种形式倡导绿色低碳的消费模式，引导建立低碳文化和倡导低碳消费。最后，还应当加强舆论监督和对外宣传，形成以保护环境为荣的社会氛围，积极为节能减排营造良好的社会环境。

2. 政策方面

在政策制定层面上，一方面，建议在资源勘探、开发利用、园区准入、项目建设及税收等方面尽快制定相应配套政策，使得各相关部门在各个操作环节上有相应依据，保障煤化工产业的良性发展；另一方面，通过税收政策优惠，鼓励园区内企业节约能源，大力开发和使用节能新产品。研究设定企业节能减排标准，企业达到节能标准或采用节能产品，可以享受一定的减免税负的优惠。

（1）构建绿色税收体系，促进资源合理开发利用

基于低碳经济发展的外部性效应，构建绿色税收体系，通过建立税

价联动机制，从生产、消费、交换以及分配各个方面构建低碳经济发展的外部性转化机制，从根本上促进低碳经济的发展。

第一，进一步调高资源税税率，提高资源使用成本，促进资源的合理开发和利用；第二，开征环境税，从税目细化的角度，加强税收对环境保护的调节作用；第三，进一步完善消费税，明确其节能减排的调节作用，通过税率的差别化及税目细化引导绿色消费。

（2）完善对低碳企业的税收政策优惠，促进企业技术创新

通过减免税、费用扣除、加速折旧、投资抵免和提取投资风险基金等方式，对新能源企业、循环经济的企业、环保绿化的企业实行优惠政策。可比照国家自主创新的政策优惠，实施以增值税、企业所得税为主的税收优惠政策，同时实施以营业税为主的地方税的优惠政策。

3. 企业方面

煤化工企业方面，建议实行大企业、大集团合作战略。煤化工产业是资金、技术和劳动密集型产业，涉及多个行业和技术领域，不是一个企业能承担的。因此，企业在探索低碳发展路线的过程中，一方面，需要以低碳为导向，进行技术创新；另一方面，需要实施大企业、大集团合作战略：由政府搭台，以资金为纽带，按市场化运作，组建股份公司或投资集团。只有这样，才能发挥各大企业的行业专长，优势互补，共同做大做强内蒙古煤化工产业，实现共赢。

（1）以低碳为导向，进行技术创新

从企业层面来看，企业必须以低碳为向导进行技术创新，否则在低碳经济的大环境下企业会失去竞争力。

首先，企业以短期盈利为目标，导致其为短期目标放弃求长远发展的低碳技术投资。因此必须打破原有的营销理念和盈利模式，才能使得经济发展模式与技术之间达到一种高效的平衡。

其次，低碳技术的研发会给企业带来巨大的人力、物力、财力方面的压力。单个企业投资会带来很大的风险，企业应该加强与政府、科研机构和企业间的合作，分散风险。

最后，加强技术引进，通过国际的技术贸易引进先进技术，消化吸收、加强技术创新，并加强专利产权的保护。

（2）实施大企业、大集团合作战略

从科研机构层面来看，以国家政策为导向，与企业合作，寻求资金支持，集中加强包括煤的高效开发和利用技术、油气资源勘探开发利用技术、核电技术、可再生能源技术、输配电和电网安全技术的研发，才能从整体上提升内蒙古的低碳技术水平。对于一些新能源技术可能是世界攻克的难题，这就需要政府为在加强国际的技术交流与合作，为新技术的共同研究和开发铺平道路。除此之外，科研机构也应该积极推广技术市场化，促使低碳技术转化为切实的生产力。

在政策破解的过程中，内蒙古地区通过不断完善政策措施，为大力支持煤化工企业的参与力度提供政策后盾，使得全区在各方的通力合作下，共同建设内蒙古地区的煤化工产业的低碳发展蓝图。

8.3.4 产业结构破解策略

目前情况而言，在低碳化背景下，内蒙古地区的煤化工产业结构仍有一定的发展空间，应当从分布、规模、产业链等方面协调发展，才能实现相应目标，具体策略如下。

1. 建设低碳产业集群

在低碳产业集群建设的过程中，应当搞好区域协调，优化产业分布，防止煤化工产品过剩。同时，要注重相关产业协同发展，如大型煤化工设备制造业及物流业，实现煤化工产业的带动效应。

（1）低碳产业集群建设的原则

将传统制造业集群改造成低碳产业集群，应该遵循三条原则：

第一，各企业严格执行相关环保节能法律法规，达标排放，完成节能减排任务；第二，积极推行清洁生产，发展循环经济；第三，推动"环境友好型"企业建设，做到资源节约、环境保护的目标。

（2）集群建设的实现路径

首先，内蒙古地区在开发建设工业园区的过程中，应该坚持各项循环经济指标高于全国行业水平的标准执行，能耗、耗水、废弃物、废水等标准做到明确提高。根据国际经验和产业上下游发展规律，以重点工业为依托，不断吸引众多国内外知名企业积聚；不断完善上下游产业分工，应该逐渐形成"专业集成、资源集约、投资集中、效益积聚"的园区整体优势。

其次，将生产性服务业集群提升为低碳产业集群。重点发展现代物流业、技术、保险服务业等生产性服务业。另外，将新能源技术行业也纳入低碳产业集群，加快发展光伏发电、风力发电等。

最后，适当选择低碳经济试点区。低碳经济作为一个新兴领域，发展模式还不确定，应该考虑按照不同部门的特点，在内蒙古建立一批低碳经济实践区和产业园区。当前可以考虑结合内蒙古主体功能区划分，选择低碳经济试点区，采取税收、财政补贴，金融支持等相关优惠政策吸引国内外先进低碳技术，积极为内蒙古地区建设低碳城市探索可推广、可延伸的发展模式。

2. 实现规模发展

根据规模经济理论，只有达到一定规模才能产生良好的经济效益。相关煤化工基地，应该因地制宜，实现煤、电、化联产一体化，向大型化、园区化发展。

推动我国低碳产业发展的重点之一是培育专业化大型企业。大型企业是低碳产业市场的主力，具有资金雄厚，技术先进，管理科学等优势。应加大力度培育具有国际竞争力的大企业集团，政府有关部门应积极推动通过资产重组、产业整合，形成全国性的或区域性的节能环保专业化集团，主导国内市场，提高产业集中度，以大企业支撑产业发展。如目前一些脱硫装置投运率不高，使国家投入的脱硫电价补贴政策落空，若由第三方专业运营，可确保减排和国家补贴效果，因此可推广对节能环保设施第三方运营模式。

在培育大型企业的过程中，需要制定成体系的产业规划。要以政策体系、管理体制、市场机制建设为重点，以培育市场为核心开展系统性的产业规划编制。规划应充分考虑个地区经济发展不平衡的实际，分时间阶段、分地区差别加以实施。体制机制建设进程也应纳入规划的范畴，涉及低碳产业项目方面的规划，国家、省、市、县各级规划应衔接配套，统筹部署。

3. 延长产业链，实现产品精细化

内蒙古地区在做大煤化工的同时，延长产业链、提高煤化工技术水平，才能实现煤化工做强，低碳化发展的目标。

（1）基本思路

对煤化工产业而言，从原料到加工成品需要始终做到低碳一体化，形成"资源—产品—再生资源"的物质循环过程。对于依托资源的城市要延伸产业链条，扩大深加工，承接一些适合本地区发展的污染小的工业。建立相应的煤炭稀土交易市场，吸引资本以抵消节能所带来的经济增长放缓。

鼓励科研院所或高校进行低碳技术研究，并从国外引进有助于低碳经济发展的先进技术或企业，将高效的新能源及其他低碳技术投入到经济发展过程中。调整产业结构，积极引导新型第三产业发展，加快产业结构演进。同时，控制高能耗、高消费的行业发展，用低碳技术改进传统的重工业，优化工业结构，提高能源消费效率和能源利用率。

（2）产业链路线

通过构建产业内部的纵向产业链实现，可以发展四条产业链：1）煤炭→焦化→焦炭等产品；2）煤炭→气化→甲醇、合成氨、烯烃等化工产品，甲醇羰基合成制醋酸、甲醇制丙烯甲醇蛋白、甲醇芳构化等新型产品；3）煤炭→液化→汽油、柴油等替代产品；4）煤炭→电石→乙炔→聚氯乙烯或电石→乙炔→聚乙烯醇（或1，4－丁二醇）→精细化工产品路线，具体内容如图8－4所示。

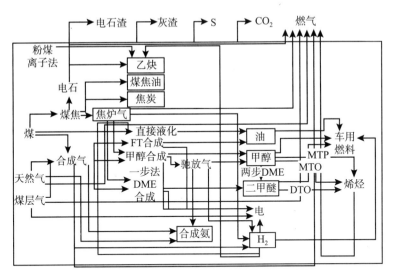

图 8－4　煤化工产业链的延伸方向

结合实际，内蒙古煤化工产业的延伸方向应当以煤气化为核心，即第二条产业链；发展煤制甲醇、烯烃的煤基醇醚燃料为主的精细化工产业。对比来看，该产业链比煤制油项目更低碳、更清洁；综合生产成本较低；产品种类丰富、应用广泛。所以，该地区可以考虑制定发展规划，提供政策保障，同时建立融资渠道，保证资金供应，以引进甲醇生产新工艺，促进煤化工低碳发展。产业链的延伸，为建立生态煤化工产业集群奠定了基础。

4. 构建节能降耗产业体系

首先大力发展第三产业，发挥服务业在其中的作用，从体制、政策等方面采取有力措施，以扭转生产型服务业发展长期滞后的局面。其次工业部门实行产品结构和行业结构调整相结合，鼓励发展高新技术产业，构建节能降耗型工业体系，逐步建立低耗能的发展模式。最后采取有效措施严格控制高能耗行业过快增长，严格控制高耗能项目建设，严格执行新建项目评估审查制度和程序。

5. 完善产业结构升级

首先是将碳汇理念融入第一产业中，大力发展碳汇产业。其次是要将低碳能源融合到工业结构调整中去，使能源结构低碳化或无碳化。在此时要将低碳技术与低碳工艺融合到传统工业体系之中。利用已有的低碳技术突破传统工业的技术锁定，把高污染高能耗产业改造成低污染低能耗甚至是零污染、零排放的低碳工业。最后是要将低碳指向的管制思想融入产业规制中，积极促使企业减碳。

通过建设低碳产业集群、延长产业链、完善产业结构升级来促进内蒙古地区产业结构的优化发展，此举不仅可以实现规模发展、精细发展，还可以提高产品质量，提高煤化工产业的经济效益，更多的是可以大大减少碳排放，从源头为煤化工产业的发展提供保护伞。

只有通过建立生态产业集群，带动周边产业协同发展，才能实现其低碳化发展目标。因此，接下来将进行内蒙古生态煤化工产业集群构建研究。

8.4　内蒙古生态煤化工产业集群构建

8.4.1　生态煤化工产业集群分析

在区位优势明显，煤炭资源条件好的地区发展生态煤化工产业集群，有利于能源结构调整，淘汰落后产能。《煤炭深加工示范项目规划》、《煤炭深加工产业发展政策》等文件提出，要在新疆、内蒙古、陕西、山西、宁夏、安徽、云南、贵州、河南等省份的十一个煤制气、煤制油、煤制烯烃示范项目，通过扶持现存资源、技术等条件较好的企业提高竞争力，促进煤化工产业基地发展得更快更好。

这一过程离不开众多煤化工企业、物流、科技服务业等行业的配合参与。通过合理的产业布局，形成产业集群，增强产业上下游之间的联系强度。

　　整体而言，这一模式将摆脱，煤炭采掘业与化工产业间"各自为政"、相互脱节的状况，增强基础产业之间相互的依赖关系；实现煤炭与化工产业的多元化发展，进而推动煤化工产业基地发展。按照煤化工产业链，由煤到尿素、甲醇，再到二甲醚、醋酸、醋酐、三聚氰胺、烯烃等产品，是附加值不断增加的递进过程。强调煤炭挖掘与化工相结合，开发煤炭上下游产品及新产品，加快煤转气、煤转电、煤转油及优质洁净能源加工，推动新的产业集群模式，如表 8 - 5 所示。

表 8 - 5　　　　　煤化工产业集群的类型——龙头企业 + 网络群

开发区名称	工业园	全区企业数	龙头企业
蒙西经济技术开发区	蒙西工业园	29	蒙西、神华、北方联合电力
	棋盘山工业园	67	鄂尔多斯电力冶金、利民煤焦、星光煤炭

　　近几年，全国各地煤化工产业纷纷启动，在国家产业规划引导和地方规划布局下，已经基本形成了蒙东、黑东、苏鲁豫皖、中原、云贵和新疆等比较突出的产业集聚区域。产业集聚有利于区域煤炭资源的有效利用和上下游配套的完善，能够加快形成规模化、多联产和一体化的煤化工产业集群。如何在现有集群基础上，对其进行生态化升级，是亟须解决的问题，也是本书讨论的重点。

8.4.2　内蒙古自治区生态煤化工产业集群构建路径

　　研究表明，煤化工生态产业集群是具备"空间集聚性、资源依赖性、结构差异性、相对稳定性、社会网络化"等特征的现代化产业集群。具体来看，多条完整的产业链，具有影响力的龙头企业是集群形成的基础，如图 8 - 5 所示。

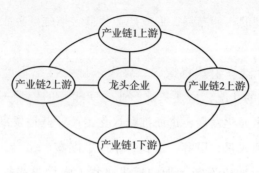

图8-5 煤化工生态产业集群构建的基本要素

由图8-5可知，该集群的构建以工业园区为载体，需要围绕周边丰富的煤炭资源而形成；电力、煤化工产业在集群内处于优势地位，具有明显的竞争优势。通过纵向一体化控制原料供应，下游多元化生产以及横向联合，都使得煤化工主导下的集群保持相对稳定的状态。在网络化的结构中，集群的形成减少企业间投机行为，加强企业间竞争性合作，推动了集群企业间信息和技术的扩散。

基于资源、环境和经济三重指标对传统系统进行资源、能源以及投资等的模型优化配置，得到综合考虑资源、环境和经济全面发展的煤化工生态工业系统，如图8-6所示。

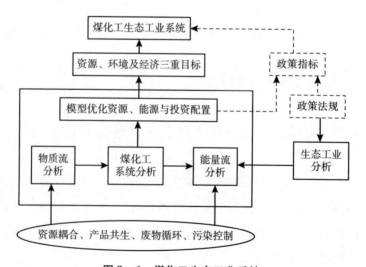

图8-6 煤化工生态工业系统

整个系统强调社会功能、经济功能与环境功能的协调和共进，基本
目标是通过成员间资源共享耦合、丰富产品种类、废物循环再利用等方
法形成资源和能源效率高、环境污染排放少、经济产出高的煤化工产业
体系。根据上述系统理念，构建出具有较强可行性的内蒙古煤化工生态
产业集群结构图，如图 8 - 7 所示。

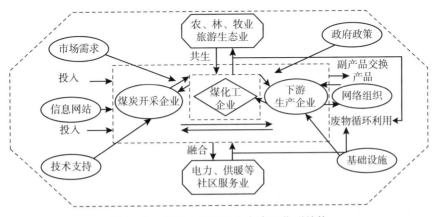

图 8 - 7　内蒙古煤化工生态产业集群结构

由图 8 - 7 可知，煤化工生态产业集群，涉及面广，工程建设复杂，
实施难度较大。就内蒙古实际而言，集群的构建，应当根据各地区的煤
资源、水资源、环境状况以及交通运输等条件，合理布局煤化工产业发
展，优先满足生态保护和水资源保护的要求，充分考虑地区经济发展的
需要，尽可能在有相当工业基础的地区，将煤炭、电力、化工等联合布
局。具体可从以下五方面入手，实现集群构建。

（1）继续加强煤炭地质勘探，科学编制矿区总体规划。提高产业集
中度、综合利用和现代化水平，控制产能规模。

（2）加快煤炭企业整合和煤矿现代化改造，关闭小煤矿。加强煤田
（矿）火区治理和矿区环境治理，大力建设煤炭洁净生产和利用示范工程。

（3）以"资源耦合，废物循环，产品共生，污染控制"为原则，构
建生态煤化工产业基地，通过发展下游产品，新产品，开辟褐煤开发利

用新途径，做强东部特大煤化工基地；通过煤焦化和氯碱化工等上游产品及产业延伸产品，加大中部鄂尔多斯和包头煤化工基地，西部以乌海为中心的重化工工业区的建设。

（4）与沿海合作，优势互补。考虑到技术、设备、生态、资源以及投资、招商、管理瓶颈等多方面问题，可以充分发挥自治区的煤炭资源及现有产业发展优势，有针对性地同沿海地区进行优势互补。

（5）基于地缘特点，加强与辽宁，河北，天津等省市合作。考虑在老工业基地振兴，环渤海经济区建设中，发展煤化工的精细化项目，探讨进行两地合作建设管理的新模式（"飞地模式"）。

在建设内蒙古生态煤化工产业集群的过程中，可以根据上述建议，按照配套条件好，指标规范，合理和节约利用资源等原则，逐步推进，协调发展融资、技术升级等方面的需求，统筹规划，最终构建有效的产业集群，推动内蒙古地区低碳化发展。

8.5　区域低碳发展的路径及建议

8.5.1　区域低碳发展路径

1. 集约式能源生产与供应

电力供应减少煤电比例，增加低碳发电比例，相应提高稳定石油和天然气比例；减少工业中煤炭、天然气原料比例；提高煤炭、石油及天然气的开采率；优化并提高煤电转换效率；提高电气化铁路运输比例，大力发展电启动的城市轨道交通和城际轨道交通，减少燃油汽车比例，改善城市大气环境；强化工农业的自主创新能力建设，缩减加工贸易比重。由此，降低集约式能源生产与消费的碳排放密度。

2. 分布式能源生产与供应

分布式能源生产与供应最能实现低密度碳排放。要尽最大可能因地制宜地生产利用各类分布式能源。如小型风力发电及风能利用，光伏发电及太阳能光热利用，高中低温地热的优化利用，各类沼气利用，生物质能源利用，各类清洁的燃料油、燃料气利用。

3. 高耗能产业的低碳化

在我国能源使用方面，交通、钢铁、煤化工等化石能源消耗量比重较大且与日俱增。在交通领域能源消耗上，应当从三个方面减少碳排放：一是大力发展低碳替代技术，提高生产效率。二是应用低碳替代能源，可降低碳排放密度。三是淘汰落后设备，则减少能源消耗。

8.5.2　区域低碳发展建议

1. 深化制度改革，推动低碳能源发展

在国家层面，国家能源局履行拟订能源发展战略、规划和政策，提出相关体制改革建议等能源管理的政府职责。省级及以下地方政府，仍然存在多头管理、职责不清等一系列不利于低碳能源发展的管理障碍。省级及以下人民政府应成立相应的能源局，行使本辖区内的能源管理工作，尤其是分布式低碳能源的管理工作。应继续完善国家能源管理体制和决策机制，加强部门、地方及相互间的统筹协调，强化国家能源发展的总体规划和宏观调控，着力转变职能、理顺关系、优化结构、提高效能，形成适当集中、分工合理、决策科学、执行顺畅、监管有力的管理体制，切实推进低碳能源的开发利用。

建立和完善低碳能源规划调整与公开发布制度。滚动修订各类能源规划，公开发布实施，规范政府监管和企业行为，必须与国家能源发展规划衔接接受社会公众监督。地方和部门组织制定的相关规划一致。严格建设项目核准和备案制度。不符合国家低碳能源规划要求的建设项目，国土、环保等部门不予办理相关审核、许可手续，金融机构不予贷款。进一步完善项目核准备案制度，形成更加科学、规范、透明的管理办法。从而推动低碳能源合理有序发展，避免相关建设项目扎堆上马、重复和无序建设。

2. 加快低碳技术进步，提供技术支撑

我国制定的《国家中长期科学和技术发展规划纲要》，把能源技术放在优先发展位置，按照自主创新、重点跨越、支撑发展、引领未来的方针，加快推进能源技术进步，努力为能源的可持续发展提供技术支撑，逐步建立企业为主体、市场为导向、产学研相结合的技术创新体系。大力组织低碳能源技术的研发和推广应用，尤其是低碳能源基础科学研究、装备制造水平提升、关键技术创新和前沿技术储备上，通过市场机制，引导企业加快技术进步。大力加强能源科技人才培养，注重完善政策法规和技术标准，为低碳能源技术发展创造良好条件。

3. 实行财税优惠政策，减少发展成本

探索构建政府引导、企业带动、社会参与、多方投入的低碳能源产业建设机制，拓宽低碳能源开发利用的融资渠道。中央财政设立低碳能源发展专项资金，根据可再生能源发展需要和国家财力状况确定资金规模。各级地方财政结合本地区实际，安排必要的财政资金支持低碳能源开发利用。国家运用税收政策对核能、水能、生物质能、风能、太阳能、地热能等低碳能源的开发利用予以支持，对低碳能源技术研发、设备制造等给予适当的企业所得税优惠。

4. 加强国际合作，吸收优秀经验

我国是国际能源合作的积极参与者。在多边合作方面，我国是亚太经济合作组织能源工作组、东盟与中日韩能源合作、国际能源论坛、世界能源大会及亚太清洁发展和气候新伙伴计划的正式成员，是能源宪章的观察员，与国际能源机构、石油输出国组织等国际组织保持着密切联系。在低碳能源领域得国际合作上，以国外先进技术、管理经验和高素质人才为主要目标，适时修订《外商投资产业指导目录》，进一步实现从投资化石能源资源向低碳能源的转变。按照平等互利、合作双赢的原则加强低碳能源发展国际合作。

8.6　本 章 小 结

本章首先阐述了低碳能源技术路线发展的相关概念，包括低碳科技的定义、以清洁发电技术和碳捕捉封存等烟气净化技术为代表的高效低碳技术以及以风能、核能、太阳能等发电技术为代表的新能源无碳技术，并对我国低碳能源技术路线进行了展望。进而，研究了内蒙古电力产业低碳发展途径，提出应充分挖掘风能资源、积极采取措施建立清洁能源产业、应用整体煤气化联合循环发电技术等建议。并从生态环境、化工技术、政策支持及产业结构方面进行研究，提出了包括生态破解策略、技术破解策略、政策破解策略等具有一定操作性的解决策略。最后，为了摆脱对煤炭采掘业和化工产业"各自为政"、相互脱节的产业状况，围绕着煤炭资源的上下游产品和以煤炭为原料的新产品开发，提出应加快煤转电、煤转油、煤转气及优质洁净能源加工，形成新的产业集群模式，并给出了构建内蒙古生态煤化工产业集群的五项建议。

第 9 章

结　　论

本研究报告在分析及吸收现有的国内外文献基础上，运用系统动力学、灰色关联度综合评价法、管理学等相关学科的基本理论和方法，在基于低碳经济发展模式与中国面临巨大碳减排压力的背景下，针对当前内蒙古能源产业的碳排放量现状，结合其发展低碳能源的技术路线，以低碳电力和煤化工产业低碳化两条线为主体，对内蒙古低碳能源发展的实现路径进行了分析，并提出了促进低碳能源发展的若干政策建议，旨在推进内蒙古低碳能源路径的发展，对内蒙古自治区未来的能源规划具有重要的现实意义。研究成果如下：

1. 低碳电力方面：

（1）通过对内蒙古经济运行的总体分析，可知近十年来，内蒙古地区生产总值逐年增长，GDP 增长率呈波动性增长态势。但同时，近年来内蒙古经济快速增长主要依靠的是能源工业，而能源工业又主要依靠的是煤炭产业，无形中加大了当地的排碳量，因而对低碳减排的相关措施提出一定要求。提出可以通过采用新技术，改善工艺流程，提高电力生产过程的转换效率，提高煤炭利用率，从而实现节能。

（2）对内蒙古能源产业的布局进行研究后，发现存在诸多问题，如：一次性能源比重高，再生能源比重低发展慢，能源结构性矛盾突出；能源综合利用水平不断提高，煤炭和天然气的转化率低，能源终端产品产业链条短；能源相关产业技术与装备和生产工艺比较落后，科技自主创新能力和研发能力不足等。这些能源产业布局的相关问题严重制约了内蒙古低碳发展的路径实现。

（3）建立了电力碳排放估算模型，分析了内蒙古地区碳排放量的影响因素，进而从源头减少碳排量。此模型采用终端用电量法，可以有效减小误差和比较不同年份排放量差异。通过内蒙古年鉴的实际数据计算，结果表明现有能源结构与碳排放强度呈现正相关。同时，依据边际减排成本法和基于技术进步的动态减排成本曲线法，并且结合内蒙古二氧化碳排放率与 GDP 增长率的关系，构建了碳减排成本曲线，发现我国当前适当推迟减排行动能够获得和推广成本更低而效果更好的先进减排技术。此外，建立了六种减排策略情景，对内蒙古实现 2020 年减排目标进行策略分析，证明了随着技术进步，较晚开始减排，可供选择的减排技术更多，边际成本更低，电力企业的减排潜力也更大。

（4）因碳足迹主要用来测度人类日常生活或产品生命周期中的 CO_2 等温室气体的直接或间接排放水平，故使用火电链、水电、核电和风电链的碳排放量相关模型，及从宏观角度对我国电力碳足迹的估算进行研究。根据电力来源不同的碳排放强度和消费水平，分类估算了 2005～2009 年的电力碳足迹。结果表明火电碳足迹中煤炭对其贡献率最高，且结合近年来的相关数据，看出人均电力碳足迹的增速总体放缓，以及电力碳足迹的年均增速低于 GDP。电力碳排放量预测是基于全社会用电需求模型和电力工业碳排放预测模型，并对相关参数进行了设置，预测了在 2020 年我国电力碳排放量将达到 57. 92 亿吨。

（5）从电力生产与使用的角度出发，剖析电力行业碳排放的结构体系与内在影响因素，建立了基于因素贡献与增量分析的电力系统碳排放结构分解法和能源结构低碳化贡献分析方法。故以内蒙古"十二五"和"十三五"期间的电力生产碳排放量为例，分析了各个因素在各时期内对电力生产碳排放的影响程度，以及内蒙古可供应的低碳电能对全国低碳能源发展目标的贡献。通过分析结果可以看出内蒙古电源结构调整对碳减排的贡献十分突出，以风电为主的低碳电量实现的减排效果十分明显，在"十二五"与"十三五"期间实现了约 2 000 多万吨和 6 000 多万吨的 CO_2 减排量，2020 年内蒙古低碳电能对全国能源结构低碳化的贡献率为 0.84%，这说明内蒙古的电力行业对全国 2020 年非化石能源消费占 15% 的目标的贡献率为 5.6%，若内蒙古可依靠优化调度光伏发电、风电等新能源的进一步开发并网，对国内低碳能源目标的贡献率仍会上升。同时，也得出一个结论，为应对未来的低碳发展压力，需求侧的节能措施不可忽视。

（6）依据科学性、系统优化、系统可比、实用性四大原则，构建了内蒙古低碳电力发展水平评估体系，进一步进行了基础评估分析。主要运用了 ANP（层次分析法）依次确定了目标层、准则层和指标层。同时对基础数据进行统一化处理及使用灰色关联度法计算出指标层权重，以此来得出综合评价得分，通过数据看出内蒙古自治区的低碳电力发展还有很长的路要走，低碳电力发展急需政府方面的相关政策以及正确引导。

2. 煤化工的低碳发展方面

（1）从煤化工产业发展的意义、必备条件以及发展现状三个方面入手概述了低碳背景下我国的煤化工产业情况。并对内蒙古煤化工产业进行了 SWOT 分析，分析得出：内蒙古正在从传统煤化工向现代煤化工跨越式的发展，但设备及技术仍然落后于发达国家，环境容量的限制及水资源缺乏等问题影响着内蒙古煤化工产业的可持续发展；内蒙古地区需要升级煤化工产业并处理好煤化工产业发展过程中的资金运转、技术升级问题。进一步，对内蒙古煤化工产业进行了发展趋势分析，通过分析发现，内蒙古煤化工产业具备了良好的发展基础，该地区的煤化工产业正处于迅速发展的机遇期，也将面临一些转型的挑战。因此，在未来低碳及能源结构调整的背景下，内蒙古需要结合当前实际，以产业融合和煤炭清洁利用做支撑，加快向新型煤化工升级。

（2）采用系统动力学的分析方法，综合已有估算方法的优点，以系统动力学、系统综合动态分析学为理论基础，以 STELLA 仿真软件及 IPCC2012 的碳排放系数为实现条件，并利用排碳因子相关理论，结合我国煤化工发展现状，通过自上而下和自下而上两种方式对煤化工产业排碳量进行了测算：首先，从宏观的角度，分析影响煤化工发展的因素，建立了宏观的煤化工产业碳源排碳的仿真模型；其次，从相对微观的角度，即按各个子行业划分，根据其排碳特点，建立通用的仿真模型，然后将其碳源排碳汇总得到了全行业的碳排放预测模型。通过实证分析发现，仿真模型能够较好地预测煤化工行业的碳排放值。进一步，运用 LEAP 模型对其碳指标分解额度进行了情景研究，发现在所有年份中，其他部门用电比重指标都是电力需求不确定性的重要来源，并给出了相关解释。

（3）从自然资源、生产技术、政策扶持、经济效益及环境效益五方面入手，根据指标体系的建立原则、指标内容及赋权、评价模型等方面构建了内蒙古煤化工发展潜力评价体系。为了使评价体系具有可操作性，使指标更加客观科学，建立了一个采用主观赋权法中的三角模糊层次分析法对指标体系中各指标进行赋权，并融入资产全寿命周期管理理念的发展潜力评价方法，并对内蒙古煤化工产业低碳发展潜力进行了实证分析。从长期来看，要实现低碳能源发展，我国不仅需要发展低碳技术，发挥其社会经济效益，还需要明确重要低碳技术领域、识别关键技术发展路径、探索技术创新的政策保障，制定合理的低碳技术发展路线。

我们的研究表明，内蒙古高碳行业的低碳发展对内蒙古的经济发展质量乃至中国经济的发展有着极大的作用。所以各级管理部门应该在制度和政策的建设、新技术的引入等方面给予关注和支持。如：内蒙古电力产业低碳发展，可以充分挖掘风能资源、积极采取措施建立清洁能源产业、应用整体煤气化联合循环发电等技术。内蒙古煤化工产业低碳发展可以采用包括生态破解策略、技术破解策略、政策破解策略等具有一定可操作性的解决策略促进。对于煤炭采掘业和化工产业"各自为政"、相互脱节的产业状况，从煤炭资源的上下游产品和以煤炭为原料的新产品开发入手，加快煤转电、煤转油、煤转气及优质洁净能源加工，形成新的产业集群模式等等。内蒙古生态煤化工产业应该统筹规划，步步为营，最终构建理想的生态产业集群，推动内蒙古地区低碳化发展。

附录1 系统动力学流图

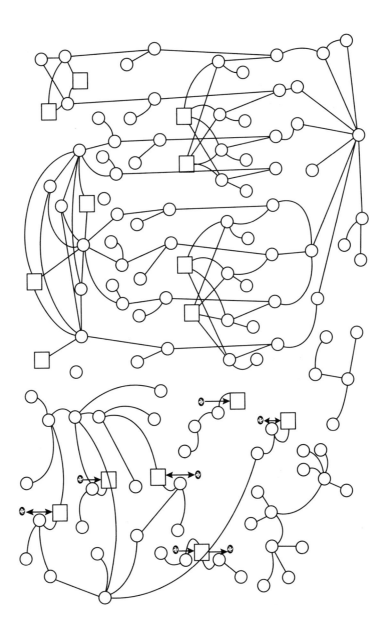

附录2　变量含义

1. devote soci　社会科技投资积累
2. chg devote soci　社会科技投资率变化
3. devoto in　行业投资积累
4. chg devote in　行业科技投资率变化
5. fix_invest_indu　行业固定资产投资额累积
6. inve_ind_per_year　行业年固定资产投资额
7. pop　当年人口数
8. birth　当年出生人口数
9. death　当年死亡人口数
10. price_index_pro　当年产品价格
11. chg_pri_index_pro　产品价格变化
12. price_index__energy　能源价格变化
13. chg_pri_index_energy　能源价格指数变化
14. abate_amount　行业减排量
15. abate_rate　行业减排比例
16. Ci　不同企业当年焦炭产量
17. coke_EC　生产焦炭能源使用总量
18. coke_EC[energy]　生产焦炭时不同能源及原料的使用量
19. coke_EM[energy]　生产焦炭排碳量
20. coke_output　焦炭产量
21. convert_into_ce　使用能源折算成标煤的量
22. cost_abate　行业减排成本
23. cost_per_abatement　单位碳量减排成本
24. deoxidize　熔融还原法产量比
25. EC[energy]　除焦炭生产外时的能源及原料使用量
26. ECC[firm_type,energy]　不同企业焦炭生产的能源及原料使用量
27. ECID　熔融还原法生产的能源及原料使用量
28. ECIF[firm_type,energy]　不同企业高炉炼铁能源及原料使用量
29. ECR[firm_type,energy]　不同企业轧钢能源及原料使用量
30. ECRC[firm type,energy]　不同企业转炉炼钢时不同能源及原料使用率
31. ECRIF[firm type,energy]　不同企业高炉炼铁时不同能源及原料使用率
32. ECRR[firm type,energy]　不同企业轧钢时不同能源及原料使用率
33. ECRSC[firm type,energy]　不同企业转炉炼钢时不同能源及原料使用率
34. ECRSE[firm type,energy]　不同企业电炉炼钢时不同能源及原料使用率

35. ECRSO[firm type,energy]　不同企业平炉炼钢时不同能源及原料使用率

36. ECRST[firm type,energy]　不同企业烧结时不同能源及原料使用率

37. ECSE[firm_type,energy]　不同企业电炉炼钢时不同能源及原料使用量

38. ECSO[firm_type,energy]　不同企业平炉炼钢时不同能源及原料使用量

39. ECST[firm_type,energy]　不同企业烧结时不同能源及原料使用量

40. ECSC[firm_type,energy]　不同企业转炉炼钢时不同能源及原料使用量

41. EF[blast coal]　喷吹煤粉的排碳因子

42. EF[coking_coal]　焦煤的排碳因子

43. EF[fuel_coal]　燃煤的排碳因子

44. EF[coke]　焦炭的排碳因子

45. EF[oil]　燃料油的排碳因子

46. EF[gas]　天然气的排碳因子

47. EF[c]　电极的排碳因子

48. EF_ce　标煤的排碳因子

49. energy_factor[energy]　不同能源的使用效率

50. eng_type_EM[energy]　除焦炭生产外不同能源的排碳量

51. fix_c_factor[energy]　不同能源的固碳因子

52. furnace　高炉炼铁的产量比

53. gain　行业当年增加值

54. GDP　当年 GDP 值

55. IFi[firm_type]　不同企业高炉炼铁的产量

56. income　行业产品销售收入

57. iron_EC[energy]　炼铁时不同能源及原料的使用量

58. iron_output　生铁产量

59. OF[energy]　不同能源的氧化率

60. output_pro　钢铁的总产量

61. pay_out　能源及原料的支出

62. price_en　1990 年能源价格

63. price_pr　1990 年产品价格

64. Ri[firm_type]　不同企业成品钢材的产量

65. rolled_EC[energy]　成品钢材生产时的能源使用量

66. rolled_steel_output　成品钢材的产量

67. SCi[firm_type]　不同企业转炉炼钢的产量

68. SEi[firm_type]　不同企业电炉炼钢的产量

69. sinter_EC[energy]　烧结能源使用量

70. sinter_output　烧结产量

71. SOi[firm_type]　不同企业平炉炼钢的产量

72. steel_EC[energy]　炼钢能源及原料总使用量

73. steel_output　钢产量

74. S_CO　转炉炼钢产量比

75. S_EL 电炉炼钢产量比

76. S_OP 平炉炼钢产量比

77. Total_EC[energy] 不同能源及原料的总使用量

78. total_EM 总排碳量

79. a1 产品价格调节参数

80. a2 能源价格调节参数

81. adcoke[firm_type,energy] 不同企业生产焦炭时不同能源及原料使用率

82. adid 熔融还原生产铁水时能源及原料使用率的调节参数

83. adiron[firm_type,energy] 不同企业高炉炼铁时不同能源及原料使用率

84. adrolled[firm_type,energy] 不同企业轧钢时不同能源及原料使用率

85. adsc[firm_type,energy] 不同企业转炉炼钢时不同能源及原料使用率

86. adse[firm_type,energy] 不同企业电炉炼钢时不同能源及原料使用率

87. adsinter[firm_type,energy] 不同企业烧结时不同能源及原料使用率

88. adso[firm_type,energy] 不同企业平炉炼钢时不同能源及原料使用率

89. birth_rate 人口出生率

90. conv_rate = 转炉炼钢产量比

91. death_rate 人口死亡率

92. DR 熔融还原生产比

93. ECRID 熔融还原炼铁能源及原料使用率

94. elec_rate 电炉炼钢产量比

95. f[produce] 产品产量调节参数

96. fix_invest 固定资产投资率

97. fix_invest_Indu_fac 行业固定资产投资率

98. FRC[firm_type] 不同企业焦炭产量比

99. FRIF[firm_type] 不同企业高炉炼铁产量比

100. FRR[firm_type] 不同企业轧钢产量比

101. FRSC[firm_type] 不同企业转炉炼钢产量比

102. FRSE[firm_type] 不同企业电炉炼钢产量比

103. FRSO[firm_type] 不同企业平炉炼钢产量比

104. FRST[firm_type] 不同企业烧结产量比

105. f_G1 行业产品价格增长率

106. f_G2 行业能源价格增长率

107. open_rate 平炉炼钢产量比

108. others_EC[energy] 钢铁生产过程中其他不同能源及原料使用量

109. *partion* 钢铁行业增加值占 GDP 比
110. *tech_devot_indu* 行业科技投入率
111. *tech_devot_social* 社会科技投入率

附录3 系统动力学方程

devote_soci(t) = devote_soci(t - dt) + (chg_devote_soci) * dt
INIT devote_soci = .7
chg_devote_soci = if devote_soci>0 then tech_devot_social else 0

devoto__in(t) = devoto__in(t - dt) + (chg_devote_in) * dt
INIT devoto__in = .05
chg_devote_in = if devoto__in>0 then tech_devot_indu else 0

fix_invest_indu(t) = fix_invest_indu(t - dt) + (inve_ind_per_year) * dt
INIT fix_invest_indu = 0
inve_ind_per_year = if fix_invest_indu>=0 then gain*fix_invest_Indu_fac/100 else 0

pop(t) = pop(t - dt) + (birth - death) * dt
INIT pop = 114333
birth = pop*birth_rate/1000
death = pop*death_rate/1000

price_index_pro(t) = price_index_pro(t - dt) + (chg_pri_index_pro) * dt
INIT price_index_pro = 1
chg_pri_index_pro = if price_index_pro>0 then (f_GDP1+a1)/100 else 0

price_index__energy(t) = price_index__energy(t - dt) + (chg_pri_index_energy) * dt
INIT price_index__energy = 1
chg_pri_index_energy = if price_index__energy>0 then (f_GDP2 +a2)/100 else 0.

abate_amount = abate_rate*total_EM
abate_rate = .05
Ci[firm_type] = coke_output*FRC[firm_type]/100
coke_EC[blast_coal] = ECC[key,blast_coal]+ECC[major,blast_coal]+ECC[small,blast_coal]
coke_EC[coking_coal] = ECC[key,coking_coal]+ECC[major,coking_coal]+ECC[small,coking_coal]
coke_EC[fuel_coal] = ECC[key,fuel_coal]+ECC[major,fuel_coal]+ECC[small,fuel_coal]
coke_EC[coke] = ECC[key,coke]+ECC[major,coke]+ECC[small,coke]
coke_EC[oil] = ECC[key,oil]+ECC[major,oil]+ECC[small,oil]
coke_EC[gas] = ECC[key,gas]+ECC[major,gas]+ECC[small,gas]
coke_EC[c] = ECC[key,c]+ECC[major,c]+ECC[small,c]
coke_EM[energy] = coke_EC[energy]*EF[energy]*fix_c_factor[energy]*OF[energy]
coke_output=0.493*fix_invest_indu+0.567*pop-58120.924+100*f[coke]
convert_into_ce=energy_factor[blast_coal]*Total_EC[blast_coal]+energy_factor[coking_coal]*Total_EC[coking_coal]+
                energy_factor[fuel_coal]*Total_EC[fuel_coal]+energy_factor[coke]*Total_EC[coke]+energy_factor[oil
                ]*Total_EC[oil]+energy_factor[gas]*Total_EC[gas]+energy_factor[c]*Total_EC[c]+ECID
cost_abate = abate_amount*cost_per_abatement
cost_per_abatement = time
deoxidize = iron_output*DR/100
EC[energy] = Total_EC[energy]-coke_EC[energy]
ECC[firm_type,energy] = Ci[firm_type]*ECRC[firm_type,energy]/10000

ECID = deoxidize*ECRID

ECIF[firm_type,energy] = ECRIF[firm_type,energy]*IFi[firm_type]/10000

ECR[firm_type,energy] = ECRR[firm_type,energy]*Ri[firm_type]/10000

ECRC[key,blast_coal] = 0*devote_soci+0*devoto__in+adcoke[key,blast_coal]

ECRC[key,coking_coal]=1.944*devote_soci^2-0.179*devotoin^2+14469.862+1000*adcoke[key,coking_coal]

ECRC[key,fuel_coal]=-0.013*devoto__in^2+0.148*devote_soci+538.646+100*adcoke[key,fuel_coal]

ECRC[key,coke] = 0*devote_soci+0*devoto__in+adcoke[key,coke]

ECRC[key,oil] = 0*devote_soci+0*devoto__in+adcoke[key,oil]

ECRC[key,gas] = 0*devote_soci+0*devoto__in+adcoke[key,gas]

ECRC[key,c] = 0*devote_soci+0*devoto__in+adcoke[key,c]

ECRC[major,blast_coal] = 0*devote_soci+0*devoto__in+adcoke[major,blast_coal]

ECRC[major,coking_coal]=135.308*devote_soci*devoto_in-300.295*devote_soci^2+183709.13*devoto__in-93.58*time
*devoto__in+3.872*time^2-15319807.166+adcoke[major,coking_coal]*10000

ECRC[major,fuel_coal]=-0.89*devote_soci^2+0.121*devoto__in^2-50.907*devote_soci+378.47+adcoke[major,fuel_coa
l]*100

ECRC[major,coke] = 0*devote_soci+0*devoto__in+adcoke[major,coke]

ECRC[major,oil] = 0*devote_soci+0*devoto__in+adcoke[major,oil]

ECRC[major,gas] = 0*devote_soci+0*devoto__in+adcoke[major,gas]

ECRC[major,c] = 0*devote_soci+0*devoto__in+adcoke[major,c]

ECRC[small,blast_coal] = 0*devote_soci+0*devoto__in+adcoke[small,blast_coal]

ECRC[small,coking_coal]=129.756*devote_soci-41.599*devoto_in+4798.905+adcoke[small,coking_coal]*1000

ECRC[small,fuel_coal]=10.801*devote_soci-3.413*devoto_in+220.329+adcoke[small,fuel_coal]*100

ECRC[small,coke] = 0*devote_soci+0*devoto__in+adcoke[small,oil]

ECRC[small,oil] = 0*devote_soci+0*devoto__in+adcoke[small,oil]

ECRC[small,gas] = 0*devote_soci+0*devoto__in+adcoke[small,gas]

ECRC[small,c] = 0*devote_soci+0*devoto__in+adcoke[small,c]

ECRIF[key,blast_coal]=0.37*devote_soci^2+14.688*devoto__in+322.526+adiron[key,blast_coal]*1000

ECRIF[key,coking_coal] = 0*devote_soci+0*devoto__in+adiron[key,coking_coal]

ECRIF[key,fuel_coal]=1.725*devote_soci^2-0.25*devoto_in^2+159.626*devote_soci-16.154*devoto__in+723.78+adiro
n[key,fuel_coal]*100

ECRIF[key,coke]=2.23*devote_soci^2-0.214*devoto_in^2+5063.097+adiron[key,coke]*1000

ECRIF[key,oil] = 0*devote_soci+0*devoto__in+adiron[key,oil]

ECRIF[key,gas] = 0*devote_soci+0*devoto__in+adiron[key,gas]

ECRIF[key,c] = 0*devote_soci+0*devoto__in+adiron[key,c]

ECRIF[major,blast_coal]=-1.41*devote_soci^2+0.12*devoto_in^2+367.939+adiron[major,blast_coal]*100

ECRIF[major,coking_coal] = 0*devote_soci+0*devoto__in+adiron[major,coking_coal]

ECRIF[major,fuel_coal]=64.523*devote_soci-21.459*devoto_in+1328.288+adiron[major,fuel_coal]*100

ECRIF[major,coke]=8.716*devote_soci*devoto_in-15.838*devote_soci^2-1.27*devoto__in^2+6099.55+adiron[major,co
ke]*1000

ECRIF[major,oil] = 0*devote_soci+0*devoto__in+adiron[major,oil]

ECRIF[major,gas] = 0*devote_soci+0*devoto__in+adiron[major,gas]

ECRIF[major,c] = 0*devote_soci+0*devoto__in+adiron[major,c]

ECRIF[small,blast_coal]=-0.04*devote_soci^2+3.202*devoto_in+58.011+adiron[small,blast_coal]*100

ECRIF[small,coking_coal] = 0*devote_soci+0*devoto__in+adiron[small,coking_coal]

ECRIF[small,fuel_coal]=76.827*devote_soci-25.658*devoto_in+1867.07+adiron[small,fuel_coal]*100

ECRIF[small,coke]=-29.79*devote_soci*devoto_in+36.67*devote_soci^2+6.31*devoto_in^2-255.305*devoto__in+8960
.667+adiron[small,coke]*1000

ECRIF[small,oil] = 0*devote_soci+0*devoto__in+adiron[small,oil]

ECRIF[small,gas] = 0*devote_soci+0*devoto__in+adiron[small,gas]

ECRIF[small,c] = 0*devote_soci+0*devoto__in+adiron[small,c]

ECRR[key,blast_coal] = 0*devote_soci+devoto__in*0+adrolled[key,blast_coal]

ECRR[key,coking_coal] = 0*devote_soci+devoto__in*0+adrolled[key,coking_coal]

ECRR[key,fuel_coal]=-1.53*devote_soci^2+0.206*devoto_in^2-65.562*devote_soci-6.532*devoto__in+589.78+adrolle d[key,fuel_coal]*100

ECRR[key,coke] = 0*devote_soci+devoto__in*0+adrolled[key,coke]

ECRR[key,oil]=-0.742*devote_soci^2+0.08*devoto_in^2-8.9*devoto_in+344.141+adrolled[key,oil]*100

ECRR[key,gas] = 0*devote_soci+0*devoto__in+adrolled[key,gas]

ECRR[key,c] = 0*devote_soci+0*devoto__in+adrolled[key,c]

ECRR[major,blast_coal] = 0*devote_soci+0*devoto__in+adrolled[major,blast_coal]

ECRR[major,coking_coal] = 0*devote_soci+0*devoto__in+adrolled[major,coking_coal]

ECRR[major,fuel_coal]=-3.01*devote_soci^2+0.409*devoto_in^2-152.47*devote_soci-6.10*devoto__in+973.8411+adrolled[major,fuel_coal]*100

ECRR[major,coke] = 0*devote_soci+devoto__in*0+adrolled[major,coke]

ECRR[major,oil]=-0.3561*devote_soci^2+0.04*devoto_in^2-4.692*devoto__in+206.874+adrolled[major,oil]*100

ECRR[major,gas] = 0*devote_soci+devoto__in*0+adrolled[major,gas]

ECRR[major,c] = 0*devote_soci+0*devoto__in+adrolled[major,c]

ECRR[small,blast_coal] = devote_soci*0+0*devoto__in+adrolled[small,blast_coal]

ECRR[small,coking_coal] = devote_soci*0+devoto__in*0+adrolled[small,coking_coal]

ECRR[small,fuel_coal]=-3.78*devote_soci^2+0.49*devoto_in^2-171.7*devote_soci-8.1*devoto_in+1215.213+adrolled[small,fuel_coal]*100

ECRR[small,coke] = 0*devote_soci+0*devoto__in+adrolled[small,coke]

ECRR[small,oil]=6.876*devote_soci-2.19*devoto_in+101.23+adrolled[small,oil]*100

ECRR[small,gas] = devote_soci*0+0*devoto__in+adrolled[small,gas]

ECRR[small,c] = 0*devote_soci+devoto__in*0+adrolled[small,c]

ECRSC[key,blast_coal] = 0*devote_soci+0*devoto__in+adsc[key,blast_coal]

ECRSC[key,coking_coal] = 0*devote_soci+devoto__in*0+adsc[key,coking_coal]

ECRSC[key,fuel_coal]=4.827*devote_soci-2.11*devoto_in+308.91+adsc[key,fuel_coal]*100

ECRSC[key,coke]=85.38*devote_soci-30.45*devoto_in+2007.57+adsc[key,coke]*100

ECRSC[key,oil] = 0*devote_soci+0*devoto__in+adsc[key,oil]

ECRSC[key,gas] = 0*devote_soci+0*devoto__in+adsc[key,gas]

ECRSC[key,c] = 0*devote_soci+0*devoto__in+adsc[key,c]

ECRSC[major,blast_coal] = 0*devote_soci+0*devoto__in+adsc[major,blast_coal]

ECRSC[major,coking_coal] = 0*devote_soci+0*devoto__in+adsc[major,coking_coal]

ECRSC[major,fuel_coal]=8.59*devote_soci-3.83*devoto_in+634.3+adsc[major,fuel_coal]*100

ECRSC[major,coke]=-6.3*devote_soci^2+2.128*devote_soci*devoto_in-36.57*devoto_in+2831.85+adsc[major,coke]*1000

ECRSC[major,oil] = 0*devote_soci+0*devoto__in+adsc[major,oil]

ECRSC[major,gas] = 0*devote_soci+0*devoto__in+adsc[major,gas]

ECRSC[major,c] = 0*devote_soci+0*devoto__in+adsc[major,c]

ECRSC[small,blast_coal] = 0*devote_soci+0*devoto__in+adsc[small,blast_coal]

ECRSC[small,coking_coal] = 0*devote_soci+0*devoto__in+adsc[small,coking_coal]

ECRSC[small,fuel_coal]=1.41*devote_soci^2-0.194*devoto_in^2+99.26*devote_soci-6.46*devoto__in+769.42+adsc[small,fuel_coal]*100

ECRSC[small,coke]=258.292*devote_soci-82.03*devoto_in+4376.55+adsc[small,coke]*1000

ECRSC[small,oil] = 0*devote_soci+0*devoto__in+adsc[small,oil]

ECRSC[small,gas] = 0*devote_soci+0*devoto__in+adsc[small,gas]

ECRSC[small,c] = 0*devote_soci+0*devoto__in+adsc[small,c]

ECRSE[key,blast_coal] = (devote_soci+devoto__in+adse[key,blast_coal])*0

ECRSE[key,coking_coal] = (devote_soci+devoto__in)*0+adse[key,coking_coal]

ECRSE[key,fuel_coal] = (devote_soci+devoto__in)*0+adse[key,fuel_coal]

ECRSE[key,coke] = (devote_soci+devoto__in)*0+adse[key,coke]

ECRSE[key,oil] = (devote_soci+devoto__in)*0+adse[key,oil]

ECRSE[key,gas] = (devote_soci+devoto__in)*0+adse[key,gas]

ECRSE[key,c]=-0.02647*devoto_in^2+0.06*devote_soci*devoto_in+8.86*devote_soci-0.46*devoto__in+56.06+adse[key,c]*10

ECRSE[major,blast_coal] = (devote_soci+devoto__in)*0+adse[major,blast_coal]

ECRSE[major,coking_coal] = (devote_soci+devoto__in)*0+adse[major,coking_coal]
ECRSE[major,fuel_coal] = (devote_soci+devoto__in)*0+adse[major,fuel_coal]
ECRSE[major,coke] = (devote_soci+devoto__in)*0+adse[major,coke]
ECRSE[major,oil] = (devote_soci+devoto__in)*0+adse[major,oil]
ECRSE[major,gas] = (devote_soci+devoto__in)*0+adse[major,gas]
ECRSE[major,c]=1.8003*devote_soci-0.74*devoto_in+83.454+adse[major,c]*10
ECRSE[small,blast_coal] = 0*devote_soci+0*devoto__in+adse[small,blast_coal]
ECRSE[small,coking_coal] = 0*devote_soci+0*devoto__in+adse[small,coking_coal]
ECRSE[small,fuel_coal] = (devote_soci+devoto__in)*0+adse[small,fuel_coal]
ECRSE[small,coke] = (devote_soci+devoto__in)*0+adse[small,coke]
ECRSE[small,oil] = (devote_soci+devoto__in)*0+adse[small,oil]
ECRSE[small,gas] = devote_soci*0+devoto__in*0+adse[small,gas]
ECRSE[small,c]=2.057*devote_soci-0.84*devoto_in+0.84+adse[small,c]*1000
ECRSO[key,blast_coal] = 0*(devote_soci+devoto__in)+adso[key,blast_coal]
ECRSO[key,coking_coal] = 0*(devote_soci+devoto__in)+adso[key,coking_coal]
ECRSO[key,fuel_coal] = 0*(devote_soci+devoto__in)+adso[key,fuel_coal]
ECRSO[key,coke] = 0*(devote_soci+devoto__in)+adso[key,coke]
ECRSO[key,oil]=0.04*devoto_in^2-4.338*devoto_in+570.5+adso[key,oil]*100+0*devote_soci
ECRSO[key,gas] = 0*(devote_soci+devoto__in)+adso[key,gas]
ECRSO[key,c] = (devote_soci+devoto__in)*0+adso[key,c]
ECRSO[major,blast_coal] = 0*(devote_soci+devoto__in)+adso[major,blast_coal]
ECRSO[major,coking_coal] = 0*(devote_soci+devoto__in)+adso[major,coking_coal]
ECRSO[major,fuel_coal] = 0*(devote_soci+devoto__in)+adso[major,fuel_coal]
ECRSO[major,coke] = 0*(devote_soci+devoto__in)+adso[major,coke]
ECRSO[major,oil]=46.27*devote_soci-6.789*devoto_in+599.31+adso[major,oil]*100
ECRSO[major,gas] = 0*(devote_soci+devoto__in)+adso[major,gas]
ECRSO[major,c] = (devote_soci+devoto__in)*0+adso[major,c]
ECRSO[small,blast_coal] = (devote_soci+devoto__in)*0+adso[small,blast_coal]
ECRSO[small,coking_coal] = (devote_soci+devoto__in)*0+adso[small,coking_coal]
ECRSO[small,fuel_coal] = (devote_soci+devoto__in)*0+adso[small,fuel_coal]
ECRSO[small,coke] = (devote_soci+devoto__in)*0+adso[small,coke]
ECRSO[small,oil]=33.5*devote_soci-5.671*devoto_in+729.03+adso[small,oil]*100
ECRSO[small,gas] = 0*(devote_soci+devoto__in)+adso[small,gas]
ECRSO[small,c] = (devote_soci+devoto__in)*0+adso[small,c]
ECRST[key,blast_coal] = 0*devote_soci+0*devoto__in+adsinter[key,blast_coal]
ECRST[key,coking_coal] = 0*devote_soci+0*devoto__in+adsinter[key,coking_coal]
ECRST[key,fuel_coal]=22.574*devote_soci-1.4747*devoto_in+280.58+adsinter[key,fuel_coal]*1000
ECRST[key,coke] = 0*devote_soci+0*devoto__in+adsinter[key,coke]
ECRST[key,oil]=9.75*devote_soci-3.2*devoto_in+246.0117+adsinter[key,oil]*100
ECRST[key,gas] = 0*devote_soci+0*devoto__in+adsinter[key,gas]
ECRST[key,c] = 0*devote_soci+0*devoto__in+adsinter[key,c]
ECRST[major,blast_coal] = 0*devote_soci+0*devoto__in+adsinter[major,blast_coal]
ECRST[major,coking_coal] = 0*devote_soci+0*devoto__in+adsinter[major,coking_coal]
ECRST[major,fuel_coal]=0.051*devote_soci^2-0.965*devoto_in+169.720+adsinter[major,fuel_coal]*100
ECRST[major,coke] = 0*devote_soci+0*devoto__in+adsinter[major,coke]
ECRST[major,oil]=.80*devote_soci^2-0.115*devoto_in^2+61.55*devote_soci-4.37*devoto_in+151+adsinter[major,oil]*
100
ECRST[major,gas] = 0*devote_soci+0*devoto__in+adsinter[major,gas]
ECRST[major,c] = 0*devote_soci+0*devoto__in+adsinter[major,c]
ECRST[small,blast_coal] = 0*devote_soci+0*devoto__in+adsinter[small,blast_coal]
ECRST[small,coking_coal] = 0*devote_soci+0*devoto__in+adsinter[small,coking_coal]
ECRST[small,fuel_coal]=16.24*devote_soci-5.025*devoto_in+510.4+adsinter[small,fuel_coal]*100
ECRST[small,coke] = 0*devote_soci+0*devoto__in+adsinter[small,coke]

ECRST[small,oil]=-0.511*devote_soci^2+0.05*devoto_in^2-4.7*devoto_in+209.6+adsinter[small,oil]*100

ECRST[small,gas] = 0*devote_soci+0*devoto__in+adsinter[small,gas]

ECRST[small,c] = 0*devote_soci+0*devoto__in+adsinter[small,c]

ECSE[firm_type,energy] = ECRSE[firm_type,energy]*SEi[firm_type]/10000

ECSO[firm_type,energy] = ECRSO[firm_type,energy]*SOi[firm_type]/10000

ECST[firm_type,energy] = ECRST[firm_type,energy]*STi[firm_type]/10000

EDSC[firm_type,energy] = ECRSC[firm_type,energy]*SCi[firm_type]/10000

EF[blast_coal] = 0.58

EF[coking_coal] = 0.503

EF[fuel_coal] = 0.58

EF[coke] = 0.84

EF[oil] = 0.848

EF[gas] = 59.748

EF[c] = 1

EF_ce = 0.58

energy_factor[blast_coal] = 1

energy_factor[coking_coal] = .707

energy_factor[fuel_coal] = 1

energy_factor[coke] = .971

energy_factor[oil] = 1.371

energy_factor[gas] = 133

energy_factor[c] = 1

eng_type_EM[energy] = EC[energy]*EF[energy]*OF[energy]

fix_c_factor[blast_coal] = 0

fix_c_factor[coking_coal] = .7

fix_c_factor[fuel_coal] = .7

fix_c_factor[coke] = 0

fix_c_factor[oil] = 0

fix_c_factor[gas] = 0

fix_c_factor[c] = 0

furnace = iron_output*FR/100

gain = income-pay_out-cost_abate

GDP = gain*100/partion

IFi[firm_type] = furnace*FRIF[firm_type]/100

income = output_pro*(price_pr*price_index_pro/1000)

iron_EC[blast_coal] = ARRAYSUM(ECIF[*,blast_coal])

iron_EC[coking_coal] = ARRAYSUM(ECIF[*,coking_coal])

iron_EC[fuel_coal] = ARRAYSUM(ECIF[*,fuel_coal])

iron_EC[coke] = ARRAYSUM(ECIF[*,coke])

iron_EC[oil] = ARRAYSUM(ECIF[*,oil])

iron_EC[gas] = ARRAYSUM(ECIF[*,gas])

iron_EC[c] = ARRAYSUM(ECIF[*,c])

iron_output=59.361*fix_invest+3.39*fix_invest_indu-25.14*pop+1514236.34+100*f[iron]

OF[blast_coal] = .9

OF[coking_coal] = .9

OF[fuel_coal] = .9

OF[coke] = .97

OF[oil] = .98

OF[gas] = .99

OF[c] = 1

output_pro = iron_output+rolled_steel_output+steel_output

pay_out = (price_en*price_index__energy/1000)*convert_into_ce

price_en = 2.5

price_pr = 19.37

Ri[firm_type] = FRR[firm_type]*rolled_steel_output/100

rolled_EC[blast_coal] = ARRAYSUM(ECR[*,blast_coal])

rolled_EC[coking_coal] = ARRAYSUM(ECR[*,coking_coal])

rolled_EC[fuel_coal] = ARRAYSUM(ECR[*,fuel_coal])

rolled_EC[coke] = ARRAYSUM(ECR[*,coke])

rolled_EC[oil] = ARRAYSUM(ECR[*,oil])

rolled_EC[gas] = ARRAYSUM(ECR[*,gas])

rolled_EC[c] = ARRAYSUM(ECR[*,c])

rolled_steel_output=88.89*fix_invest-34.87*pop+2056303.803+100*f[rolled]

SCi[firm_type] = FRSC[firm_type]*S_CO/100

SEi[firm_type] = FRSE[firm_type]*S_EL/100

sinter_EC[blast_coal] = ARRAYSUM(ECST[*,blast_coal])

sinter_EC[coking_coal] = ARRAYSUM(ECST[*,coking_coal])

sinter_EC[fuel_coal] = ARRAYSUM(ECST[*,fuel_coal])

sinter_EC[coke] = ARRAYSUM(ECST[*,coke])

sinter_EC[oil] = ARRAYSUM(ECST[*,oil])

sinter_EC[gas] = ARRAYSUM(ECST[*,gas])

sinter_EC[c] = ARRAYSUM(ECST[*,c])

sinter_output=2.4776*fix_invest_indu+11746.38+100*f[sinter]+0*pop

SOi[firm_type] = FRSO[firm_type]*S_OP/100

steel_EC[blast_coal]=ARRAYSUM(EDSC[*,blast_coal])+ARRAYSUM(ECSE[*,blast_coal])+ARRAYSUM(ECSO[*,blast_coal])

steel_EC[coking_coal]=ARRAYSUM(EDSC[*,coking_coal])+ARRAYSUM(ECSE[*,coking_coal])+ARRAYSUM(ECSO[*,coking_coal])

steel_EC[fuel_coal]=ARRAYSUM(EDSC[*,fuel_coal])+ARRAYSUM(ECSE[*,fuel_coal])+ARRAYSUM(ECSO[*,fuel_coal])

steel_EC[coke]=ARRAYSUM(EDSC[*,coke])+ARRAYSUM(ECSE[*,coke])+ARRAYSUM(ECSO[*,coke])

steel_EC[oil] = ARRAYSUM(EDSC[*,oil])+ARRAYSUM(ECSE[*,oil])+ARRAYSUM(ECSO[*,oil])

steel_EC[gas] = ARRAYSUM(EDSC[*,gas])+ARRAYSUM(ECSE[*,gas])+ARRAYSUM(ECSO[*,gas])

steel_EC[c] = ARRAYSUM(EDSC[*,c])+ARRAYSUM(ECSE[*,c])+ARRAYSUM(ECSO[*,c])

steel_output=75.73*fix_invest+1.8*fix_invest_indu-29.021*pop+1734036+100*f[steel]

STi[firm_type] = FRST[firm_type]*sinter_output/100

S_CO = steel_output*conv_rate/100

S_EL = steel_output*elec_rate/100

S_OP = steel_output*open_rate/100

Total_EC[blast_coal]=(coke_EC[blast_coal]+iron_EC[blast_coal]+rolled_EC[blast_coal]+steel_EC[blast_coal]+sinter_EC[blast_coal]+others_EC[blast_coal])

Total_EC[coking_coal]=(steel_EC[coking_coal]+sinter_EC[coking_coal]+others_EC[coking_coal]+coke_EC[coking_coal]+iron_EC[coking_coal]+rolled_EC[coking_coal])

Total_EC[fuel_coal]=(coke_EC[fuel_coal]+iron_EC[fuel_coal]+rolled_EC[fuel_coal]+steel_EC[fuel_coal]+sinter_EC[fuel_coal]+others_EC[fuel_coal])

Total_EC[coke]=(coke_EC[coke]+iron_EC[coke]+rolled_EC[coke]+steel_EC[coke]+sinter_EC[coke]+others_EC[coke])

Total_EC[oil] = (coke_EC[oil]+iron_EC[oil]+rolled_EC[oil]+steel_EC[oil]+sinter_EC[oil]+others_EC[oil])

Total_EC[gas]=(coke_EC[gas]+iron_EC[gas]+rolled_EC[gas]+steel_EC[gas]+sinter_EC[gas]+others_EC[gas])

Total_EC[c] = (coke_EC[c]+iron_EC[c]+rolled_EC[c]+steel_EC[c]+sinter_EC[c]+others_EC[c])

total_EM = ARRAYSUM(eng_type_EM[*])+ARRAYSUM(coke_EM[*])+ECID*EF_ce

a1 = GRAPH(time)

(1990, -7.93), (1991, 0.08), (1992, 102), (1993, -30.2), (1994, 2.07), (1995, -40.5), (1996, -7.99), (1997, 3.40), (1998, 5.68), (1999, 51.7), (2000, 2.20), (2001, 0.7), (2002, 39.2), (2003, -20.0), (2004, 4.75), (2005, 11.0), (2006, 2.95), (2007, 1.73), (2008, 9.10), (2009, 5.10), (2010, 4.43), (2011, 6.15), (2012, 12.2), (2013, 7.48), (2014, 8.37), (2015, 11.8), (2016, 3.73), (2017, 10.5), (2018, 16.1), (2019, 17.9), (2020, 15.0)

a2 = GRAPH(time)

(1990, 3.00), (1991, 5.00), (1992, 7.00), (1993, 14.0), (1994, 10.0), (1995, 12.0), (1996, 0.00), (1997, -8.00), (1998, -10.0), (1999, 0.00), (2000, 7.00), (2001, 6.00), (2002, 0.00), (2003, 4.00), (2004, 5.00), (2005, 8.00), (2006, 9.00), (2007, 7.00), (2008, 5.00), (2009, 2.00), (2010, 0.00), (2011, 6.00), (2012, 9.00), (2013, 8.00), (2014, 8.00), (2015, 8.00), (2016, -6.00), (2017, -6.00), (2018, 3.00), (2019, 3.00), (2020, 8.00)

adcoke[firm_type,energy] = time

adid = GRAPH(time)

(1990, 0.424), (1991, -0.086), (1992, 0.494), (1993, 0.165), (1994, 0.227), (1995, -0.22), (1996, -0.876), (1997, -0.842), (1998, -0.517), (1999, 0.199), (2000, 0.206), (2001, 0.304), (2002, -0.308), (2003, -0.328), (2004, -0.138), (2005, 0.34), (2006, 0.607), (2007, 1.27), (2008, 0.028), (2009, 0.068), (2010, 0.095), (2011, -0.483), (2012, -0.676), (2013, -0.585), (2014, -0.407), (2015, 0.254), (2016, 0.5), (2017, 0.627), (2018, 0.135), (2019, 0.324), (2020, -0.808)

adiron[firm_type,energy] = time

adrolled[firm_type,energy] = time

adsc[firm_type,energy] = time

adse[firm_type,energy] = time

adsinter[firm_type,energy] = time

adso[firm_type,energy] = time

birth_rate = GRAPH(time)

(1990, 19.8), (1991, 18.4), (1992, 18.1), (1993, 17.9), (1994, 17.3), (1995, 17.1), (1996, 16.7), (1997, 15.7), (1998, 14.7), (1999, 14.1), (2000, 13.4), (2001, 13.0), (2002, 12.4), (2003, 12.4), (2004, 12.3), (2005, 11.6), (2006, 11.2), (2007, 10.9), (2008, 10.5), (2009, 10.2), (2010, 9.84), (2011, 9.54), (2012, 9.26), (2013, 8.99), (2014, 8.75), (2015, 8.52), (2016, 8.31), (2017, 8.12), (2018, 7.95), (2019, 7.80), (2020, 7.66)

death_rate = GRAPH(time)

(1990, 6.76), (1991, 6.76), (1992, 6.64), (1993, 6.66), (1994, 6.65), (1995, 6.62), (1996, 6.58), (1997, 6.54), (1998, 6.52), (1999, 6.49), (2000, 6.47), (2001, 6.48), (2002, 6.42), (2003, 6.43), (2004, 6.42), (2005, 6.38), (2006, 6.36), (2007, 6.34), (2008, 6.32), (2009, 6.31), (2010, 6.29), (2011, 6.27), (2012, 6.25), (2013, 6.24), (2014, 6.22), (2015, 6.21), (2016, 6.19), (2017, 6.18), (2018, 6.16), (2019, 6.15), (2020, 6.14)

DR = GRAPH(time)

(1990, 0.00), (1991, 0.00), (1992, 0.00), (1993, 0.00), (1994, 0.00), (1995, 0.00), (1996, 0.00), (1997, 0.00), (1998, 0.00), (1999, 0.00), (2000, 0.00), (2001, 0.00), (2002, 0.00), (2003, 0.00), (2004, 0.00), (2005, 0.00), (2006, 5.10), (2007, 10.3), (2008, 15.5), (2009, 16.8), (2010, 20.0), (2011, 25.9), (2012, 30.5), (2013, 36.3), (2014, 42.2), (2015, 42.8), (2016, 44.1), (2017, 44.1), (2018, 47.4), (2019, 53.9), (2020, 60.0)

ECRID=GRAPH(0.0052*devoto__in+1.21+adid*10+0*devote_soci)

elec_rate = GRAPH(time)

(1990, 21.1), (1991, 21.1), (1992, 21.8), (1993, 23.2), (1994, 21.1), (1995, 19.0), (1996, 18.7), (1997, 17.6), (1998, 15.8), (1999, 15.7), (2000, 14.0), (2001, 13.0), (2002, 13.0), (2003, 14.5), (2004, 17.5), (2005, 19.0), (2006, 21.0), (2007, 21.5), (2008, 27.0), (2009, 28.0), (2010, 29.5), (2011, 30.5), (2012, 33.0), (2013, 36.5), (2014, 32.5), (2015, 36.0), (2016, 42.0), (2017, 42.5), (2018, 44.5), (2019, 48.0), (2020, 48.0)

f[produce] = time

fix_invest = GRAPH(time)

(1990, 2.40), (1991, 23.9), (1992, 44.4), (1993, 61.8), (1994, 30.4), (1995, 17.5), (1996, 14.8), (1997, 8.80), (1998, 13.9), (1999, 5.10), (2000, 10.3), (2001, 13.0), (2002, 16.9), (2003, 27.7), (2004, 25.8), (2005, 24.0), (2006, 30.0), (2007, 30.0), (2008, 28.0), (2009, 26.0), (2010, 25.0), (2011, 25.0), (2012, 28.0), (2013, 26.0), (2014, 25.0), (2015, 25.0), (2016, 26.0), (2017, 26.0), (2018, 27.0), (2019, 27.0), (2020, 28.0)

fix_invest_Indu_fac = GRAPH(time)

(1990, 93.3), (1991, 95.0), (1992, 82.6), (1993, 33.1), (1994, 31.0), (1995, 19.9), (1996, 29.2), (1997, 22.3), (1998, 17.2), (1999, 7.61), (2000, 3.91), (2001, 4.82), (2002, 6.18), (2003, 11.3), (2004, 13.0), (2005, 13.0), (2006, 14.0), (2007, 14.0), (2008, 16.0), (2009, 16.0), (2010, 14.0), (2011, 13.0), (2012, 12.0), (2013, 10.0), (2014, 10.0), (2015, 8.00), (2016, 8.00), (2017, 6.00), (2018, 3.00), (2019, 3.00), (2020, 3.00)

FR = GRAPH(time)

(1990, 100), (1991, 100), (1992, 100), (1993, 100), (1994, 100), (1995, 100), (1996, 100), (1997, 100), (1998, 100), (1999, 100), (2000, 100), (2001, 100), (2002, 100), (2003, 100), (2004, 100), (2005, 100), (2006, 94.9), (2007, 89.7), (2008, 84.5), (2009, 83.2), (2010, 80.0), (2011, 74.1), (2012, 69.6), (2013, 63.7), (2014, 57.9), (2015, 57.2), (2016, 55.9), (2017, 55.9), (2018, 52.7), (2019, 46.2), (2020, 40.0)

FRC[firm_type] = time
FRIF[firm_type] = time
FRR[firm_type] = time
FRSC[firm_type] = time
FRSE[firm_type] = time
FRSO[firm_type] = time
FRST[firm_type] = time
f_GDP1 = GRAPH(GDP/10000)
f_GDP2 = GRAPH(GDP/10000)
open_rate = GRAPH(time)
(1990, 19.8), (1991, 18.4), (1992, 17.3), (1993, 16.1), (1994, 15.0), (1995, 13.7), (1996, 12.5), (1997, 8.90), (1998, 4.75), (1999, 1.47), (2000, 0.00), (2001, 0.00), (2002, 0.00), (2003, 0.00), (2004, 0.00), (2005, 0.00), (2006, 0.00), (2007, 0.00), (2008, 0.00), (2009, 0.00), (2010, 0.00), (2011, 0.00), (2012, 0.00), (2013, 0.00), (2014, 0.00), (2015, 0.00), (2016, 0.00), (2017, 0.00), (2018, 0.00), (2019, 0.00), (2020, 0.00)

others_EC[energy] = time
partion = GRAPH(time)
(1990, 1.71), (1991, 1.74), (1992, 1.91), (1993, 3.31), (1994, 2.39), (1995, 2.08), (1996, 1.34), (1997, 1.19), (1998, 1.16), (1999, 1.15), (2000, 1.45), (2001, 1.57), (2002, 1.72), (2003, 2.41), (2004, 2.34), (2005, 2.45), (2006, 2.56), (2007, 2.68), (2008, 2.80), (2009, 2.93), (2010, 2.99), (2011, 3.06), (2012, 3.13), (2013, 3.20), (2014, 3.27), (2015, 3.23), (2016, 3.18), (2017, 3.14), (2018, 3.09), (2019, 3.05), (2020, 3.01)

tech_devot_indu = GRAPH(gain/1000)
(0.00, 5.80), (2.00, 6.50), (4.00, 7.00), (6.00, 7.60), (8.00, 7.90), (10.0, 8.30), (12.0, 8.80), (14.0, 9.20), (16.0, 9.20), (18.0, 9.30), (20.0, 9.30)

tech_devot_social = GRAPH(GDP/10000)
(0.00, 0.75), (5.00, 0.55), (10.0, 1.45), (15.0, 1.85), (20.0, 2.25), (25.0, 2.43), (30.0, 2.65), (35.0, 2.80), (40.0, 2.90), (45.0, 3.00), (50.0, 3.20)

附录4 低碳能源技术简介

在电力系统的各个环节中，与节能减排密切相关的领域有以下几方面：一是发电侧，包括发电机组空冷设备、低温余热发电设备、循环流化床锅炉、厂用电节能设备；二是输变电侧一次领域，包括输电网动态无功补偿设备（SVC）、封闭式组合电器（GIS）、非晶合金变压器；三是输变电侧二次领域，包括电力市场运营系统、节能调度等。通过采用新技术，改善工艺流程，提高电力生产过程的转换效率，提高煤炭利用率，从而实现节能。

1. 整体煤气化联合循环（IGCC – Integrated Gasification Combined Cycle）发电技术

整体煤气化联合循环发电技术，是目前世界上最先进、高效率的环保型燃煤发电技术之一。通过煤气化，将煤的有害成分，不能产生能源的成分脱掉后再进行发电，它由煤的气化与净化部分和燃气—蒸汽联合循环发电部分两大部分组成。其中第一部分的主要设备有气化炉、空分装置、煤气净化设备（包括硫的回收装置）；第二部分的主要设备有燃气轮机发电系统、余热锅炉、蒸汽轮机发电系统。

中国已将 IGCC 发电与多联产技术研发项目列入了国家中长期科技发展规划，并在"十一五"期间作为国家 863 计划的重大项目立项，IGCC 电站工程已经启动。

2. 热电联产（CHP – Combined Heat and Power）

热电联产具有梯级利用能源、提高电能生产效率、改善空气质量、补充电源、节约城市用地等优势，与热电分产相比可节能 30% 左右，是一项对节约能源和保护环境非常有效的措施。应用在同时有热和电需要，且年需求时间在 4 000 小时以上的部门。在气候温和的地区，热需求仅仅局限在冬季较短的一段时间，而在夏季对制冷（空调）的需求则非常巨大，这时热电联产过程中生产的热通过吸收循环，同时来生产冷却水。这样热电联产可扩展成为热、电、冷三联产。

国家明确鼓励发展热电联产，将其作为中国"十一五"期间组织实施的十项节能重点工程之一。根据国家《2010 年热电联产发展规划及 2020 年远景发展目标》，到 2020 年，全国热电联产总装机容量将达到 2 亿千瓦。

3. 超临界和超超临界火力发电机组

超临界机组是指主蒸汽压力大于水的临界压力（22.12MPa）的机组。习惯上又将超临界机组分为 2 个层次：①常规超临界参数机组，其主蒸汽压力一般为 24MPa，主蒸汽和过热蒸汽温度为 540～560℃；②高效超临界机组，通常也称为超超临界机组或高参数超临界机组，其主蒸汽压力为 25～35MPa 及以上，主蒸汽和过热蒸汽温度为 580℃ 及以上。

随着超临界火电机组的国产化，中国在今后新增的火电装机结构中将大力发展超临界和超超临界机组，预计 2020 年超超临界机组占燃煤机组装机总量的比例将达到 25% 以上。如果中国 600MW 等级的燃煤机组采用超超临界技术，发电煤耗 278g/kWh，比同容量亚临界机组的煤耗减少 30g/kWh，按年运行 5 500 小时计算，一台 600MW 超超临界机组可比同容量亚临界机组节约标煤 6 万吨/年，同时 SO_2、氮氧化物、粉尘等污染物以及 CO_2 排放将大大减少。

4. 燃煤锅炉气化微油点火技术

该节能技术利用压缩空气的高速射流将燃料油直接击碎，雾化成超细油滴进行燃烧，用燃烧产生的热量对燃料加热。通过煤粉主燃烧器的一次风粉瞬间加热到煤粉着火温度，风粉混合物受到了高温火焰的冲击，挥发粉迅速析出同时开始燃烧，从而使煤粉中的碳颗粒在持续的高温加热下开始燃烧，形成高温火炬。适用于干燥无灰基挥发分含量高于 18% 的贫煤、烟煤和褐煤等煤种的锅炉点火系统。

5. 燃煤锅炉等离子煤粉点火技术

锅炉等离子发生器是利用空气做等离子的载体，用直流接触引弧发电的方法制造功率达150kW等离子体，同时采用磁压缩及等离子体输送至需要进行点火的部位，完成持续长时间的点火和稳燃。

参 考 文 献

［1］IPCC. Intergovernmental panel for climate change fourth assessment report［M］. Cambridge University Press，2007.

［2］Grubb M. ，Butler L. ，Twomey P. Diversity and security in UK electricity generation：the influence of low-carbon objectives［J］. Energy Policy，2006，34（18）：4050 – 4062.

［3］Stern N. The economics of climate change：The stern review［M］. Cambridge University Press，2007.

［4］Svante Mandell. Optimal mix of emissions taxes and cap-and trade［J］. Journal of Environmental Economics and Management，2007，12：1 – 10.

［5］Foxon T. J. Inducing innovation for a low-carbon future：Drivers，barriers and policies［M］. London：Carbon Trust，2003.

［6］Damien Crilly，Toshko Zhelev. Emissions targeting and planning：an application of CO_2 emissions pinch analysis（CEPA）to the Irish electricity generation sector［J］. Energy，2008，5：1 – 10.

［7］Doherty R. ，Outhred H. ，O' Malley M. Generation portfolio analysis for a carbon constrained and uncertain future［C］. International Conference on Future Power Systems，2005，11：1 – 6.

［8］Cornel Ensslin，Michael Milligan，Hannele Holttinen et al. Current methods to calculate capacity credit of wind power，iea collaboration［C］. IEEE PES General Meeting,

2008, 7: 1 - 3.

[9] Karki, Po Hu. Impact of wind power growth on capacity credit [C]. Electrical and Computer Engineering, Canadian Conference. 2007, 4: 1586 - 1589.

[10] Pudaruth G. R. , Li F. Capacity credit variation in distribution systems [C]. IEEE PES General Meeting, 2008, 6: 1 - 7.

[11] Tooraj Jamasb, William J. , Nuttall, Pollitt M. G. Future electricity technologies and systems [M]. Cambridge University Press, 2008.

[12] IEA. Energy technology prospects 2006 - Scenarios & Strategies to 2050 [M]. 2006, Paris.

[13] Ivana Kockar European Union Perspective on the Kyoto Protocol: Emissions Trading Scheme and Renewable Resources [C]. IEEE PES General Meeting, 2007, 6: 1 - 4.

[14] DeCarolis J. F. , Keith D. W. The economics of large-scale wind power in a carbon constrained world [J]. Energy Policy, 2006, 34: 395 - 410.

[15] Neuhoff K. Large-scale deployment of renewables for electricity generation [J]. Oxford Review of Economic Policy, 2005, 21 (1): 88 - 110.

[16] Denholm P. , Kulcinski G. Net energy balance and greenhouse gas emissions from renewable energy storage systems [J]. Report no. 223 - 1, Madison: Energy Center of Wisconsin, available from http: //www. ecw. org/prod/223 - 1. pdf.

[17] IEA. Prospects for capture and storage [M]. 2004, Paris.

[18] Marpaung C. O. P. , Soebagio A. Shrestha R. M. The role of carbon capture and storage and renewable energy for CO_2 mitigation in the Indonesian power sector [J]. IPEC, 2007, 12: 779 - 783.

[19] Biermann A. Distributed generation: institutional change in the UK 2000 ~ 2003 [J]. Proceedings of Summer Study, European Council. 2003.

[20] Nag B. , Parikh J. K. Carbon emission coefficient of power consumption in India: Baseline determination from the demand side [J]. Energy Policy, 2005, 33 (6): 777 - 786.

[21] Janos M. Beer. High efficiency electric power generation: The environmental role [J]. Progress in Energy and Combustion Science, 2007.

[22] J. M. Bee′r. Combustion technology developments in power generation in response

to environmental challenges [J]. Progress in Energy and Combustion Science, 2000.

[23] Ravishankar Jayadevappa, Sumedha Chhatre, International trade and environmental quality: asurvey [J]. Ecological Economics, 2000.

[24] Yi – ShianLee, Lee – IngTong. Forecasting energy consumption using a grey model improved by incorporating genetic programming [J]. Energy Conversion and Management, 2011.

[25] SteinW. Wallace, Stein – ErikFleten. Stochastic Programming Models in Energy [J]. Elsevier Science, 2003.

[26] Toshihiko Nakata, Diego Silva, Mikhail Rodionov. Application of energy system models for designing a low-carbon society [J]. Progress in Energy and Combustion Science, 2010.

[27] Toshihiko Nakata Energy-economic models and the environment [J]. Progress in Energy and Combustion Science, 2004.

[28] 高树婷等. 1994 我国温室气体排放量估测初探. 环境科学研究, 1994, 7 (6): 221 – 228.

[29] 刘红光, 刘卫东. 中国工业燃烧能源导致碳排放的因素分解. 地理科学进展, 2009, 28 (2): 285 – 292.

[30] Wu L., Kaneko S., Matsuoka S. Dynamics of energy-related CO_2 emissions in China during 1980 to 2002: The relative importance of energy supply-side and demand-side effects. Energy Policy, 2006, 34: 3549 – 3572.

[31] Wang C., Chen J., Zou J. Decomposition of energy-related CO_2 emissions in China: 1957 – 2000. Energy, 2005, 30: 73 – 80.

[32] Liu Lancui, Fan Ying, Wei Yiming. Using LMDI method to analyze the change of China's industrial CO_2 emissions from final fuel use: An empirical analysis Energy Policy, 2007, 35: 5892 – 5900.

[33] 徐国泉, 刘则渊, 姜照华. 中国碳排放的因素分解模型及实证分析: 1995~2004. 中国人口资源与环境, 2006, 16 (6): 158 – 161.

[34] 乌若思, 苏文斌, 郑松. 挑战全球气候变化——二氧化碳捕捉与封存 [M]. 北京: 中国水利水电出版社, 2008.

[35] 叶勇. 中国温室气体减排宏观经济评估 [D]. 北京: 清华大学, 2006.

[36] 王志轩，潘荔，王新雷等．我国电力工业节能现状及展望［J］．中国电力，2003，36（9）：34－42．

[37] 何建坤，张希良，李政等．CO_2减排情景下中国能源发展若干问题［J］．科技导报，2008，2：90－92．

[38] 刘兰翠．我国二氧化碳减排问题的政策建模与实证分析［D］．合肥：中国科学技术大学，2006．

[39] 刘兰翠，吴刚．我国CDM项目的现状与思考［J］．中国能源，2007，29（3）：34－40．

[40] 张建斌．能蒙古节能减排的财政政策选择［J］．内蒙古科技与经济，2010．

[41] 张威．信息技术在节能减排环保中的应用［J］．世界通信大会中国论坛，2008．

[42] 吴玉峰，戴铁军．内蒙古工业实现节能减排的对策研究［J］．循环经济，2009．

[43] 王美红，孙根年，康国栋．内蒙古工业化过程中的能源消耗与SO_2排放［J］．资源科学，2008．

[44] 吴文华．论节能减排及相关机制建构——以内蒙古自治区为例［D］．2009．

[45] 夏炎，范英．基于减排成本曲线演化的碳减排策略研究［J］．中国软科学，2012．3：12－22．

[46] 王君章，方恺．基于来源多样性特征的中国电力碳足迹估算［J］．电力学报，2012，27（2）：158－162．

[47] 杨茜．我国电力系统碳排放研究［D］．北京：中国社会科学院研究生院，2012：1－41．

[48] 陈晓科，周天睿等．电力系统的碳排放结构分解与低碳目标贡献分析［J］．电力系统自动化．2012，36（2）：18－25．

[49] 祖国海，马向春等．基于Divisia指数分解法的电能消费碳排放情景分析［J］．水电能源科学．2010，28（11）：166－168．

[50] 张志．辽宁省电力行业碳排放评价体系研究［D］．鞍山：辽宁科技大学，2011：1－66．

[51] 周子英，段建南等．基于低碳经济视角的中国能源结构灰色关联度分析

［J］. 生态经济 . 2011, 3 (236)：55 – 58.

［52］王伟, 关万祥 . 浅谈低碳经济形势下内蒙古电力的发展趋向 ［J］. 中国电力教育, 2010, 16 (167)：242 – 244.

［53］王娟, 韦建军 . 内蒙古电力与低碳经济 ［J］. 北京环境, 2012, 24 (1)：24 – 25.

［54］魏力 . 世界煤化工发展趋势 ［J］. 辽宁化工, 2007, 36 (1)：32 – 37.

［55］周丽 . 煤化工生态工业系统优化与分析 ［D］. 清华大学, 2009.

［56］徐振刚, 杜铭华 . 新型煤化工及其在我国的发展 ［J］. 煤化工, 2003, 36 (6)：4 – 8.

［57］胡山鹰 . 我国资源产业的可持续发展策略——煤、磷资源产业研究 ［M］. 北京：清华大学化工系生态工业研究中心, 国家发改委, 2004.

［58］周丽, 胡山鹰, 李有润, 金涌 . 中国煤化工生态工业系统超结构的构建与分析 ［J］. 现代化工, 2010, 9 (30)：1 – 4.

［59］Aragones – Beltran P. , Aznar J. and Ferris – Onate J. et al. Valuation of urban industrial land：an analytic network process approach. European Journal of Operational Research, 2008, 185 (1)：322 – 339.

［60］谢克昌 . 新一代煤化工和洁净煤技术利用现状分析与对策建议 ［J］. 中国工程科学, 2003, 5 (6)：15 – 24.

［61］Song X. P. , Guo Z. C. Production of synthesis gas by co-gasifying coke and natural gas in a fixed bed reactor. Energy, 2007, 32 (10)：1972 – 1978.

［62］韩红梅 . 煤化工及其下游相关产业的价值链分析 ［J］. 化学工业, 2010, 7 (28)：7 – 16.

［63］白富鑫 . 煤化工发展趋势及面临问题 ［J］. 当代化工, 2010, 4 (39)：461 – 463.

［64］倪维斗, 李政, 薛元 . 以煤气化为核心的多联产能源系统——资源/能源/环境整体优化与可持续发展 ［J］. 中国工程科学, 2000, 2 (8)：59 – 68.

［65］任拥政 . 关于对新疆煤电煤化工产业发展的建议 ［J］. 新疆化工, 2006, 3：2 – 7.

［66］李莉, 宋岭 . 区域煤化工产业生态系统构建思路初探——以新疆为例 ［J］. 地域研究与开发, 2010, 2 (29)：29 – 33.

［67］李长青，纪恭婷，苏杭男．内蒙古煤炭产业经济运行效益分析［J］．煤炭经济研究，2015（5）：16 - 20．

［68］陈夕红，李长青，郑燕．不确定条件下专用实物资产投资估价实证研究——以煤制油项目为例［J］．科学管理研究，2010（3）：87 - 91．

［69］陈夕红，李长青，郑燕．不确定条件下技术创新项目期权价值多因素敏感性分析——以煤制油项目为例［J］．科学管理研究，2011（4）：112 - 115．

［70］李长青，高蓉，郑燕．内蒙古煤制甲醇产业关联效应及波及效应研究［J］．煤炭经济研究，2015（6）：18 - 22．